Josef Kausemann
Ein Mann nach Gottes Herz

Josef Kausemann

EIN MANN NACH GOTTES HERZ

Die Lebensgeschichte
des Königs David.

Teil 1

Christliche
Verlagsgesellschaft
Dillenburg

CIP-Titelaufnahme der Deutschen Bibliothek

Kausemann, Josef:
Ein Mann nach Gottes Herz: d. Lebensgeschichte
d. Königs David / Josef Kausemann. — Dillenburg:
Christliche Verlagsgesellschaft

Teil 1 (1987)
ISBN 3-921292-58-1

2. Auflage 1991

Umschlaggestaltung: Eberhard Platte, Wuppertal
Umschlagfoto: Martin von der Mühlen, Hirtenjunge in Israel
Druck: Druckhaus Gummersbach
Printed in Germany

Inhaltsverzeichnis

Eine Anmerkung

David - dieser Name bedeutet »der Geliebte« - zählt zu den wenigen biblischen Gestalten, denen Gott in Seinem Wort viel Raum zuweist. Fast zwei Bücher berichten von diesem Mann »nach dem Herzen Gottes«.

Dieser große König in Israel war zu allen Zeiten eine Person, über die viel nachgedacht, gepredigt und geschrieben wurde. Der Grund hierfür ist sicher in seiner bewegten Lebensgeschichte zu finden. In der siebzigjährigen Pilgerschaft Davids erkennen wir viele Höhen und Tiefen, beispielhaft und belehrend für alle folgenden Generationen. Es ist eine ganz besondere Gnade, wenn der Lenker der Heils- und Weltgeschichte sich herabläßt und einen mit Sünden und Schwachheiten behafteten Menschen in die Ahnenreihe Seines fleischgewordenen Sohnes aufnimmt. Darüber hinaus benutzt Gott das Leben Davids, um uns eine besondere prophetische Schau hin auf die Sendung Seines Sohnes zu vermitteln. Die Salbung, die Verwerfung, die Verfolgungen und Demütigungen, die der junge, zum König Israels Ausersehene durchstehen mußte, finden wir in weit stärkerem Maße später im Leben Jesu wieder. Den Weg durch die Tiefen zur Höhe, durch Leiden zur Herrlichkeit, den unser Herr gehen mußte, durfte David vorschatten. Diese Tatsache verleiht dem Leben dieses Mannes einen besonderen Reiz, denn es gibt für Kinder Gottes nichts Schöneres, als in Vorbildern die Spuren Jesu zu finden.

So zeugt dieser »Geliebte des Herrn« trotz aller Schwachheit von den Leiden und der Verherrlichung Jesu, der ebenfalls wie Sein Ahnherr auf Gottes Stunde wartet, da Er den Thron der Herrlichkeit inmitten Seines Volkes Israel besteigen kann. Wie David sich alle Kanaaniterkönige unterwarf und unter seine Herrschaft brachte, wird auch der Sohn Gottes bald alle Seine Feinde unter den Schemel Seiner Füße legen. Die Weltgeschichte mündet dann in die Heilsgeschichte, und der König aller Könige, der wahre Sohn Davids, wird regieren bis an die Enden der Erde.

Dieses Gottesziel, die Verherrlichung Seines Sohnes, erfüllte von Ewigkeit her das liebende Vaterherz. Wie bald schon werden die Himmelsräume und der Erdkreis von dem Ruf widerhallen: »Krönt Ihn, krönt Ihn, diesen herrlichen Retter der Welt!«

Diesen Gedanken wollen wir nachspüren, wenn wir das Leben Davids anschauen, und mit Gottes Hilfe die geschichtliche, praktische, lehrreiche und prophetische Seite im Dasein dieses Mannes betrachten. Dadurch bekommen wir einen tiefen Einblick in die Schönheit des inspirierten Wortes Gottes. Alles ist zu unserer Belehrung geschrieben, damit unser Glaube gestärkt, unsere Hoffnung belebt und unsere Liebe vermehrt wird zum Ruhm und zur Ehre des Herrn.
Möge Er Leser und Schreiber segnen und neue Impulse zu größerer Hingabe und Treue schenken.

Josef Kausemann

Der traurige Zustand Israels

Bevor wir uns mit Davids Leben beschäftigen, müssen wir uns zuerst den Zustand Israels anschauen, durch den es zur Berufung eines Königs in Israel kam. Das Volk war mit der Theokratie, der Herrschaft Gottes, nicht mehr zufrieden. Wie alle heidnischen Völker, wollte Israel auch einen sichtbaren König haben. Samuel, der Prophet, gab sich größte Mühe, das Volk vor diesem törichten Schritt zu bewahren. Er stellte ihm alle Unannehmlichkeiten vor, die mit einem weltlichen Königtum verbunden waren. Trotz aller Warnungen blieben die Verblendeten bei ihrer Forderung.

Samuel war sehr niedergeschlagen, weil er in der Forderung nach einem König seine eigene Verwerfung als Richter des Vokes erblickte. Er hatte über viele Jahre das Volk bedient, beraten und geführt. Gott ermunterte den Bedrückten mit den Worten: *»Höre auf die Stimme des Volkes in allem, was sie dir sagen; denn nicht dich haben sie verworfen, sondern mich haben sie verworfen, daß ich nicht mehr König über sie sein soll« (1. Sam. 8,7).*

Gott wehrte nicht der Torheit Israels. Er zog sich auch nicht resigniert zurück, sondern Er läßt das Volk ernten, was es gesät hat. Nur durch Erfahrung konnte die Blindheit des menschlichen Herzens offenbar werden. Saul war dann der Mann, den Israel sich wünschte; er wurde der König nach ihren Gedanken.

Welch ein trauriges Bild liefert das Volk, das bisher in erstaunlicher Weise die Güte, die Gnade und die Langmut Gottes erfahren hatte. Kurze Zeit vor diesem traurigen Ereignis hatte Samuel noch den Eben-Ezer, den Stein der Hilfe, aufgerichtet und bekannt: »Bis hierher hat der Herr geholfen!« Und nun dieses Resultat! Wie muß diese Einstellung das Herz Gottes betrübt haben! Doch Er reagiert nicht wie wir Menschen, sondern läßt alles ausreifen.

In keiner Weise hat sich das menschliche Herz bis heute geändert. Jetzt machen wir die schönsten Glaubenserfahrungen, und morgen wirft uns die kleinste Prüfung um. Wie schnell schauen wir nach menschlichen Hilfsmitteln aus und trauen ihnen mehr zu als dem allmächtigen Gott. In Bezug auf unsere Errettung bezeugen wir gern mit Maria: *»Ja, Herr, ich glaube, daß du der Christus bist, der Sohn Gottes, der in die Welt kommen soll« (Joh. 11,27).* Doch wenn es darum geht, die Kraft des Auferstehungslebens und die ständige Gegenwart Christi zu verwirklichen, der uns keinen

Augenblick versäumen oder verlassen kann, wird es schon kritischer. Aber gerade darum geht es in unserem Leben; diesen Glauben, dieses Vertrauen sucht der Herr bei uns. Gott zwingt niemandem Seinen Segen auf, doch Sein Verlangen hat stets das eine Ziel: Er möchte das Sehnen in uns wecken und die Erkenntnis in uns vermehren, daß die Freude des Schenkens ein Wesenszug Seines liebenden Herzens ist. Die Fülle jeder Gnade ist uns in Christus erschlossen; nun geht es um ein fleißiges Nehmen. Es kann keine Situation geben, in der er nicht bereit ist zu helfen! Vertrauen, gepaart mit kindlicher Abhängigkeit, bewegt das Herz des Vaters und gereicht zu Seiner Ehre.
Israel wurden oft die Götzen der Nachbarvölker zum Verhängnis. Anstatt ihrem Gott, der in tausendfacher Weise Seine Treue bewiesen hatte, zu vertrauen, verließ das Volk Ihn und hing sich an die toten Götzenbilder. Ein Leben in Glück, Gesundheit, Wohlstand, in Ruhe und Frieden begehrte das Volk von fremden Göttern. Sind die Menschen heute anders? Wird das himmlische Gottesvolk nicht auch in diesen Sog mit hineingezogen, wenn es nicht wachsam ist? Worin besteht denn unser Fortschritt? Vertrauen wir der Technik, der Wissenschaft, der Medizin oder irgendeiner Ideologie, und nicht mehr dem allmächtigen Gott? Das klingt beschämend, und vielleicht weisen wir diesen Hinweis empört zurück. Doch laßt uns die Frage einmal ehrlich durchdenken! Sind die modernen Götzen imstande, unserem Leben den Inhalt zu geben, den wir täglich benötigen? Was uns nottut, ist die Aufrechterhaltung der innigen Gemeinschaft mit dem lebendigen Gott, der unser ganzes Vertrauen bis ins Letzte verdient.

Der vom Volk begehrte und von Gott verworfene König Saul

Gott erfüllt den Wunsch Seines Volkes und läßt Saul zum König salben. Als Mensch besaß der gewünschte Herrscher alle Qualitäten, die die Natur hervorbringen kann. Er war ein Mann von hohem Wuchs, überragte alle anderen um Haupteslänge; neben einer schönen Gestalt war er mit wunderbaren Gaben ausgestattet; so recht ein Typ, der ins Auge fiel und wonach das Menschenherz verlangte. Alle Voraussetzungen waren gegeben, daß dieser Saul als Held sich einen Namen machen würde.

Aber welch ein Reinfall, welche Enttäuschungen mußte Israel mit seinem König erleben! Sein Eigenwille, seine Ruhm- und Ehrsucht führten schnell zu einem erschreckenden Erwachen und zu seiner Verwerfung durch Gott.
Bei der ersten Amtshandlung Sauls trat schon seine Selbstherrlichkeit offen zu Tage. Nachdem er einen Sieg über Ammon errungen hatte, schien der König zunächst die kühnsten Hoffnungen zu bestätigen. Doch sein Versagen wurde offenbar, als der Glaube an die Hilfe Gottes gefordert wurde. In 1. Samuel 13 finden wir ihn in seiner wahren Einstellung; es heißt: *»Und die Philister sammelten sich zum Streit mit Israel: dreißigtausend Wagen und sechstausend Reiter, und Fußvolk wie der Sand, der am Ufer des Meeres ist, an Menge... Und die Männer von Israel sahen, daß sie in Drangsal waren, denn das Volk war bedrängt; und das Volk versteckte sich... Und die Hebräer gingen über den Jordan in das Land Gad und Gilead. Saul aber war noch in Gilgal, und das ganze Volk zitterte hinter ihm her.«*
Wo blieb sein Heldentum? Jetzt, wo es sich um Bewährung handelte, in dem Augenblick, wo der Glaube an die Zusagen Gottes gefordert wurde, versagte der König völlig. Hinzu kam noch die menschliche Unruhe, die dem Klein- und Unglauben so anhaftet. Dabei war der Sieg gewährleistet, denn Samuel, der Prophet, hatte eine Opferung zugesagt. Doch der menschliche Ehrgeiz, der sich alles herausnimmt, band Gott die Hände. Als Samuel zur angesetzten Stunde des Opferns nicht eingetroffen war und viele Soldaten zum Feind überliefen, nahm Saul die heilige Handlung selbst vor. Unglaube, Angst und Vermessenheit gehen oft Hand in Hand. Kaum war die Kulthandlung vollzogen, kam Samuel und mußte Saul mit den Worten entgegentreten: *»Was hast du getan!«* Und Saul sprach: *»Weil ich sah, daß das Volk sich von mir weg zerstreute, und du nicht kamst zur bestimmten Zeit, und die Philister zu Mikmas versammelt waren, so sprach ich: Jetzt werden die Philister zu mir nach Gilgal hinabkommen, und ich habe den Herrn nicht angefleht! und ich überwand mich und opferte das Brandopfer.«*
Wie logisch klang es, wenn der Mann sich so entschuldigte. Letztlich war doch Samuel Schuld an der Misere! Warum kam er nicht zeitig, zumal er doch auch um die Notlage wissen mußte?
Wie lehrreich ist dieses Geschehen! Der Glaube wird nie ängstlich

eilen. Das ist der erste Punkt, den wir uns fest einprägen sollten. Als nächstes müssen wir die von der Bibel festgesetzten Grenzen für unser Handeln im Auge behalten. Gott bindet sich nie an Zeiten, schon gar nicht, wenn sie menschlich dringend, logisch und richtig erscheinen. Er hat einen festen Plan, und den führt Er gegen alle Wider- und Umstände durch. Wohl allen, die still warten können auf Gottes Stunde! Der junge König verlor durch seine Ungeduld alles, was er zu retten gedachte. Und Samuel sprach zu Saul: *»Du hast töricht gehandelt, du hast nicht beobachtet das Gebot des Herrn, deines Gottes, das er dir geboten hat; denn jetzt hätte der Herr dein Königtum über Israel bestätigt auf ewig; nun aber wird dein Königtum nicht bestehen. Der Herr hat sich einen Mann gesucht nach seinem Herzen, und der Herr hat ihn zum Fürsten über sein Volk bestellt; denn du hast nicht beachtet was der Herr dir geboten hatte.« (1. Sam. 13,13-14).*

Welch ein Urteil! Welch eine Anklage und Ernüchterung! Erkennen wir nicht in diesen Aussprüchen die Heiligkeit Gottes, der stets acht hat auf den Gehorsam Seinem Wort gegenüber? *»Du hast töricht gehandelt; du hast das Gebot deines Gottes nicht beobachtet; du hast dein Königtum verloren; Gott hat sich schon einen anderen an deiner Stelle erwählt!«* Wie niederschmetternd war diese Botschaft für Saul!

Es läßt sich schwer feststellen, ob die Worte des Propheten einen Eindruck auf den Frevler machten. Daß er sich am Heiligsten vergangen hatte, machte ihm vielleicht wenig aus. Denn als Samuel von ihm weg nach Gibea-Benjamin ging, finden wir keine weitere Reaktion; Saul musterte seine Soldaten, die auf 600 Mann zusammengeschrumpft waren und lagerte sich mit ihnen zu Geba-Benjamin, dem nördlichsten Grenzort des Reiches Juda, der auf einem Hügel lag. Sein Sohn Jonathan war bei ihm. Dem Glauben dieses Jünglings verdankte Saul dann einen gewaltigen Sieg über die Philister, die in drei Verheerungszügen das ganze Land verwüsteten. In ganz Israel war kein Schmied mehr zu finden, der ein Ackergerät schärfen konnte. Niemand war noch imstande, sein Schwert oder seinen Speer herzurichten. Wahrlich, eine bedrückende und ängstliche Lage, der Saul hilflos gegenüberstand. Aber auch hier wurde die Selbstherrlichkeit und Unbeherrschheit dieses Mannes erneut sichtbar. Jonathan, sein Sohn, erkannte, daß die Lage des Volkes unerträglich geworden war. Deshalb entschloß er sich, mit dem Waffenträger heimlich und ohne Wissen des Vaters zu der Aufstellung der Philister vorzudringen. Menschlich gesehen war diese Tat reiner Wahnsinn. Was wollten zwei Mann gegen ein solch mächtiges Heer ausrichten? Doch der junge Mann hatte die rechte Einstellung. Er ermunterte seinen Waffenträger: *»Komm, laß uns hinübergehen zu der Aufstellung dieser Unbeschnittenen... denn für den Herrn gibt es kein Hindernis, durch viele zu retten oder durch wenige.«*

Welch ein Vertrauen spricht aus diesen Worten! Der Glaube sieht in den »Unbeschnittenen« solche, deren Kampf sich eigentlich wider Gott richtet. Jonathan erkannte - wie auch später David-, daß Israel die Schlachtreihe des lebendigen Gottes war und der Feind mit seinen Angriffen Gott verhöhnte. Jede Niederlage des Volkes Gottes fiel auf die Ehre Gottes, denn Er hatte Sein Volk zum Zeugnis an die Völker berufen. Darum ließ Er auch nur eine Niederlage zu, wenn Israel sich hinsichtlich seiner Berufung schuldig gemacht und dadurch dieses Zeugnis verdorben hatte.

Der junge Held empfand solche Schmach, weil sein Glaube wirksam war. Er machte seine Tat zu einer Sache des Allmächtigen, der kein Hindernis kennt. Aus Liebe zu Gott, zum Zeugnis und zu seinen Volksgenossen zieht er der unheimlichen Gefahr entgegen. Diese war ihm menschlich durchaus bewußt, doch weil der Glaube die Überzeugung des Sieges in sich trägt, sah Jonathan nicht das feindliche Heer, sondern den lebendigen Gott. Deshalb konnte der Sieg nicht ausbleiben, es sei denn, Gott hätte sich verleugnet.

Wie der Gott Israels antwortete, geht aus den Worten hervor: *»Und ein Schrecken entstand im Lager, auf dem Feld und unter dem ganzen Volk; die Aufstellung und der Verheerungszug, auch sie erschraken; und das Land erbebte, und es wurde zu einem Schrecken Gottes« (1. Sam. 14,15).*

So stärkt der Herr den Glauben durch den Sieg! Was dem Unglauben als Vermessenheit erscheint und den natürlichen Menschen zurückschrecken läßt, ist für den Glauben ein Sich-Stützen auf die Zusagen Gottes. Neutestamentlich heißt das: »Dem Glaubenden ist alles möglich!« Schauen wir als Gläubige der Jetztzeit nicht wehmütig nach solchen Erfahrungen aus? Warum erleben wir so selten die absolute Zuverlässigkeit der Verheißungen der Bibel? Weil der Glaube nicht wirksam ist; weil wir nach hundert Nothelfern

Ausschau halten, ehe wir uns auf die göttlichen Zusagen besinnen! Doch Gott geht nie von Seinen Ansprüchen ab, und wir sollten das Wort neu verstehen lernen: »Alles, was nicht aus Glauben ist, ist Sünde!«

Mit Gott als Helfer bringen zwei Männer das ganze Heerlager des Feindes zur Auflösung. Planlose Flucht, ein heilloses Durcheinander sind die Folgen der Glaubenstat Jonathans, der staunend erkennen darf: *»Wer Gott naht, muß glauben, daß er ist, und denen, die ihn suchen, ein Belohner ist« (Hebr. 11,6).*

Saul, der ängstliche König, der hier gefordert war, saß unter einem Granatbaum. Er hatte keine Ahnung von dem Unternehmen seines Sohnes. Als er das Getümmel im Lager der Philister sah, wurde er stutzig. Sofort ließ er nachprüfen, wer von seinen Soldaten fehlte. Jonathan und sein Waffenträger wurden vermißt. Schnell ließ er den Priester mit der Bundeslade holen. Als er vernahm, daß danach das Durcheinander noch zunahm, weil Gott Seine Hand im Spiel hatte, durfte er als König natürlich nicht fehlen. Wenn es um Ruhm und Ehre ging, wenn man sich die Lorbeeren des Sieges an den Hut stecken konnte, war Saul immer dabei. Zwar wurde Gott auch ohne ihn fertig, aber Er ließ alles geschehen, damit eine neue Torheit oder, besser gesagt, eine neue Vermessenheit des Verworfenen sichtbar würde.

Sauls Soldaten griffen den fliehenden Feind an. Durch die Verfolgungsjagd war das Heer später total erschöpft. In seinem Siegesrausch erläßt der Verblendete den Befehl, daß jeder Kämpfer, der vor dem Abend etwas essen würde, verflucht sei. Der Gedanke an Rache hatte bei Saul jede Vernunft verdrängt. Wir lesen: *»Und das ganze Volk kostete keine Speise, und als es in den Wald kam, war Honig auf der Fläche des Feldes. Und als das Volk in den Wald kam: siehe da, ein Strom von Honig; aber niemand brachte seine Hand an den Mund, denn das Volk fürchtete den Schwur. Jonathan aber hatte es nicht gehört, als sein Vater das Volk beschwor; und er streckte das Ende seines Spießes aus, der in seiner Hand war, und tauchte ihn in den Honigseim und brachte seine Hand wieder zu seinem Mund, und seine Augen wurden hell. Und einer von dem Volk hob an und sprach: Dein Vater hat das Volk feierlich beschworen und gesagt: Verflucht sei der Mann, der heute Speise essen wird! Und so ist das Volk ermattet. Und Jonathan sprach: Mein Vater hat das Land in Trübsal gebracht;*

sehet doch, daß meine Augen hell geworden sind, weil ich ein wenig von diesem Honig gekostet habe. Was wäre es gewesen, wenn das Volk heute ungehindert von der Beute des Feindes gegessen hätte, die es gefunden hat! denn wäre dann nicht die Niederlage der Philister groß gewesen?« (1. Sam. 14,29-30).

Am Abend lagen die Krieger Sauls ermattet am Boden. In ihrem Heißhunger fielen sie über die Beute her und schlachteten von den Tieren, die sie mit Gier verzehrten. Dabei aßen sie das Fleisch mit dem Blut, und das hatte Gott streng verboten. Als der König dies hörte, ließ er sofort einen schweren Stein aufrichten und gab den Befehl, jeder müsse auf diesem Stein sein Tier schlachten, damit das Blut auslaufen könne. Ja, Saul baute sogar dem Gott des Himmels einen Altar, indem er meinte, es wäre an der Zeit, einer religiösen Form zu entsprechen. Aber es zeigte sich schnell, daß der Unglückliche keine innere Beziehung zu Gott hatte. Auf seine Anfrage bei Gott durch den Priester antwortete der Herr ihm nicht. Dadurch geriet der Mann in Not und Bestürzung. Er stellte Nachforschungen an, um zu erfahren, wer sich schuldig gemacht hatte. Das geworfene Los fiel auf Jonathan. Das Volk mußte sich schützend vor diesen Glaubenshelden stellen, sonst hätte Saul seinen eigenen Sohn um eines leichtfertigen Schwures willen umgebracht. Denn nach Abschluß seiner Ermittlungen hatte er noch einmal in klarer Weise verkündet: *»So tue mir Gott und so füge er hinzu, du mußt gewißlich sterben, Jonathan!«*

So lange man nicht selbst an der Reihe ist, läßt sich über andere leicht ein Urteil fällen! Daß Saul in allem selbst der Schuldige war, kam dem Mann nicht in den Sinn. Doch Gott ließ offenbar werden, daß der vom Volk Begehrte zum Königtum untauglich war. Zuerst maßte er sich eine Opferung an; dann verfluchte er den Mann, der beim Kampf Nahrung zu sich nahm, und zuletzt wollte der Verblendete seinen Sohn, der Israel gerettet hatte, töten. Im 15. Kapitel des Samuelbuches sehen wir erneut Eigenwilligkeit und Eigenmächtigkeit dieses Mannes. Gott läßt Saul den Auftrag überbringen, den Kampf wider Amalek, den Erzfeind Israels, aufzunehmen und ihn gänzlich auszurotten. Doch was tut Saul? Er handelt so, wie es ihm gefällt und gutdünkt. Wohl führt er den Kampf bis zum Sieg durch, den König aber läßt er leben und ebenfalls das Beste vom Vieh. Dieser erneute Ungehorsam führte dazu, daß Gott Sein Urteil über den Hochmütigen ein weiteres Mal wiederholte: *»Es reut mich, daß ich Saul zum König gemacht habe; denn er hat sich hinter mir abgewandt und hat mein Wort nicht erfüllt«*

Samuel, der mit diesem harten Beschluß Gottes nicht einverstanden war, schrie im Schmerz eine ganze Nacht und setzte sich für eine Abänderung des Urteils vor Gott ein. Als er am anderen Morgen sich aufmachte, Saul die Entscheidung Gottes als Folge seines Verschuldens vorzustellen, mußte der Prophet erfahren, daß der Leichtfertige nach Karmel gegangen war und sich ein Denkmal errichtet hatte. In Gilgal fand er den König und warf ihm sein Versagen vor. Saul fand schnell eine recht logisch und vernünftig klingende Entschuldigung für sein Handeln. Er wollte die Beutetiere dem Herrn opfern, nur deshalb hatte er sie verschont. Samuel ließ sich nicht täuschen, sondern rief dem König zu: *»Hat der Herr Lust an Brand- und Schlachtopfern, wie daran, daß man der Stimme des Herrn gehorcht? Siehe, Gehorchen ist besser als Schlachtopfer, Aufmerken besser als das Fett der Widder. Denn wie die Sünde der Wahrsagerei ist Widerspenstigkeit, und der Eigenwille wie Abgötterei und Götzendienst. Weil du das Wort des Herrn verworfen hast, so hat er dich verworfen, daß du nicht mehr König seiest.«*

Eine scheinbare Reue bemächtigte sich des Verurteilten, als er Samuel antwortete: *»Ich habe gesündigt, daß ich den Befehl des Herrn und deine Worte übertreten habe; denn ich habe das Volk gefürchtet und auf seine Stimme gehört. Und nun, vergib doch meine Sünde und kehre mit mir um, daß ich vor dem Herrn anbete. Aber Samuel sprach: Ich kehre nicht mit dir um; denn du hast das Wort des Herrn verworfen, und der Herr hat dich verworfen, daß du nicht mehr König über Israel seiest« (1. Sam. 15,22-26).*

Armer Mann! Wie ganz anders wäre sein Leben verlaufen, wenn er sich aufrichtig vor Gott gebeugt und Buße getan hätte. Aber bei ihm war alles nur äußerlich, so verflacht, daß selbst sein Geständnis weiter nichts als eine religiöse Floskel bedeutete. Sein Hochmut und seine Eitelkeit beherrschten ihn. Um was es ihm geht, zeigt uns die oben beschriebene Situation. Als Samuel weggehen wollte, hängte sich Saul an den Zipfel seines Prophetenkleides. Als dieser abriß, sprach Samuel zu ihm: *»Der Herr hat heute das Königtum Israels von dir abgerissen und es deinem Nächsten gegeben, der besser ist als du.«* Saul aber ging es um die Ehre bei

den Menschen. Darum versuchte er nochmals den Propheten mit den Worten umzustimmen: *»Ich habe gesündigt! Nun ehre mich doch vor den Ältesten meines Volkes und vor Israel, und kehre mit mir um, daß ich vor dem Herrn, deinem Gott anbete.«*
In Saul haben wir den Typ eines religiösen Menschen vor uns, der mit frommen Worten in Wirklichkeit nur seine eigene Ehre sucht. Hochmut, krankhafte Eitelkeit, Stolz und Hoffart sind nur einige Auswirkungen, die unsere gefallene Natur kennzeichnet. Das ist die Sünde, die wir alle mit in die Wiege gelegt bekamen, die Erbsünde des Menschen. Eine Veränderung der Natur ist völlig unmöglich. Unzählige Besserungsversuche sind auf religiösem Gebiet unternommen worden und kläglich gescheitert. Bis in unsere Tage hat man Heilmethoden angeboten, hat man an sich gearbeitet, doch der innere Rebell ließ sich nie zähmen. Die menschliche Natur läßt sich nicht veredeln. Wie der junge Löwe die Natur der Eltern übernimmt und ein Raubtier bleibt, wie ein junges Lamm die Lammesnatur ererbt, bleibt auch der Mensch seiner Art und Abstammung getreu. Sündige Eltern können nie einen Sündlosen zeugen und zur Welt bringen. Darum sagt die Bibel: *»Sie sind allzumal Sünder und erreichen nicht die Herrlichkeit Gottes.«*
Gott selbst mußte einen Ausweg schaffen. Das tat Er in der Sendung Seines Sohnes, der für die Sünder starb und deren Erbmasse beseitigte. Darum sagte der Herr Jesus in Seinen Erdentagen zu Nikodemus: *»Wahrlich, wahrlich, ich sage dir: Wenn jemand nicht von neuem geboren wird, so kann er das Reich Gottes nicht sehen... Was aus dem Fleisch geboren ist, ist Fleisch, und was aus dem Geist geboren ist, ist Geist« (Joh. 3,3-6).* Der Glaube an Jesus Christus, den Gekreuzigten und Auferstandenen vermittelt diese innere Erneuerung. Deshalb lesen wir: *»Denn so sehr hat Gott die Welt geliebt, daß er seinen eingeborenen Sohn gab, damit jeder, der an ihn glaubt, nicht verloren gehe, sondern ewiges Leben habe« (Joh. 3,16).*
Über diese Wiedergeburt sagt Paulus: *»Ist jemand in Christo, so ist er eine neue Schöpfung; das Alte ist vergangen, siehe Neues ist geworden. Alles aber von Gott, der uns mit sich selbst versöhnt hat durch Christus... Den, der Sünde nicht kannte, hat er für uns zur Sünde gemacht, damit wir Gottes Gerechtigkeit würden in ihm« (2. Kor. 5,17 u. 21).* Herrlich geht diese Mitteilung weiter: *»Er kaufte uns los, damit wir die Sohnschaft empfingen. Weil ihr aber*

Söhne seid, sandte Gott den Geist seines Sohnes in unsere Herzen, der da ruft: Abba Vater!« (Gal. 4,4-5).
Nur aus dieser Lebensverbindung mit Gott selbst kann ein Mensch aus seiner angeborenen Veranlagung und seinem sündhaften Wesen erlöst und befreit werden. Neutestamentlich ist uns dieses einmalige Angebot Gottes im Evangelium gut bekannt. Millionen haben im Glauben sich beschenken lassen, als sie erkannten: ohne die Rettung durch den Erlöser führt der Weg unweigerlich ins Gericht.
Dieser wunderbare Heilsplan Gottes in Seinem Sohn war den Menschen Alten Testaments noch verborgen. Ihnen offenbarte sich Gott auf mancherlei Weise durch die Propheten. Saul empfing durch Samuel, durch den Priester und die Bundeslade immer wieder die nötige Unterweisung. Der Unglückliche kannte den Willen Gottes. Ohne weiteres hätte auch er — wie David — Gottes Wohlgefallen erringen können. Gott erwartete nur den Glaubensgehorsam bei der Erfüllung Seiner Aufträge. Weil Saul aber in leichtsinniger Weise hierüber hinwegging, um sich und seine Ehre zu suchen, kam es zu dem vorgeschilderten Bruch. Samuel ging nach Rama, Saul zog in sein Haus nach Gibea-Saul. Die beiden sahen sich nicht mehr, so lange sie lebten. Samuel litt unter der Verwerfung dieses stolzen Mannes und trauerte sehr über Gottes Urteil und Absicht.

Samuels Trauer um Sauls Verwerfung

Die Trauer Samuels über den verworfenen König läßt uns aufhorchen. Wie kommt es, daß dieser treue und bewährte Prophet nicht in Übereinstimmung mit Gottes Gedanken und Absichten steht? Er gab seinen menschlichen Gefühlen Raum und litt deshalb darunter, daß der zu den größten Hoffnungen berechtigte Saul so schnell und so ruhmlos die politische Bühne verlassen mußte. Hätte er nicht über die Sünde und das Versagen Sauls weinen müssen? Doch unsere menschliche Art legt uns manche Hindernisse vor die Füße. Sind wir nicht wachsam und können nicht loslassen, was Gott uns nehmen muß, kommt es zu dieser ungöttlichen Trauer. Natur und Glaube sind unvereinbar. Ruht der Glaube im Willen Gottes, kann falsche Trauer uns nicht zu Boden werfen. Dann gibt es kein Rückwärtsschauen, kein Weinen über verlorene Ansichten. Das Auge des Glaubens blickt vielmehr zuversichtlich in die Zukunft und freut sich bei der Verwirklichung des Willens dessen, der nie einen Plan revidieren muß, und die Seele jubelt: *»Der Fels! Vollkommen ist sein Tun, und alle seine Wege sind recht.«* Der Glaube schaut stets über das Sichtbare hinaus und erfreut sich an den Handlungen des großen Planers. Trauern und Weinen über das, was Gott beiseite stellt und verwerfen muß, ist schon fast Unglauben. Der Natur, den Gefühlen erscheint manches unersetzbar und großartig, was Gott überhaupt nicht gebrauchen kann bei der Durchführung Seines Werkes. Der Glaube hingegen ist immer einverstanden, ob nun der Herr aufrichtet oder abbricht, segnet oder verurteilt. Es ist deshalb in der Nachfolge Jesu wichtig, daß wir in jeder Situation uns klar werden, ob wir in Glauben und Überzeugung mit den Gedanken und der Führung des Herrn übereinstimmen oder uns von unserem trügerischen Herzen in Kontrastellung bringen lassen. Solche Gefahren müssen wir erkennen, damit wir keine Niederlage erleiden. Der trauernde Samuel schmollt und ist niedergedrückt; der glaubende Samuel fragt nicht, sondern gehorcht, nimmt das Ölhorn und geht.

Wir sehen, es geht um unsere Wachsamkeit. Denn allzu gern benutzt der Teufel unsere Gefühle, damit wir mit Gott hadern, anstatt in der tiefen Überzeugung zu leben, daß die Wege Gottes stets vollkommen sind.

Es gibt natürlich auch ein gottgemäßes Trauern. Gerade in der Lebensgeschichte Sauls gibt es manches, worüber man weinen könnte. Denken wir z.B. daran, wie durch diesen stolzen und hochmütigen Mann das Zeugnis Gottes vor der Heidenwelt besudelt wurde. Wo war während seiner Regierung zu sehen, daß er über das Volk Gottes herrschte? Welche Aufgaben stimmte er mit dem ab, der bis zu seinem Königtum selbst Seinem Volk mit Rat und Tat zur Seite stand? Wann gab er Gott die Ehre? Dachte der Mann nicht nur an sich, und baute er sich nicht selbst ein Denkmal?

Samuels neuer Auftrag

Gott läßt Seinen Knecht nicht im Schmollwinkel sitzen. In Seiner Güte wendet Er sich an Samuel und ruft ihm zu: *»Bis wann willst du um Saul trauern, da ich ihn doch verworfen habe, daß er nicht mehr König über Israel sei? Fülle dein Horn mit Öl und gehe hin,* *ich will dich zu Isai, dem Bethlehemiter, senden; denn ich habe mir unter seinen Söhnen einen König ersehen« (1. Sam. 16,1).* *»Ich habe mir ersehen!«* Das war der ermunternde Zuruf Gottes an Seinen niedergedrückten Knecht. Diese Worte mußten jegliche Trauer in Freude verwandeln! *»Fülle dein Ölhorn und gehe! Schau nicht auf die Vergangenheit, sondern blicke freudig in die Gegenwart. Mit der Verwerfung Sauls bricht mein Plan nicht zusammen; ich habe längst einen anderen König ausgewählt, einen Mann nach meinem Herzen!«* Das alles lag in Gottes ermunterndem Zuspruch. Gott lenkte Samuels Blick in die Zukunft. Der Niedergeschlagene durfte erkennen, daß sein Gott erhaben über allem menschlichen Versagen steht. Das aber muß gelernt sein! Wie schwer fällt es oft, sich über die menschlichen Gefühle hinwegzusetzen und im stillen Vertrauen auf Gott zu hören. Die ängstliche Natur meldet sich, und schnell geben wir ihren Gefühlen Raum. Dann sehen wir nur noch Gefahren und Schwierigkeiten, aber nicht den großen, allmächtigen Gott.

Auch Samuel hatte diesbezüglich seine Probleme. Anstatt freudig die gestellte Aufgabe durchzuführen, suchte er Ausflüchte. Sein Blick war nicht auf den Auftraggeber gerichtet, sondern auf etwaige Gefahren. So leicht fürchten wir uns! Gott sagt: *»Gehe hin!«* Samuel antwortet: *»Wie mag ich hingehen? Wenn Saul es hört, so tötet er mich.«* Wie töricht! Gibt Gott Anweisungen, ohne alles einkalkuliert zu haben? Unmöglich! Der lebendige Glaube sieht nicht den kleinen Saul, sondern den großen Gott. In dessen Wörterbuch fehlen »Wie, Wenn und Aber«. Der Weg zum Ziel Gottes ist stets klar umrissen. Darum nimmt der Glaube das Ölhorn und geht. Es heißt ganz deutlich: *»Gehe hin... zu Isai... unter seinen Söhnen habe ich mir einen König ersehen!«* Der Glaube sieht keine Schwierigkeiten, er nimmt Gott beim Wort und handelt. Wie gütig, wie langmütig ist doch der Herr! Keinen Vorwurf hören wir wegen der Trauer oder wegen der Ängstlichkeit Samuels. In Seiner Gnade kommt Gott Seinem Knecht entgegen: *»Nimm eine Färse mit dir und sprich: Ich bin gekommen um dem Herrn zu opfern.«* Diese Herablassung Gottes zu Seinem Knecht hatte einen besonderen Grund. Die Opferfeier, die Samuel durchführen sollte, zu der Isai und sein Haus eingeladen wurden, verhüllte den eigentlichen Zweck seines Kommens. Gott hatte für den jungen David noch eine lange Vorbereitungszeit geplant. Die Salbung des neuen Königs mußte zunächst geheim bleiben. Später werden wir den Grund für das Handeln Gottes besser verstehen, wenn Saul den Gesalbten mit glühendem Haß jagt und verfolgt.

Samuel in Bethlehem-Ephrata

Wir sehen Samuel mit Ölhorn und Opferlamm auf dem Weg nach Bethlehem. Dieser damals so unbedeutende Flecken im Land Juda hatte im Plan Gottes von Ewigkeit her schon einen wichtigen Platz. Er war zu klein, um bei der Landverteilung durch Josua auch nur erwähnt zu werden. Wer hätte auch ahnen können, daß dieser kleine Ort einmal bis an den Himmel erhoben und alle Städte der Erde an weltgeschichtlicher Bedeutung überstrahlen würde! Der Herr, der das erwählt, was nichts ist, und das Verachtete zu Ehren bringt, hatte längst dieses Städtchen mit Seiner besonderen Gnade bedacht. In einer unvergleichlichen Weise sollte der kleine Ort einmal seinem Namen Bethlehem (= Brothaus) völlig entsprechen. Wo finden wir außer bei Golgatha noch einen Ort, bei dessen Nennung unsere Herzen höher schlagen? Schon Jahre früher verband der Herr hier zwei Herzen zu einem glücklichen Ehebund. Es war die Moabitin Ruth und der reiche Gutsbesitzer Boas, die der Herr in bezug auf Seine Heilsabsichten segnete. Eine Ausgestoßene, eine Moabitin, deren zehntes Geschlecht noch nicht wagen durfte, die Vorhöfe im Tempel Gottes zu betreten, kam durch diese Ehe in den Besitz aller Segnungen: sie gelangte sogar durch die Geburt ihres Sohnes in das Geschlechtsregister des Herrn Jesus. Die Ältesten und Zeugen jener Trauung riefen aus: *»Der Herr mache die Frau, die in dein Haus kommt, wie Rahel und Lea, welche beide das Haus Israel erbaut haben; und werde mächtig in Ephratha und stifte einen Namen in Bethlehem.«* Als Ruth dann einen Sohn gebar, gab man ihm den Namen Obed (Diener); er ist der Vater Isais, des Vaters David.

Natürlich konnten die Ältesten, oder auch die Frauen, die Noomi, die Schwiegermutter der Ruth beglückwünschten, nicht ahnen, wie der Herr die Verheißungssprüche bei der Geburt des Kindes in späterer Zeit erfüllen würde. Noch war ihnen und auch ganz Israel das Geheimnis verborgen, das 400 Jahre später der Prophet Micha zum freudigen Erstaunen des Volkes offenbarte: *»Und du, Bethlehem-Ephrata, zu klein, um unter den Tausenden von Juda*

zu sein, aus dir wird mir hervorkommen, der Herrscher über Israel sein soll; und seine Ausgänge sind von der Urzeit, von den Tagen der Ewigkeit her. Darum wird er sie (Israel) dahingeben bis zur Zeit, da eine Gebärende geboren hat: und der Rest seiner Brüder wird zurückkehren samt den Kindern Israel« (Micha 5,1-2).
Der Glaube erfreut sich an den lieblichen Zusammenhängen dieser Prophetie unseres Gottes. Finden wir hier doch eine Brücke von Boas und Ruth über Obed und David bis auf den, dessen Name »Jesus« heißen soll.

Davids Berufung und Salbung

Zu diesem Ort Bethlehem, auf sonnigen Hügeln gelegen und von saftigen Triften umgeben, ging Samuel. Seine Ankunft erregte unter den Bewohnern des stillen Fleckens freudige Überraschung. Daß ein so bekannter Prophet Gottes ihr kleines Städtchen besuchte, war sicher noch nicht oft vorgekommen. Die Ältesten des Ortes gingen dem Mann ehrfurchtsvoll, vielleicht auch mit einem geheimen Bangen entgegen. Ihr Gruß: *»Ist Friede dein Kommen?«* zeugt von einer inneren Unruhe, weil in dem ungewöhnlichen Besuch etwas Geheimnisvolles lag. Doch der Freund Gottes beseitigte durch seine Erwiderung jegliche Unruhe. Er sprach: *»Friede! Ich bin gekommen, um dem Herrn zu opfern. Heiliget euch und kommt mit mir zum Schlachtopfer... Und er heiligte Isai und seine Söhne und lud sie zum Schlachtopfer« (1. Sam. 16,4-5).*
Nach der Vorbereitung zu dieser bedeutungsvollen Handlung kamen die Geladenen in festlicher Stimmung, um am Essen des Schlachtopfers teilzunehmen. Es muß angenommen werden, daß nach der Kulthandlung Samuel mit Isai und den Seinen in dessen Heim zurückgekehrt ist, um dort bei gedeckter Tafel die Salbung des neuen Königs vorzunehmen. Im Beisein der Ältesten und der Bewohner von Bethlehem konnte Samuel nicht salben, weil das Königtum Davids zunächst ein Verborgenes bleiben mußte. Hier, in der kleinen Hütte Isais, wurde der Familienvater aufgefordert, seine Söhne vorzustellen.
Sobald der Prophet den Ältesten, den Eliab, - dessen Name »Mein Gott ist Vater« heißt -, sah, war er von dessen Gestalt, seiner Kraft und seinem Auftreten so beeindruckt, daß er überzeugt war, den kommenden König gefunden zu haben. Sein Ausruf: *»Gewiß, vor*

dem Herrn ist sein Gesalbter!« bestätigt diese Annahme. Aber das war ein völliger Irrtum.

Gott mußte eingreifen und Seinen Knecht mit den Worten belehren: *»Blicke nicht auf sein Aussehen und die Höhe seines Wuchses, denn ich habe ihn verworfen; denn der Herr blickt nicht auf das, worauf der Mensch sieht; denn der Mensch sieht auf das Äußere, aber der Herr sieht auf das Herz« (1. Sam. 16,7).*

Gott läßt sich nicht von der vergoldeten Oberfläche täuschen, Er handelt nach Seinen fehlerfreien Grundsätzen. Wie richtig das Handeln Gottes ist, zeigt das spätere Leben dieses Eliab. Sein selbstsüchtiger, hochmütiger Charakter wird im 17. Kapitel des Samuelbuches deutlich. In unfeiner Art fährt er seinen jüngeren Bruder David an und beschuldigt den, der Israel retten sollte, der Vermessenheit. Der Herzenskenner kann nicht getäuscht werden. Der Herr hat *»keinen Gefallen an den Beinen des Mannes«,* keine Lust an menschlicher Kraft oder sonstigen Qualitäten. Darum lautet Sein Urteil: *»Ich habe ihn verworfen.«*

Nun winkte Isai dem Abinadab (= »Mein Vater ist ein Edler«). Doch auch ein schöner Name fällt bei Gott nicht in die Waagschale. *»Auch diesen hat er nicht erwählt!«* lautete das Urteil des Samuel. Dann ließ der Vater seinen dritten Sohn, den Schamma vortreten. Dieser Name wird mit »Erstaunen, Starren, Entsetzen« übersetzt. Mit diesem Namen kommt etwas von der Spannung, dem Erstaunen zum Ausdruck, das sicherlich durch die Beiseitestellung der kräftigsten Söhne Isais aufgebrochen sein muß. Das Ergebnis lautete ja weiterhin: *»Auch diesen hat er nicht erwählt.«*

Den gleichen Hinweis mußte der Vater auch bei seinen vier weiteren Söhnen hören.

Wie konnte es möglich sein, daß alle sieben Söhne bei Gott keine Anerkennung fanden? Was wollte der Seher im Hause Isais, wenn alle Söhne von Gott verworfen wurden? Ob der Stolz des alternden Vaters bei dieser Musterung nicht verletzt wurde? Sieben Söhne, seine ganze Freude, und alle fallen durch? Doch für lange Überlegungen blieb keine Zeit. Schon kam die Frage des Propheten: *»Sind das die Jünglinge alle?«* Erstaunt mußte Samuel hören, daß man den Jüngsten überhaupt nicht zur Feier geladen hatte. Etwas geringschätzend antwortete Isai: *»Noch ist der Jüngste übrig, und siehe, er weidet das Kleinvieh.«* Er konnte doch wohl kaum in Frage kommen, wenn diese sieben stattlichen Männer dem Urteil nicht standhielten. So könnte, menschlich gesehen, die Feststellung lauten.

Gott kommt aber zum Ziel. *»Was Er sich vorgenommen, und was Er haben will, das muß auch endlich kommen zu Seinem Zweck und Ziel!«* Deshalb lautete der Befehl des Propheten: *»Sende hin und laß ihn holen; denn wir werden uns nicht zu Tische setzen, bis er hierhergekommen ist.«*

Wie konnte es anders sein? Wenn einer der Sieben das Salböl erhalten hätte, konnte das Fleisch, die Natur sich rühmen. Gott bedient sich aber nicht mit menschlichen Vorzügen, sondern sucht das Kleine, das Vergessene, das, was gering ist in den Augen der Menschen. David war - was sein Name bedeutet - der »Geliebte« des Herrn. Ihn hatte Gott sich in der Stille zu diesem hohen Amt zubereitet. Dieser - Jüngling war der Mann nach dem Herzen Gottes. Gott war bereit, das Zepter über Israel in seine Hand zu legen. Die Demut, die David zierte, war imstande, Gott allein die Ehre und den Ruhm für diese Erhöhung zu geben.

»Und Isai sandte hin und ließ ihn holen; und er war rötlich, dazu schön von Augen und von gutem Aussehen. Und der Herr sprach: Auf salbe ihn! denn dieser ist es. Da nahm Samuel das Ölhorn und salbte ihn inmitten seiner Brüder. Und der Geist des Herrn geriet über David von selbigem Tag an und hinfort« (1. Sam. 16,13).

Gerade der Hirtenberuf des jungen Mannes war die beste Schule für sein Königtum. *»Siehe, er weidet das Kleinvieh!«* Gott erinnerte David später wiederholt an seine frühere Beschäftigung: *»Ich habe dich von der Trift genommen, hinter dem Kleinvieh weg, daß du Fürst sein solltest über mein Volk, über Israel.«* Dieses *»Einst«* und *»Jetzt«*, das Gott David ins Gedächtnis rief, erhielt diesen begnadeten Mann dankbar und glücklich. Wer Herrschaft im Sinne eines Hirten durchführt, ist am rechten Platz. Seine Herde hatte David Geduld, Liebe, Langmut, Rücksicht und Verantwortung abgefordert. Wie waren diese Eigenschaften dem Regierenden doch zum Nutzen! Daß er seine Aufgabe so auffaßte, geht aus seinem rührenden Bekenntnis hervor: *»Siehe, ich habe gesündigt, und ich habe verkehrt gehandelt; aber diese Schafe, was haben sie getan?« (2. Sam. 24,17).* Dabei ging es um die Strafe, die David wegen einer Volkszählung Israels treffen sollte. Wie einst auf den Bergen bei Bethlehem hütete er als König die Herde, die Schafe seines

Herrn. Mehr als ein Hirte, der seine Pflicht tut an der Herde, wollte David als König nicht sein. In dieser Haltung bestieg er später den Thron, und tauschte den Hirtenstab mit dem Königszepter.

Aber noch war es nicht so weit. Für den Jüngling kam nach der Salbung noch eine schwere Schule Gottes, verbunden mit vielen Übungen. Seine gottgeweihte Aufgabe brauchte besondere Zurüstung. Die erste Stufe, die Vorbereitungszeit bei den Schafen hatte David schon manches vermittelt. Doch das Schwerste, das Warten auf Gottes Stunde, darauf, daß der Thron frei würde, brach jetzt an. In den heimatlichen Gefilden waren die reichen Veranlagungen, die Gott als vorlaufende Gnade in den jungen Mann hineingelegt hatte, zur vollen und gesegneten Entfaltung gelangt. In den stillen, milden Nächten hatte er auf den Fluren Bethlehems viel über die Geheimnisse der herrlichen Schöpfung nachgedacht. Tiefbewegt über die Größe Gottes ergossen sich dann, begleitet von den Akkorden seiner Harfe, die Loblieder zur Ehre Gottes aus seinem Herzen. Die schönsten Dichtungen —vielleicht eine Veranlagung von seiner Mutter — entstanden, wenn sein Auge über die Herde wachte und die ersehnte Morgenröte das Firmament verzauberte. Die Psalmgesänge, die er später unter der Wirkung des Heiligen Geistes niederschrieb, hatten zum Teil ihren Ursprung in der jungen Seele dieses von Gott zubereiteten Werkzeuges, als er im Lande Betlehem die Wunder des Schöpfers bestaunte. Denken wir nur an den 8. Psalm, an Psalm 19 und 23; sie alle werden wohl aus der gesegneten Zeit seiner Hirtentätigkeit stammen. Wie wird seine junge Seele entzückt gewesen sein, als er niederschrieb: *»Die Himmel erzählen die Herrlichkeit Gottes, und die Ausdehnung verkündet seiner Hände Werk!... Er hat der Sonne in ihnen ein Zelt gesetzt. Und sie ist wie ein Bräutigam, der hervortritt aus seinem Gemach; sie freut sich wie ein Held, zu durchlaufen die Bahn. Vom Ende der Himmel ist ihr Ausgang, und ihr Umlauf bis zu ihren Enden; und nichts ist vor ihrer Glut verborgen« (Ps. 19).*

Bestimmt verdankt seiner tiefen Bewunderung der Schöpfung eine Reihe seiner Lobgesänge ihre Entstehung. Davids Gottesfurcht, die aus allen Liedern spricht und ihm schon auf dem Mutterschoß eingepflanzt wurde, hat in jener stillen Zeit reiches Wachstum erfahren.

Ob David die folgenschwere Salbung zum König in ihrer ganzen Tiefe verstand, ist nicht festzustellen. Nach dem Worttext wurde die Salbung stumm vollzogen. Bei dem jungen Mann scheint alles wachstümlich verlaufen zu sein; davon zeugt auch die Unbefangenheit, mit der er, wie wir später noch sehen werden, den Königshof Sauls, seines großen Gegenspielers, betritt. Die volle Klarheit wird David wohl gekommen sein, als der Speer Sauls immer wieder sein Ziel verfehlte. Was uns mit Bewunderung erfüllt, sind die geheimnisvollen Wege Gottes. Alles ist genau vorgeplant. Gottes Ziel liegt fest. Warum der Herr dem verworfenen Saul noch so viel Zeit läßt, bis er den Thron räumen muß, können wir nur als einen Akt besonderer Gnade und Langmut bestaunen. Alles muß ausreifen. Das ganze Verderben eines Menschen muß sich zunächst offenbaren; danach aber gibt es auch keinen Aufschub mehr. Als David später diese schwierige Zeit überblickte, schrieb er: *»Vielfach hast du deine Wundertaten und deine Gedanken gegen uns erwiesen, Herr mein Gott; nicht kann man sie der Reihe nach dir vorstellen. Wollte ich davon berichten und reden, es sind ihrer zu viele um sie aufzuzählen« (Ps. 40,5).*

In meinem Herzen habe ich dein Wort bewahrt
(Ps. 119,11)

Die Einstellung Samuels und die Salbung Davids enthalten für unser Glaubensleben wichtige Belehrungen. Wir haben bereits davon gesprochen, daß Gott Samuel fragen mußte: *»Bis wann willst du um Saul trauern, da ich ihn doch verworfen habe?«*
Wir wundern uns, daß dieser treue Knecht Gottes, dieser einmalige Beter, den Gott in Jeremia 15,1 mit den Worten hervorhebt: *»Wenn auch Mose und Samuel vor mir ständen, so würde meine Seele sich nicht zu diesem Volk wenden«,* hier so stark seinem Gefühl erliegt. Er trauert, daß eine Person beiseite gesetzt wird, die nicht in den Plan Gottes paßt: ein Mann, der längst in seinem Hochmut sich als untauglich für die Gedanken des Herrn erwiesen hatte. Unseren Gefühlen nachgeben, birgt eine stete Gefahr in sich. Nicht der Hang unseres Fleisches ist maßgebend, sondern nur das Wort Gottes. Nimmt uns der Herr in Seiner Weisheit etwas weg, so will Er uns dadurch segnen. Diese Lektion zu lernen, ist für den Glaubenden die schwerste Aufgabe. Ruhen wir in den Wegen Gottes, überwiegt Sein Friede unsere Trauer bei weitem; dann vermögen wir auch »Ja« zu sagen zu der Führung des All-

mächtigen. Geben wir uns aber dem Schmerz, den Tränen und der Trauer hin, bäumt sich unsere Natur auf. Wir werden verbittert und hadern mit Gott.

Paulus hatte gelernt, alles so anzunehmen, wie der Herr es schickte. Deshalb konnte er schreiben: *»Ich habe gelernt, mich mit dem zu begnügen, was vorhanden ist.«* Er durfte sogar bezeugen: *»Christus soll hoch erhoben werden an meinem Leib, sei es durch Leben oder Tod.«* Dieser Mann war fertig mit seinen eigenen Wünschen und seinem Begehren. Er ruhte völlig und ganz in der Liebe seines Herrn, der sich niemals irren kann.

Ob wir je so weit kommen? Gott weiß es. Doch uns nach diesem Ziel auszustrecken, ist unsere tägliche Aufgabe. Samuel mußte das auch lernen. Es gibt keine Perfektion im Christentum, aber ein Wachsen in der Gnade. Für den Propheten gab es auch nur diesen einen Weg zum Ziel. Auch er mußte dem Eigenwillen, der falschen Schau, dem Widerstreben gegen Gottes Plan den Todesstoß geben. Gewiß war es für diesen Gottesknecht auch nicht immer leicht, den Weg und die Absichten Gottes zu verstehen, besonders wenn mit ihnen Gericht verbunden war. Zweimal mußte Samuel in seinem Leben Gericht verkünden. Als Jüngling bekam er den Auftrag, dem Priester Eli und dessen Haus die Strafe Gottes anzusagen. Nun wurde er der Bote der Verwerfung Sauls. Doch Gott macht keinen Fehler. Ist das Maß Seiner Geduld und Langmut mit einem Menschen erschöpft, bedient Er sich eines anderen, der Seine Wege geht und bereit ist, sich Seinem Willen völlig zu unterwerfen.

Halten wir fest: Gott dienen zu dürfen, ist das größte Vorrecht auf Erden; soll der Dienst sich aber fruchtbar auswirken, müssen Gottes Wort, Plan und Wille die Grundlage bilden. Jedem Diener fällt die sehr schwere Aufgabe zu, Gnade stets mit Gericht verbinden zu müssen. Gottes Erbarmen und Seine Güte sind unendlich groß, aber auch Seine Gerechtigkeit und Heiligkeit. Wer wollte sich anmaßen, das unfaßbare, unerklärbare, alles erfüllende Wesen Gottes zu begreifen? Im Wort Gottes begegnen wir stets beidem: Gericht und Gnade. Auch die Begebenheit, die vor uns liegt, zeigt das Gericht über Saul, der sich nicht zur Buße und Sinnesänderung führen ließ, und Gottes überströmende Gnade, die einen David aussuchte und den Hirtenknaben zum König machte. Zwei Arten des Menschen — wie sie das Wort Gottes immer wieder aufzeigt — finden wir hier. Saul, ein religiöser Mensch, der in seinem Eigenwillen sich nicht bevormunden lassen will, versucht nach seiner Fasson selig zu werden. Sein Ende ist Gericht.

David weist auf die Gruppe Menschen hin, die zwar genauso mit Fehlern behaftet sind, die sich aber unter ihre Schuld beugen und in tiefer Demütigung vor Gott Vergebung finden. Der Intellekt, die Klugheit des Menschen begreift das nicht. Denn nur dem Glauben ist es möglich, die Unumschränktheit Gottes zu erkennen und zu bewundern. Deshalb hat der Glaubende auch keine Schwierigkeiten mit den Wegen und der Führung Gottes. Er ruht im vollen Vertrauen in den Plan dessen, der den Ablauf der Zeit- und Weltgeschichte von Ewigkeit her vor sich hat. Wer das erkannt und verstanden hat, ist frei von den kleinen, menschlichen Ängsten, und frei von dem Druck, von den Nöten, die unsere Generation befallen haben. Wer in Gott und Seinen Wegen stille geworden ist, kennt auch die atomare Todesangst nicht, weil der Höchste, der Allmächtige die Fäden des Geschehens niemals aus der Hand gibt. Wie schön, wenn wir alle zu der Einfalt des kindlichen Vertrauens zurückfinden und mit dem Dichter erfahren:

Es kann mir nur geschehen,
was Er für mich ersehen
und was mir nützlich ist!

Weiter wollen wir von Samuel lernen, daß es in unserem Leben und bei der Erfüllung der uns übertragenen Aufgaben immer auf die rechte Blickrichtung ankommt. Das innere Auge des Propheten war durch die falsche Trauer um Saul getrübt. Deshalb hatte er bei der Salbung Davids so viele Schwierigkeiten. Die Übereinstimmung mit den Gedanken Gottes fehlte; die natürliche Schau beherrschte sein Handeln. Hätte Gott nicht eingegriffen, wäre Eliab, der älteste Sohn Isais, zum König gesalbt worden. Die Wünsche der Natur, die das Große, Schöne, in die Augen Fallende wählen, hätten den Sieg davongetragen. Darum mußten erst einmal alle sieben Söhne beiseite gesetzt werden, bis der von Gott Erwählte herausgestellt werden konnte. Die Siebenzahl weist auf einen vollkommenen Abschluß, und die Zahl »acht« zeigt stets einen neuen Anfang. Alles, was die Natur an Vollkommenem hervorbringen kann, zog an Samuel vorüber. Aber Gott gab das Prädikat: verworfen! Dann kam der Achte, der den Neubeginn einleitete, David, der Mann nach dem Herzen Gottes. Die Anordnung Gottes,

David zu salben, brachte Samuel die rechte Erkenntnis und Blickrichtung zurück.

Wir müssen uns die Tatsache stets einprägen, daß Gott nie auf das schaut, was in den Augen der Menschen anziehend und imposant ist. Er sieht das Herz an. Er erwählt sich, was von der Natur übersehen und in unseren Augen untauglich und unbrauchbar ist. Paulus kleidet diese Tatsache in die Worte: *»Sehet eure Berufung Brüder, daß es nicht viele Weise nach dem Fleisch, nicht viele Mächtige, nicht viele Edle sind; sondern das Törichte der Welt hat Gott auserwählt, damit er die Weisen zu Schanden mache; und das Schwache der Welt hat Gott auserwählt, damit es das Starke zuschanden mache. Und das Unedle der Welt und das Verachtete hat Gott auserwählt, das was nicht ist, damit er das, was ist, zunichte mache, daß sich vor Gott kein Fleisch rühme« (1. Kor. 1,26-28).*

David, der Jüngste, der Viehhirte, der Vergessene, das ist der Mann, den Gott erwählt, gesucht und gefunden hat! Sein Grundsatz lautet für uns: *»Haltet euch zu den Niedrigen; schauet nicht auf hohe Dinge; lebt in der Gesinnung Jesu und folgt Seinem Beispiel nach!«*

Wie ein roter Faden geht dieser Grundsatz durch die ganze Bibel: Gott wacht eifersüchtig über Seine Ehre. Niemals teilt Er sie mit einem Menschen, und wäre der noch so klug, so weise, so intelligent und überragend. Schon das erste Gebot lautet: *»Du sollst keine anderen Götter neben mir haben. Ich bin der Herr, dein Gott!«* Alles, was wir neben Ihn stellen, ist Kult und Götzendienst.

Wir sehen: die Blickrichtung muß stimmen! Wenn die Blicke abgelenkt sind, prägt uns das, was wir anschauen und betrachten. Dann sind wir schnell ein Spielball unserer Veranlagungen. Die Sehnsüchte und Wünsche der Natur beherrschen uns. Was dabei herauskommt, haben wir wiederholt betont. Geist und Fleisch sind erbitterte Feinde; Glauben und Vertrauen sind mit unserer menschlichen Erbmasse nie zu vereinen; sie liegen in stetem Kampf. Da wir niemals zwei Herren dienen können, geht es immer darum, wer den Sieg davonträgt.

Damit wir in dieser ständigen Auseinandersetzung nicht mutlos werden, weist uns die Bibel auf die Gnade hin, die im ganzen Überschwang und für jede Situation in dem Herrn Jesus zu finden ist. Es gibt einen wunderbaren Vers, den Paulus uns vorstellt und der

die Unumschränktheit der Gnade beschreibt. Das ist einer der positivsten Sätze, die wir in der Bibel haben. Er lautet: *»Gott aber vermag auf euch überströmen zu lassen jede Gnade, damit ihr in allem allezeit alles Genüge habt und überströmt zu jedem guten Werk« (2. Kor. 9,8).*
Wir Glücklichen dürfen nehmen, schöpfen, genießen und dabei dem Herrn von Herzen für Seine Güte und Gnade danken.

Einige prophetische Anmerkungen

Wie die ganze Bibel sind auch die Bücher Samuels inspiriert, vom Geist Gottes diktiert. Alles ist zu unserer Belehrung geschrieben. Es ging Gott nicht darum, uns ein Stück der Geschichte Israels mitzuteilen, sondern Er wollte uns Lebensbilder zeichnen von Männern und Frauen, die uns beweisen, daß Gott mit denen zum Ziel kommt, die Ihm glauben und gehorsam sind. Sie alle wollen uns zurufen: »Gott kann! Er hat uns die Kraft zum Sieg geschenkt; wohl allen, die sich von Ihm gebrauchen lassen!«
Der wichtigste Grund, weshalb der Herr solche Begebenheiten festhalten ließ, liegt in der Prophetie. Besonders in David wollte Er den vorschatten, der Seine Wonne von Ewigkeit her war. Das ist Jesus Christus, der eingeborene Sohn des Vaters! Seine Spuren finden wir vom ersten bis zum letzten Blatt der Bibel. Seine Person, Sein Opfer, Seinen Tod und Seine Auferstehung, Seine Verherrlichung finden wir in den biblischen Gestalten — wenn auch abgeschwächt — vorgebildet und angedeutet. David liefert in seiner Erwählung und Salbung einen schönen Anschauungsunterricht über den wahren Sohn Davids, unseren geliebten Herrn. Die erleuchteten Augen des Glaubens freuen sich über die Entdeckung Seiner Person, ist doch Jesus Christus der wahre Mann »nach dem Herzen Gottes.«
Der Prophet Jesaja empfing besonderen Aufschluß über Ihn als die »Wurzel und den Wurzelsproß Davids.« Im 11. Kapitel schreibt er: *»Und ein Reis wird hervorgehen aus dem Stumpfe Isais, und ein Sprößling aus seinen Wurzeln wird Frucht bringen... Und es wird geschehen an jenem Tag: der Wurzelsproß Isais, welcher dasteht als Panier der Völker, nach ihm werden die Nationen fragen; und seine Ruhestätte wird Herrlichkeit sein.«* Weiter spricht er vom Schlüssel und den gewissen Gnaden Davids. Neunmal er-

wähnt dieser Prophet die geheimnisvolle Person, auf die der Bethlehemiter hinweisen und aufmerksam machen darf.

Was wir im Alten Testament vorgeschattet finden, wird uns in der Offenbarung als geschehen und vollendet in der Rückwärtsschau gezeigt. Dort nennt sich der Herr Jesus selbst *»die Wurzel und das Geschlecht Davids.«* Im 5. Kapitel ruft einer der Ältesten: *»Siehe, es hat überwunden der Löwe aus dem Stamm Juda, die Wurzel Davids, um das Buch und seine sieben Siegel zu öffnen.«*

Was den Glauben erfreut, läßt den Unglauben straucheln. Zu allen Zeiten ist der Verstand des Menschen an den Aussprüchen der Bibel gescheitert. Die enge Verknüpfung Davids und des Herrn Jesus war vielen ein Stolperstein. Jesus ist der Sohn Davids und gleichzeitig dessen Vorgänger! Diese schwierige Frage stellte der Herr Jesus auch den Schriftgelehrten: *»Wie sagen sie, daß der Christus Davids Sohn sei, und David selbst sagt im Buch der Psalmen: Der Herr sprach zu meinem Herrn: Setze dich zu meiner Rechten, bis ich deine Feinde lege zum Schemel deiner Füße? David also nennt ihn Herr, und wie ist er sein Sohn?« (Luk. 20,41-44).*

Der Plan Gottes in bezug auf die Menschwerdung Jesu lag fest in den fernen Ewigkeiten. Der Herr sollte Seine menschliche Abstammung aus dem königlichen Geschlecht Davids nehmen, und gleichzeitig war Er schon die Wurzel, aus der dieses Haus hervorging. Nach dem Wort Gottes hat alles in dem Herrn Jesus seinen Ursprung. Das Geschlechtsregister Jesu geht nicht nur über Enos, Seth und Adam zurück auf Gott, sondern auch andere Bibelstellen weisen in dieser Beziehung auf die Quelle alles Seins hin. Es heißt: *»Denn von ihm und durch ihn und für ihn sind alle Dinge; ihm sei die Herrlichkeit in Ewigkeit! Amen« (Röm. 11, 36). »Alles ward durch dasselbe (Wort), und ohne dasselbe ward auch nicht eines, das geworden ist« (Joh. 1,3).* Paulus ruft in Athen auf dem Areopag: *»Denn in ihm leben, weben und sind wir, wie auch etliche eurer Dichter gesagt haben: Denn wir sind auch sein Geschlecht. Da wir nun Gottes Geschlecht sind, so sollen wir nicht meinen, daß das Göttliche... einem Gebilde der Kunst und der Erfindung des Menschen gleich sei« (Apgsch. 17,28-29).*

Wir sehen, daß die Menschheit ihren Ursprung in Gott, in Christo, dem großen Werkmeister hat, aus dessen mächtiger Hand alles, was das Auge sieht, hervorgegangen ist. David nimmt in Gottes Plan einen bevorzugten Platz ein. Gott adelt ihn, indem Er Seinen Geliebten »Sohn Davids« nennen läßt.

Weiter darf dieser bevorzugte Mann in seiner Person, in seinem Beruf, in seiner Verwerfung durch Saul und in seiner Regentschaft den wahren David, Jesus Christus vorschatten. In bezug auf die Tätigkeit Davids weist der Prophet auf den Kommenden mit den Worten hin: *»Ich will meine Schafe retten, damit sie nicht mehr zur Beute seien; und ich werde richten zwischen Schaf und Schaf. Und ich werde einen Hirten über sie erwecken, und er wird sie weiden — meinen Knecht David: der wird sie weiden, und der wird ihr Hirte sein. Und ich, der Herr, werde ihr Gott sein, und mein Knecht David wird Fürst sein in ihrer Mitte. Ich, der Herr, habe geredet« (Hes. 34,22-24).* In Psalm 89 lesen wir: *»Ich habe David gefunden, meinen Knecht, — mit heiligem Öl habe ich ihn gesalbt«.* Diese Stelle könnte auch auf den Sohn Isais angewandt werden, doch wenn wir den Psalm weiter lesen, erkennen wir ohne weiteres die Prophetie, die auf den vollkommenen David hindeutet. Ab Vers 26 heißt es: *»Er wird mir zurufen: Mein Vater bist du, mein Gott, und der Fels meiner Rettung! So will auch ich ihn zum Erstgeborenen machen, zum höchsten der Könige der Erde«.*

Geschichte und Prophetie finden wir in den vielen Bibelstellen in wunderbarer Harmonie verwoben. Wie ähnelt der Zuruf Samuels an Saul der oben zitierten Stelle, und spricht gleichzeitig von dem Herrn Jesus und von David. Wir lesen: *»Der Herr hat sich einen Mann gesucht nach seinem Herzen, und der Herr hat ihn zum Fürsten über sein Volk bestellt« (1. Sam. 13,14).* Noch deutlicher redet das Wort: *»Er erwählte David, seinen Knecht, und nahm ihn von den Hürden der Schafe... Und er weidete sie nach der Lauterkeit seines Herzens, und mit der Geschicklichkeit seiner Hände leitete er sie« (Ps. 78,70-72).* Daß die zweite Hälfte dieses Ausspruches sich auch auf den Herrn Jesus bezieht, ist wohl einleuchtend.

»Ich habe David gesucht«, sagt Gott, *»und gefunden«!* Ehe Samuel eine Ahnung hatte, lag Sein Plan längst fest, und bevor der Seher den Auftrag zur Salbung bekam, hatte Gott David gesucht, erkannt und gefunden. Zu Herzen gehend sind die Parallelen zwischen dem Hirten aus dem Haus Isais und dem wahren David. Von dem Herrn Jesus lesen wir, daß Gott durch den Propheten klagen mußte: *»Ich suchte einen Mann unter ihnen (Israel), der die Mauer zumauern und vor mir in den Riß treten möchte für das Land, auf daß ich es nicht verderbte; aber ich fand keinen«*

(Hes. 22,30). Wie gut, daß Gott den Ausweg wußte! Es heißt deshalb weiter: *»Und er (Gott) sah, daß kein Mann da war; und er staunte, daß kein Vermittler vorhanden. Da half ihm sein Arm, und seine Gerechtigkeit unterstützte ihn... Und ein Erlöser wird kommen für Zion und für die, welche in Jakob von der Übertretung umkehren, spricht der Herr« (Jes. 59, 16 u. 20).*

Gott suchte und fand den, der für uns in den Riß trat. Das war unser geliebter Herr, der sich mit den Worten anbot: »Siehe, o Gott, ich komme, in der Rolle des Buches steht von mir geschrieben, um deinen Willen zu tun!« Wie David, so war auch Er der, den man übersah, mit dem die Welt nichts anfangen konnte und der schon bald die Ablehnung mit den Worten erfahren mußte: *»Wir wollen nicht, daß dieser über uns herrsche«. »Was kann aus Nazareth schon Gutes kommen«,* lautete die Einschätzung über den »Geliebten des Vaters«. Das edle Reis aus dem Stumpfe Isais stand im dürren Erdreich. Er hatte keine prachtvolle Gestalt und in den Augen des verblendeten Menschen kein schönes Ansehen. Man begehrte ihn nicht, so schreibt Jesaja im 53. Kapitel. Dieses Bild finden wir bei David, denn auch er war der Übersehene, der Kleine und Jüngste, der wie unser Herr ein verworfener König war, den man in glühendem Haß verfolgte. Er mußte lernen, auf Gottes Stunde zu warten, bis dieser ihm den Thron freimachte.

So wartet auch unser Herr, nachdem Er als Verworfener gekreuzigt wurde, auf Seine Thronbesteigung. Gottes Stunde hierfür liegt fest. Und bald wird der Sieg Jesu proklamiert, indem Ihm alle Feinde zum Schemel Seiner Füße gelegt werden.

Noch einmal: David war der achte Sohn Isais. Die Zahl sieben zeigt einen vollkommenen Abschluß in einer Sache an. So sahen wir in den sieben Söhnen, die Gott verwarf, die Vollkommenheit dessen, was die Natur hervorzubringen vermag. Die Zahl acht bezeugt stets einen Neuanfang. Das Ende des Königs, den Menschen sich wählten, war festgelegt. Saul war verworfen. Mit David machte Gott einen Neubeginn, indem Er viele prophetische Hinweise auf Christus über David schon in Erfüllung gehen ließ. So ist der Herr Jesus der Achte oder der Erste, mit dem Gott einen ganz neuen Anfang machte, indem der Verworfene über das Kreuz der Heiland der Welt wurde. In allen Vorbildern wird die eine Absicht und das Fernziel Gottes deutlich, Seinen Sohn mit allem Ruhm, aller Ehre und Herrlichkeit zu beschenken.

Nun wollen wir noch einige Parallelen von David und unserem Herrn aufzeigen: David wurde dreimal gesalbt in seinem Leben. Die erste Salbung geschah inmitten seiner Brüder; die zweite erfolgte nach dem Tod Sauls vom Stamm Juda, und die dritte Salbung wurde von ganz Israel vollzogen, als die letzten Rebellen niedergeworfen waren.

Diese drei Salbungen weisen auf drei überragende Ereignisse im Leben Jesu hin. Die erste zeigt uns den Herrn, der von der Masse verworfen und nur von den wenigen Jüngern anerkannt wurde, den der Vater aber mit den Worten auszeichnete: *»Dieser ist mein geliebter Sohn, an welchem ich Wohlgefallen gefunden habe«.* Der Herr ist wie David der gesalbte König Israels — aber noch verworfen. Bald wird sich Sein Ausspruch erfüllen, den Er auf die Frage des Hohenpriesters: *»Ich beschwöre dich bei dem lebendigen Gott, daß du uns sagst, ob du der Christus bist, der Sohn Gottes!«* antwortete: *»Du hast es gesagt. Doch ich sage euch: Von nun an werdet ihr den Sohn des Menschen sitzen sehen zur Rechten der Macht und kommen auf den Wolken des Himmels« (Matth. 26,63-64).*

Dieses Kommen in Macht und Herrlichkeit führt zur geistlichen Wiedergeburt derer, die Ihn vorher ablehnten und kreuzigten. Noch ist der kommende König Israels verborgen. Noch ist Sein Reich das Reich der Himmel, denn dort sitzt Er als König zur Rechten Gottes. Die erste Salbung ist erwiesen. Die Inschrift, die Pilatus über das Kreuz Jesu nageln ließ *»Dieser ist Jesus, der König der Juden!«* entspricht der vollen Wirklichkeit.

Bei der Wiederkehr des Herrn erfüllt sich die zweite Salbung, die wir vorbildlich bei David sahen. Der Überrest des Volkes Israel wird dann den Messias sehen, den, welchen sie durchstochen haben; alle Stämme werden in eine erschütternde Wehklage ausbrechen. Nach dieser Volksbuße, wenn die Gerichte Gottes die Erde gereinigt haben, wird der König Sein Reich aufrichten in Gerechtigkeit. Der König aller Könige begründet das Reich des Friedens, welches 1000 Jahre dauern wird.

Nach Matthäus 28,19 wird Israel alle Nationen zu Jüngern machen. Die heidnischen Völker werden diese Botschaft annehmen, und die im Vorbild bei David gesehene dritte Salbung wird dem Herrn aller Herren, dem König Israels zuteil, indem die ganze Erde Ihm nun die Huldigung bringt.

Doch es gibt im Wort Gottes noch eine andere dreifache Salbung. Sie bezieht sich auf die Einmaligkeit des Sohnes Gottes, der in Seiner Person den König, den Priester und den Propheten vereint. Diese drei Personenkreise wurden in Israel für ihre Aufgabe gesalbt. Diese Salbung, die der Vater an Seinem Sohn vollzog, wird an einigen Stellen in der Bibel erwähnt. In Psalm 45 läßt Gott niederschreiben: *»Du bist schöner als die Menschensöhne, Holdseligkeit ist ausgegossen über deine Lippen; darum hat Gott dich gesegnet (gesalbt) ewiglich«.* Noch deutlicher spricht der Hebräerbrief: *»In Bezug auf den Sohn aber spricht er (Gott): Dein Thron, o Gott, ist in die Zeitalter der Zeitalter, und ein Zepter der Aufrichtigkeit ist das Zepter deines Reiches; du hast Gerechtigkeit geliebt und Gesetzlosigkeit gehaßt; darum hat Gott, dein Gott, dich mit Freudenöl gesalbt über deine Genossen« (Hebr. 1,8-9).*

Als Prophet hat der Herr Jesus uns einen Einblick in den Welt- und Heilsplan Gottes geschenkt. Wir dürfen freudig in die Zukunft schauen und erkennen, alles verläuft planmäßig auf das eine Ziel zu, das Gott Seinem Sohn gesteckt hat, indem alle Welt dem Sieger von Golgatha zujubeln wird. Heute sammelt der Geist Gottes die Leibesgemeinde; später kommt Israel durch Schauen zum Glauben, und anschließend werden die Nationen durch das Opfer von Golgatha erlöst.

Als der ewige Hohepriester hat der Sohn sich selbst durch den ewigen Geist Gott geopfert, damit die Berufenen das ewige Erbe empfingen. Weiter hat Er die schöne Aufgabe übernommen, unsere Beziehungen zu Gott ständig zu ermöglichen, weil Er Sein Blut in Gottes Gegenwart trug.

Als König ist Er gesalbt und steht vor Seinem Triumph der Thronbesteigung.

Wie schön ist diese prophetische Schau! Der gute Hirte ließ Sein Leben für die Schafe. Der große Hirte überwand Tod, Sünde und Teufel und ist der Garant der Erfüllung aller Heilspläne. Als der Erzhirte holt Er bald die Seinen heim und wendet sich dann dieser Erde zu, um ihr alle Verheißungen auf die Zukunft einzulösen.

1. Samuel 16
Saul, der Verzweifelte

Stärker könnte die Bibel die Gegensätze zwischen David und Saul nicht hervorheben, als wir sie aufgezeichnet finden. Es heißt: *»Und der Geist Gottes geriet über David von selbigem Tage an und hinfort«. »Aber der Geist des Herrn wich von Saul, und ein böser Geist vom Herrn ängstigte ihn«.*

Was Saul gesät hatte, das mußte er ernten. Über den Ablauf seines jetzt beginnenden Lebensabschnitts könnte man das Wort schreiben: *»Wer oft zurechtgewiesen, seinen Nacken verhärtet, wird plötzlich hingeschmettert ohne Heilung« (Spr. 29,1).*

Der selbstherrliche und ichbezogene Regent hatte aus der folgenschweren Ankündigung Samuels wenig oder gar keine Lehre gezogen. Nirgends berichtet uns das Wort Gottes von einer inneren Einkehr oder Umkehr. Statt einer gottgemäßen Buße hören wir das oberflächliche Geständnis: ich habe gesündigt. Doch von Sinnesänderung finden wir keine Spur. Im Gegenteil, alle gegen ihn erhobenen Vorwürfe von seiten Gottes versuchte der Verblendete mit lügnerischen Ausflüchten zu entkräften. Als diese scheiterten, hatte er nur die eine Sorge: Wie rette ich meine Ehre vor den Menschen.

Man kann dem weiteren Weg dieses Mannes nur mit innerer Wehmut folgen. Hätte er Buße getan, wäre er aufrichtig mit seinem Versagen vor Gott hingetreten, wie ganz anders hätte sich sein Leben und seine Zukunft gestaltet! Gott hatte ihm bei Regierungsantritt Seinen Geist, den Geist der Weisheit und Einsicht gegeben, um das schwere Amt ausüben zu können. Wäre der Verworfene der Anleitung von oben gefolgt, er wäre in der Tat »ein anderer Mann« geworden. Wer auf Gott hofft und Ihm vertraut, fährt immer gut, und sein Leben gereicht zum Segen anderer. Für jeden Reumütigen, für jeden Schuldbeladenen stehen die Tore der Gnade immer offen. Gott ist stets zur Vergebung bereit, denn es ehrt Ihn, wenn die Gnade sich wider das Gericht rühmen kann. Die Belehrung unseres Textes liegt darin, daß man mit der Gnade nie spielen kann. Auch Gottes Langmut und Geduld hat Grenzen. Wer die Gnade verschmäht, muß mit Gericht und Zucht rechnen. Wie ein kalter Wasserstrahl traf den König nun Gottes Gericht. Wir lasen *»...und ein böser Geist vom Herrn ängstigte ihn«.* Gott steht alles zur Verfügung, wenn er den Unbußfertigen erreichen will. Hier erlaubt Er einem Geist aus der Unterwelt, diesen Mann zu ängstigen. Dabei handelte es sich nicht nur um eine Art von Schwermut und Trübsinn, sondern eine unheimliche Macht der Finsternis bemächtigte sich Sauls. Das ist jener Seelenzustand, der dem Feind Tür und Tor öffnet. Eine furchtbare Kluft zwischen Gott und dem Gequälten entsteht, die sich leicht zu einem unkontrollierten, dämonischen Haß gegen den Höchsten steigert.

Es wundert uns deshalb nicht, daß wir den Unglücklichen in einem Zustand antreffen, der ihn krampfhaft und verbissen die Wand anstarren läßt. Was war aus dem lebensfrohen, tatkräftigen Mann geworden! Bitterer Groll, Verdrossenheit und Unmut sprachen aus seinen Zügen. Mit Gott und der Welt im Widerspruch wollte er mit roher Gewalt und Tücke seinen wahren Zustand überspielen. Wehe dem, der ihn reizte und seinen bösen Anfällen nicht schnell genug ausweichen konnte. Wahrlich ein tragisches Bild! Wer wird nicht beim Anblick einer solchen Figur des Jammers im tiefsten Innern erschüttert? Das alles aber ist eine Folge des Hochmuts und des Ungehorsams.

Wir sehen, Gott ist heilig, doch auch gerecht. Die Sünde ist in Seinen Augen ein Greuel. Deshalb läßt Er uns durch solche Beispiele zur Vorsicht mahnen. Der Ungehorsam kostete Saul den Thron. Noch tragischer wird die Folge einer einmaligen Verfehlung bei Adam, unserem Stammvater, deutlich. Ein Ungehorsam, einmal gesündigt, und er verlor nicht nur das Paradies, sondern riß auch seine ganze Nachkommenschaft in Tod und Verderben. Noch ein Beispiel möchten wir anführen, um zu widerlegen, was der Mensch leichtfertig hinplappert und behauptet: einmal ist keinmal! Mose, dieser treue Gottesknecht, wurde von dem halsstarrigen Volk Israel in der Wüste so gereizt, daß er den Felsen an den Wassern von Meriba, zu dem er nur reden sollte, zweimal mit seinem Stab schlug. Er war so erregt, daß er dem Volk zurief: *»Höret doch ihr Widerspenstigen! werden wir euch Wasser aus diesem Felsen hervorbringen? Und Mose erhob seine Hand und schlug den Felsen mit seinem Stab zweimal« (4. Mose 20,9-11).* Einmal in Aufregung das Wort Gottes nicht beachtet! Und was war die Folge? Sofort rief ihm der Herr zu: *»Weil du und Aaron mir nicht geglaubt habt, mich vor den Augen der Kinder Israel zu heiligen, deswegen sollt ihr diese Versammlung nicht in das Land bringen,* *das ich ihnen gegeben habe«.* Später mußte der Psalmist diese Begebenheit dem Volk Israel erneut vorstellen: *»Und sie erzürnten ihn an den Wassern von Meriba, und es erging Mose übel ihretwegen; denn sie reizten seinen Geist, so daß er unbedacht redete mit seinen Lippen« (Ps. 106,32-33). Mose hat sich gebeugt und Vergebung erhalten. Gott vergab die Sünde! Umstimmen in Seinem Urteil ließ Er sich aber nicht, obgleich Mose Ihn flehentlich darum bat. Wohl durfte Mose das Land vom Berg Nebo aus sehen, doch hineingehen durfte er nicht. Wie ernst und belehrend ist das alles für uns! Gott wacht über die Befolgung Seines Wortes und erwartet strikten Gehorsam.*

Der Hofstaat sucht Hilfe

Der furchtbare Zustand des Königs hatte sich wie ein Alpdruck auf das Hofgesinde gelegt. Die Unberechenbarkeit dieses Mannes verfolgte alle wie ein dunkler Schatten. Fast täglich erlebten sie den Ausspruch Salomos: *»Des Königs Grimm gleicht Boten des Todes«.* Daß nun die Diener bei Hof nach einer Hilfe ausschauten, um ihrem Herrn das Los etwas zu erleichtern, ist gut verständlich. Längst glich der königliche Palast keinem stolzen Herrschersitz mehr, er hatte sich durch das Benehmen des Tobenden in eine unheimliche Stätte des Grauens verwandelt. Glanz, Prunk, Festgelage, Schaustellungen und Reigentänze, alle Zerstreuungsmöglichkeiten hatten keinerlei Wirkung mehr. Der Trübsinn Sauls steigerte sich von Tag zu Tag.
In dieser Notlage kam den Dienern ein rettender Gedanke. — Wir erkennen heute, daß hinter dieser Erleuchtung der Herr stand, der Seinem Knecht David den Weg des Glaubens und Vertrauens bahnte. Die Schule, die Gott den kommenden König durchlaufen ließ, konnte beginnen. Die Knechte Sauls traten mit Freimütigkeit vor ihren Herrscher und sagten: *»Siehe doch, ein böser Geist von Gott ängstigt dich. Es befehle doch unser Herr deinen Knechten, die vor dir sind, daß sie einen Mann suchen, der des Lautenspieles kundig ist; und es wird geschehen, wenn der böse Geist von Gott über dich kommt, so wird er mit seiner Hand spielen, und es wird dir wohl werden« (1. Sam. 16,15-16).* Dieser kluge Rat der Diener zeugte von Weisheit und Einsicht. Man erkannte ganz klar: hinter der Schwermut des Königs steht Gott, der den bösen Geist als

Zuchtrute benutzt. Vielleicht konnten fröhliche Weisen eines meisterhaft gespielten Instrumentes etwas Linderung bringen. Die Worte der Männer weisen auf eine innere Unruhe und Ergriffenheit inbezug auf den Zustand ihres Gebieters hin, zumal sie sich alle immer wieder in Lebensgefahr befanden, wenn der Tobsüchtige loslegte.
Weiter wundert uns der Mut, mit dem die Hofbeamten dem König den wahren Hintergrund seines Leidens vorstellten. Ohne Beschönigung und unverblümt sagten sie ihm, daß es ein dämonischer Geist war, der ihn quälte. Sie dachten nicht an sich und die Folgen, die mit dem offenen Hinweis eintreten könnten. Eine solche Haltung zeigte ein tiefes Mitgefühl. Mit viel Takt und Geschicklichkeit priesen sie Saul die Erleichterung an. Sie waren überzeugt, daß der milde Klang, die weichen Akkorde seinen Gemütszustand beeinflussen würden.

Ein rettender Gedanke

Viele Musikanten werden am Hof des Königs gewesen sein, doch keiner schien die große Aufgabe übernehmen zu können, weil der innere Zustand des Spielers entscheidend für diesen Dienst war. Die Diener wußten um den Einfluß der Musik. Sie kann aufregen, aufwühlen, in Hysterie versetzen; sie kann auch besänftigen, beruhigen, innere Stille und Ausgeglichenheit bewirken; verheerende Leidenschaften können durch aufreizende Töne geweckt werden; anderseits werden wildeste Stürme in der Menschenbrust besänftigt, wenn ein begnadeter Spieler einem Instrument sanfte Töne entlockt. Das stand vor den Dienern, als sie Saul ihren Vorschlag überbrachten. Sie meinten ein Saitenspiel, das dem unreinen Geist die Härte des Auftritts nahm und durch die Weihe der harmonischen Klänge die Seele wie auf Engelsschwingen mitnimmt und emporhebt. Man kann wohl annehmen, daß die Diener bei diesem Instrument an eine Harfe dachten.
Dem Leser und Betrachter der Heiligen Schrift fällt es nicht schwer, hinter dem Vorschlag der Höflinge die alles ordnende Hand des Herrn zu erkennen. Die Schulungszeit des jungen Gesalbten sollte beginnen. Deshalb ging auch Saul sofort auf den Rat seiner Diener ein und sagte: »Ersehet mir doch einen Mann, der gut spielen kann und bringet ihn zu mir«. Und einer der Hofbeamten antwor-

tete: »Siehe, ich habe einen Sohn Isais, des Bethlehemiters, gesehen, der des Spielens kundig ist, und er ist ein tapferer Held und ein Kriegsmann und der Rede verständig und ein schöner Mann, und der Herr ist mit ihm.«
Mit diesem einmaligen Zeugnis über die Tugenden Davids müssen wir uns näher befassen.

1. David, der Saitenspieler

Gott hatte diesen Jüngling mit einem poetischen, frommen Gemüt ausgestattet. Die wechselnden Eindrücke der Natur, die Sprache der Berge, der Triften und grünen Täler hatten sein Seelenleben stark beeindruckt und geformt. Seine begnadete, dichterische Begabung scheint eine Muttergabe gewesen zu sein. An ihr hat David mit besonderer Liebe gehangen, denn manchmal wird sie später von ihm erwähnt. Er verstand es, seine Erlebnisse und Erfahrungen in Reime zu kleiden und zu Liedern zu formen. Lieblich ist es, ihm zuzuhören, wenn er in den Psalmen von den grünen Auen des Weidelandes, von den klaren Bächen, an denen seine Herde sich labte, von den ebenen Pfaden, die sein Fuß wählte, von den Berghängen, vom gedeckten Tisch, von den Löwen und Bären, denen der junge Mann den Raub abjagte, singt. Alles vermochte der Glückliche in ein Lied zum Preise Gottes zu fassen. Mit welch einer Innigkeit und begabten Phantasie empfand er das Schweigen der Morgendämmerung: *»Ein Tag sprudelt dem anderen Kunde zu, und eine Nacht meldet der anderen Kenntnis — ohne Worte, ohne Rede, mit unhörbarer Stimme... dort hat er der Sonne ein Zelt gesetzt.«* Wenn David die gewaltige Schöpfung betrachtete, wie alles in geordneten Bahnen seine Kreise zog, fanden diese gewaltigen Eindrücke, bewirkt durch den Geist Gottes, in den Dichtungen ihren Niederschlag. Gott konnte den Jüngling in Seine Gedanken einführen. Er verstand die Schöpfung mit den Gedanken Gottes zu vereinen. Das zeigen die weiteren Verse des 19. Psalmes, in denen David die siebenfache Erquickung der Vorschriften des Herrn, des Wortes Gottes besingt. Vieles vermochte der Begnadete in Lieder umzumünzen. Er schlug die Saiten an, wenn er das Ziehen der Schafe beobachtete, wenn die Winzer zu ihrer Arbeit schritten; er verstand es, die Hochzeit zu besingen und der Trauer Ausdruck zu geben. David konnte den Siegesgesang anstimmen, ebenso die Psalmen dichten und mit dem Saitenspiel begleiten, die später die Leviten sangen, wenn sie den Dienst des Herrn versahen.

Der gesalbte König war so reich begabt, daß er der ausgezeichnetste Psalmendichter und Sänger wurde, den die Bibel kennt. Jemand schreibt über ihn: »Die lyrische Schönheit, die zarte Anmut, der Rhythmus, das überschwengliche Halleluja und das kummervolle Klagelied, die unnachahmlichen Schilderungen der wechselnden Seelenstimmungen in Freud und Leid, der Zusammenklang von Natur und Religion, der Blick auf das Menschenleben und die Welt von Gottes Standpunkt aus — dies alles, was den Psalter den Heiligen aller Zeiten so köstlich gemacht hat, verdankt der poetischen Seele des jungen Sängers in Israel seine Entstehung.« (F.B. Meyer)

Die ersten Psalmen, die David schrieb, enthielten noch nichts von der Schwere, die der junge Sänger durch die Verfolgungen von seiten Sauls erfahren mußte. Wir hören noch nichts von dieser Feindschaft und der Angst, die seine junge Seele durchkosten mußte. Diese Gefahren, sein Straucheln, die Sündennot und das Lied der Vergebung finden wir erst in seinen späteren Dichtungen. Doch alle, ob es nun die ersten oder die späteren Psalter sind, sie haben unzählige Herzen getröstet und aufgerichtet. Der gottbegnadete Saitenspieler ist ein Gottesgeschenk, das bis auf den heutigen Tag segensreich hilft.

2. Der tapfere Krieger

Wir können zunächst nicht feststellen, woher dem Hofbeamten das Wissen kam, David sei ein Held und tapferer Krieger. Im biblischen Text finden wir keinen Hinweis auf eine Feindberührung des jungen Gesalbten. Da wir aber wissen und überzeugt sind, daß die Bücher Samuels ebenfalls inspirierte Schriften sind, stimmt auch in dieser Weise die Empfehlung des Knechtes an den König. Der junge David, der Bären und Löwen entgegentrat und ihnen den Raub entriß, wird nicht zurückgeschreckt sein, wenn es hieß, feindlichen Eindringlingen Halt zu gebieten. In jener Zeit gab es immer wieder solche Gelegenheiten zu Heldentaten. Die Grenze der Philister war nicht weit von Davids Vaterstadt entfernt, und so kann man annehmen, daß die Einfälle in fremdes Hoheitsgebiet zur Tagesordnung gehörten. Das 1. Buch Samuel berichtet immer wieder von solch traurigen Ereignissen. Gerade die Männer von Bethlehem mußten sich öfter zur Wehr setzen, wenn der Feind zur Erntezeit in die Felder und Weinberge einbrach, um wichtige Nahrungsmittel zu rauben. Bei solchen Auseinandersetzungen wird sich auch David den Namen eines tapferen Kriegers erworben haben. Ebenso ist es denkbar, daß er ganz allein gezwungen war, sich einer Gruppe von Schafdieben entgegenzustellen. Wenn er seinen Stab zu gebrauchen wußte und der Stein seiner Schleuder das Ziel nicht verfehlte, wird er auch früh gelernt haben, das Schwert zu gebrauchen.

Daß die Bibel von solchen Ereignissen schweigt, ist ein Zeichen der Demut dieses Mannes, denn David war wohl der letzte, der mit seinen Erfahrungen prahlte. Er wußte, wem er alles verdankte. Darum lesen wir so oft, wenn David auf Erlebnisse Bezug nimmt, daß der junge Held seinem Gott die Ehre gibt. Gott allein verdankte er seine Siege, denn der belohnt immer das Vertrauen. Wenn David später schrieb: *»Mit meinem Gott kann ich gegen eine Schar Krieger anrennen, und mit meinem Gott kann ich über eine Mauer springen«*, waren das Erfahrungen des Glaubens. Aller Ruhm und alle Ehre gehörten dem, den David mit den Worten rühmte: *»Gott rüstet mich mit Kraft und er macht meine Füße gleich einer Hindin (Hirschart). Gepriesen sei der Herr, mein Fels, der meine Hände unterweist zum Kampf, meine Finger zum Krieg«.*

3. Verständig in der Rede

Diese dritte Auszeichnung des jungen Mannes war ebenfalls eine Gottesgabe. Was David schon in frühen Jahren auszeichnete, entwickelte sich in den späteren immer mehr. Staunend stehen wir vor seiner Weisheit und Einsicht, wenn wir ihn im Alter reden und urteilen hören. Da diese Begabung stets mit Gottesfurcht gepaart war, blieb der ehemalige Hirtenknabe in seiner Demut ein Vorbild für andere. Sein Rat, seine Pläne wurden anerkannt und gelangten jetzt schon bis an den Hof des Königs. Einsicht und Klugheit verbunden mit verständlicher Rede zeichneten ihn vor anderen aus. Er konnte sowohl die Zeit recht beurteilen als auch ein Menschenherz beschreiben, denn Gott hatte Sein Werkzeug für spätere Aufgaben ausgerüstet. Das war für David sehr wertvoll, denn Besonnenheit und Einsicht waren für sein späteres hohes Amt von größter Wichtigkeit. Mit dieser Ausrüstung finden wir ihn offenherzig gegen seine Freunde und großmütig gegen seine Feinde. Geduld, Ritterlichkeit und Weitherzigkeit zieren seine verständlichen Worte. Sie zeugen davon, daß der Knecht Sauls nicht übertrieben hatte. Was den jungen Hirten auszeichnete, finden wir bei der Ausübung seines Herrscheramtes in gereifter Fülle wieder. Beim Überschauen der Lebensgeschichte Davids in seinem Reden und seinen Ratschlägen erkennen wir ohne weiteres die Schule Gottes, durch die er geprägt wurde. Seine Seele ruhte in Gott. Aus dieser Haltung vermochte er, jedem in der rechten Weise zu begegnen. Rat und Hilfe zeugten von tiefer Einsicht; seine späteren Friedenswerke sind beeindruckend. Seine Gottesfurcht war — wie wir noch wiederholt feststellen werden — das Geheimnis seiner Strategie und sein Weg zum Sieg. Bis heute wird die »Verständliche Rede« Davids gerne gelesen, und sein Rat hat manchem Mut, Trost und Sieg vermittelt. Abertausende sind erquickt worden, haben aufgemerkt, wenn sie seinen Ausruf vernahmen: *»Auf Gott ruht mein Heil und meine Ehre; der Fels meiner Stärke, meine Zuflucht ist in Gott. Vertrauet auf ihn allezeit, Leute! Schüttet vor ihm aus euer Herz! Gott ist unsere Zuflucht!«*

So könnten wir fortfahren und Aussprüche über das Vertrauen dieses Gesegneten anführen. Aber bei aller Einsicht und Klugheit war er kein Übermensch, der einen Heiligenschein trug. In seinem Leben finden wir Irrtümer, Versagen und manche Verfehlung. Doch was diesen Mann so auszeichnet, war seine Herzenshaltung. Hatte er gefehlt, weil er voreilig im Urteil gewesen war, beugte sich David tief unter seine Schuld und fand Gnade und Vergebung. Seine Beugung, das schonungslose Aufdecken seiner Sünden führte den Mann immer wieder in die beglückende Gemeinschaft mit seinem Gott. Dann jubelte seine Seele: *»Ich will, Herr, danken mit meinem ganzen Herzen, will erzählen deine Wundertaten. In dir will ich mich freuen und frohlocken, will deinen Namen besingen, du Höchster« (Ps. 9,2-3).* Durch dieses erneute Bergen an der Brust seines Gottes war der Zugang zur Quelle seiner Weisheit und Klugheit in Wort und Tat wieder frei geöffnet.

4. Ein schöner Mann

Diese Anpreisung des Untergebenen Sauls gegenüber seinem gequälten Herrn zeigt, daß von David, dem Geliebten, eine große Anziehungskraft ausging. Wo der junge Mann hinkam oder auftrat, schlug ihm Bewunderung und Sympathie entgegen. Als er zum königlichen Hof gerufen wurde, blieb der Zauber seiner Person selbst bei einem grimmigen Saul nicht ohne Wirkung. Das erste, was wir bei seiner Ankunft in der Residenz über diese Begegnung lesen, zeugt von dem Reiz, der Ausstrahlung des jungen Mannes.

Es heißt: *»Und David kam zu Saul und stand vor ihm; und er liebte ihn sehr, und er wurde sein Waffenträger« (1. Sam. 16,21).*
Auch alle Knechte Sauls waren dem Jüngling recht zugetan. Michal, die Tochter Sauls verliebte sich in diesen tapferen, schönen jungen Mann; Jonathan, der Kronprinz des Reiches, war von David so angetan, daß seine Seele sich mit der Seele Davids verband. Das lesen wir nach dem Sieg Davids über Goliath, als auch die Frauen in Israel ihren König Saul vergaßen und David, dem jungen Helden, ihre Jubelgesänge darbrachten. Männer und Frauen erlagen diesem schönen Jüngling, der mit unwiderstehlicher Macht alle an sich band.
Später wusch die reizende Abigail mit Freuden die Füße der Soldaten Davids und pries die Gnade Gottes, die David vor einer schweren Blutschuld bewahrt hatte; gerne wurde sie seine Frau. Achis, der König der Philister, lobte ihn; Ittai, der Gathiter aus dem Heer seines Gegners teilte mit ihm gern die Verbannung, als er vor seinem Sohn Absalom fliehen mußte. Diese und viele andere Hinweise bezeugen, wie dieser schöne Mann alle in seinen Bann zog. Doch es war nicht nur die äußere, sondern vielmehr die innere Schönheit, die durchstrahlte und den späteren König so begehrenswert machte.
Für alle war die Begegnung mit ihm eine Bereicherung, die mit einem bleibenden Segen verbunden blieb. Bei solcher Schilderung könnte leicht die Meinung auftreten, wir wollten doch einen vollkommenen Menschen zeichnen. Daß das nicht so ist, wird die weitere Geschichte Davids noch aufzeigen. So wie er viele anzog und für viele ein Segen wurde, so versagte der Mann an anderer Stelle und besudelte das Zeugnis Gottes. Manchmal wich der Zauber seiner Persönlichkeit, und seine Seele erbebte in bitterem Leid, in Schmerz und Verzweiflung. Ergreifend sind die Schilderungen, wenn er vor dem Angesicht Gottes lag, wenn er unter bitteren Tränen sein Versagen bloßlegte und Gott bekannte. Wer die sieben Bußpsalmen, die aus seiner Feder stammen, liest, bekommt einen Einblick in die Tiefen und Höhen, die der Mann durchlitt, wenn er zerbrochen am Boden lag.

5. Gott war mit ihm

Diese letzte Auszeichnung, die Saul über den Angepriesenen hören durfte, ist die wichtigste und schönste. »Gott war mit ihm!« Wie muß der Ruf Davids von dieser Aussage geprägt worden sein,

denn nur Beweise der Durchhilfe, des Beistandes Gottes konnten ein solches Echo erzeugt haben.
Wenn Gott selbst David einen »Mann nach seinem Herzen« nennt, stimmt dieser Ehrentitel. Gott kennt keine Schönfärberei. Er urteilt präzise nach Seiner Allwissenheit. Keiner kannte David besser als Er. Die Abgründe eines Menschenherzens durchschaut keiner tiefer als der große Gott. Dennoch dieses Lob! Wenn wir nach dem »Warum« fragen, können wir das Urteil Gottes nur in der Gesamtwertung des Lebens Seines Knechtes verstehen. Wenige Glaubende sind so tief gefallen wie David! Die Bibel kennt aber auch kaum eine andere Person, die sich so unendlich demütigte und unter die Sünde beugte. Lesen wir doch einmal die Bußpsalmen, die in tiefem Seelenschmerz entstanden. Deshalb nannte sich David auch gern »Dein (Gottes) Knecht«. Über alles liebte er die traute Gemeinschaft mit dem Lenker seiner Geschicke. Gott läßt nie jemanden fallen, Er verliert nie den Mut. Stets ist Er bereit, den, der vor Ihm im Staube liegt, an Sein Herz zu drücken. Seine Gnade kennt überhaupt keine Schranken gegen den Aufrichtigen. Von David wollen wir lernen, nie die Sünde zu verharmlosen, sondern sie in ihrer ganzen Abscheulichkeit erkennen und bekennen. Jeder Ungehorsam zerstört die frohe Gemeinschaft mit unserem Erlöser. Nur durch eine gottgemäße Buße kann sie wiederhergestellt werden. Wenn David zerknirscht am Boden lag und betete: *»Entsündige mich mit Ysop, und ich werde rein sein; wasche mich, und ich werde weißer sein als Schnee... Verbirg dein Angesicht vor meinen Sünden, und tilge alle meine Schuld. Erschaffe mir, Gott, ein reines Herz, und erneuere in mir einen festen Geist!...«* so sehnte er sich nach der verlorenen Gemeinschaft. Wie hoch er sie einschätzte, geht ebenfalls aus dem 51. Psalm hervor, aus dem wir die vorigen Verse zitierten: *»Laß mich Fröhlichkeit und Freude hören, so werden die Gebeine frohlocken, die du zerschlagen hast... Laß wiederkehren die Freude deines Heils, und stütze mich mit einem willigen Geist«.*
Wie innig sein Verhältnis in ungetrübten Tagen mit seinem Gott war, geht aus den vielen Namen hervor, die er liebevoll seinem Gott beilegte. Gern nannte er Ihn seinen Fels, seinen Retter, seinen Hirten, seine Burg und hohe Feste, seinen Trost im dunklen Tal u.s.w. In der Nähe seines Gottes erquickte er seine Seele. Wie ein Lechzender suchte David Ihn auf, um sich an der frischen Quel-

le Seiner heiligen Nähe zu laben. In Angst, Gefahr, Not und Trübsal floh er zu seinem Gott, der seine starke Zuflucht war. Sein Wort, die göttlichen Aussprüche, waren dem Geliebten so wichtig, so köstlich, daß er gleichsam nach Worten suchte, um ihre Schönheit in rechter Weise besingen zu können. Wer wurde nicht schon mit fortgerissen, wenn er diesen Mann jubeln hörte: *»Das Gesetz des Herrn ist vollkommen, es erquickt die Seele; ist zuverlässig; macht den Einfältigen weise; die Vorschriften des Herrn sind richtig, erfreuen das Herz; sind lauter und erleuchten die Augen« (Ps. 19,8-9).*

In siebenfacher Weise hebt dieser treue Knecht die Schönheit und Wirksamkeit des Wortes Gottes hervor. Das sind seine Erfahrungen, die er weitergibt, und die Kostbarkeit der Heiligen Schrift kleidet er in die Worte: *»Die Rechte des Herrn sind Wahrheit, sind köstlicher als Gold, und süßer als Honig und Honigseim. Im Befolgen liegt großer Lohn«.*

Alle Aussprüche sprechen von der einen Tatsache: Gott war mit David. Wer hätte die Tröstungen, die Ermunterungen, die Durchhilfe und den Beistand seines Gottes eindrucksvoller niederschreiben können als er? Davids sturmbewegtes Leben bildete eine einzige Kette von Erfahrungen mit seinem Gott. Wer den 119. Psalm liest, den viele Ausleger David zuschreiben, der schaut staunend in eine Fülle von Aussagen über Gottes Wort. Wie muß dieser Schreiber am Herzen Gottes geruht haben!

Spurgeon schreibt in seiner Vorrede über diesen Psalm: »...So glauben wir denn auch, daß David der Dichter dieses Psalmes ist. Ton und Ausdrucksweise dünken uns davidisch... Wir rufen: Das ist Davids Beute (1. Sam. 30,20), der kostbare Gewinn seiner Mühen und Kämpfe, den wir ihm von niemandem streitig machen lassen. Wenn man sich viel mit einem Schriftsteller und seinen Werken beschäftigt hat, so wird man schließlich mit seiner Schreibweise vertraut. Man erkennt dieselbe wieder, wo auch sein Name nicht genannt wird.«

In allem sehen wir den Mann, der nun als eine Bereicherung an den Hof des verworfenen Saul kam, um hier das schwerste Examen seines Lebens zu bestehen.

David und sein Beispiel

Wenn der Knecht Sauls uns David mit solch schillernden Farben malt, dann werden wir, die Kinder Gottes, gezwungen, in einen göttlichen Spiegel zu blicken. Kann unsere Umgebung, können alle, die Gott uns in den Weg gestellt hat, ein solches Zeugnis von uns ablegen? Ist unser Betragen, unser Tun und Lassen unanstößig, daß wir auffallen und in ein gutes Gerede kommen? Wie steht es in unserer Familie, in der Schule, auf dem Arbeitsplatz, in der Freizeit? Löst unsere Einstellung, unser Urteil, unsere Redensart, ja unser ganzes Auftreten eine solche Reaktion aus, wie bei David, dem Geliebten des Herrn?

Wenn wir auch nicht alle Saitenspieler sind, so kann doch das Lob Gottes in unseren Herzen sein und über unsere Lippen kommen. Wenn das Herz von der Liebe Jesu erfüllt ist, fließt der Mund über. Dann können wir nicht anders: wir müssen die Gütigkeiten und die Erbarmungen Gottes rühmend erwähnen. Wenn wir auch nicht immer verstanden werden, wenn auch das mutige Zeugnis uns etwas Spott und Hohn einbringt; bei gewissen Anlässen wird man sich unser erinnern. Die Welt ist voller Nöte; Satan, der Menschenmörder, führt ein furchtbares Regiment. Viele liegen gequält, geschunden, verzweifelt am Boden. Woher soll ihnen Hilfe kommen? Hier liegen ungeahnte Möglichkeiten zum Helfen. Deshalb sind wir gefordert. Wer das Lied des Lammes im Herzen trägt, der allein kann Linderung verschaffen. Ob man sich an mich, an dich, lieber Leser erinnert, daß wir gut zu »spielen« vermögen? Wer ist nicht schon in schweren Situationen gerufen worden! Wer hat es nicht oft erlebt, daß nur das Lied des Erbarmens Gottes Hilfe schaffen konnte, um Bindungen zu lösen und dem gequälten Herzen eines Mitmenschen den Frieden Gottes zu vermitteln?

Wenn wir bisher unbrauchbar waren, wollen wir von David lernen und uns mit den Akkorden der himmlischen Welt erfüllen lassen. Wir werden gebraucht, denn die Nöte um uns her, die steigern sich von Tag zu Tag.

Der junge Krieger

Auch dieses Gemälde birgt lieblichen Lehrstoff für uns in sich. David bewährte sich im täglichen Kampf. Nun sind auch wir Mit-Hinein-Genommene in eine gewaltige Auseinandersetzung. Satan ist der große Widersacher Gottes, der mit allen Mitteln versucht, das Werk Gottes zu hindern und das gesteckte Ziel zu vereiteln. Das wird ihm nie gelingen, aber er und seine Handlanger sind sehr aktiv. Deshalb darf es in dieser gewaltigen Auseinandersetzung keine Zuschauer geben. Inaktive stehen auf der falschen Seite. Weil Gott nun für Seine Mitkämpfer vorgesorgt hat und sie vom Sieg her in den Kampf ziehen, stellt sich auch hier die Frage: haben wir die Waffenrüstung Gottes angezogen? Andernfalls werden wir zu den Verlierern gehören. In Epheser 6 wird uns das Arsenal Gottes gezeigt und die Tür dazu geöffnet. Wir brauchen also nur zu nehmen. In Hebräer 12 werden alle Erlösten aufgefordert, den Glaubensmännern und -frauen nachzuahmen. Es heißt: *»Da wir eine so große Wolke von Zeugen um uns haben, laßt auch uns, indem wir jede Bürde und die leichtumstrickende Sünde ablegen und mit Ausharren laufen, den vor uns liegenden Wettlauf.«* Andere übersetzen: »Laßt uns in den Kampf laufen, der uns verordnet ist!« Also darf sich keiner zurückziehen, wenn er nicht Verrat an der Sache Jesu verüben will.

Klug in der Rede

Wir stehen beschämt vor diesem leuchtenden Vorbild, das uns David liefert. Klug, beispielhaft, besonnen und wohlüberlegt kamen die Worte über seine Lippen. Solche Leute sind gefragt. Können wir uns neben den jungen Mann stellen? *»Euer Wort sei allezeit in Gnade und mit Salz gewürzt«,* sagt uns Gottes Wort. Weiter heißt es: *»Halte fest das Bild gesunder Worte.« »In der Lehre beweise... gesunde, unanfechtbare Rede, damit der von der Gegenpartei beschämt wird, weil er nichts Schlechtes über uns zu sagen hat.«*

An vielen anderen Stellen weist die Bibel auf die Wichtigkeit der wohldurchdachten Worte hin. Deshalb sollten wir uns hüten, biblische Aussprüche bei gewissen Späßen zu verwenden. Wie leichtfertig plappern wir doch manchmal etwas daher, ohne uns zu fragen, ob die Worte auch anderen zum Segen gereichen. Darum wollen wir uns von neuem einprägen, was die Bibel uns lehrt: *»Kein faules Wort gehe aus eurem Munde, sondern nur das, was gut ist zur gegenseitigen Erbauung.«*

Ein schöner Mann

Worin die Schönheit Davids bestand, haben wir auf den vorherigen Seiten gesehen. Nun geht es um das Urteil über uns. Gewiß handelt es sich nicht um eine äußerliche, sondern um die innere

Schönheit und Anziehungskraft. Ich bin Menschen begegnet, die abschreckend in ihrem Äußeren waren, aber das Jesusbild, das aus ihnen strahlte, blieb nie ohne Wirkung. Ein Bild hat sich mir besonders eingeprägt, als ich die Anstalten in Bethel besuchte. Dort bat man mich, einen jungen Mann zu besuchen, der schon jahrelang auf seinem Lager das Leben fristen mußte. Die Leiden hatten sein Äußeres verzerrt, und der Gezeichnete lag völlig hilflos darnieder und war nicht imstande, auch nur ein Glied zu rühren. — Nur mit großer Anstrengung vermochte der Kranke den Kopf ein wenig hin und her zu zucken; deshalb hatte man, — damit er ein wenig lesen konnte und nicht immer jemanden benötigte, der ihm die Seiten des Buches umblätterte —, an seiner Brille Fäden befestigt und mit den einzelnen Blättern des Buches verbunden. Hatte er eine Seite gelesen, zuckte der junge Mann solange mit dem Kopf nach einer Seite, bis das nächste Blatt umschlug. Jeder der zu ihm eintrat, wurde zunächst von tiefem Mitleid erfaßt: doch nach wenigen Minuten wurde man eines Besseren belehrt. Der Kranke strahlte eine Freude aus, die jeden ergriff. Die wenigen Worte, die er herausbrachte, waren ein Rühmen der Gnade und Liebe Jesu, seines Herrn und Erlösers. Hier lag ein schöner, ein verklärter Mann in einer völlig zerbrochenen Hülle.
In dieser kleinen Krankenstube wurde deutlich, daß es möglich ist, in jeder Lage die Schönheit, die Gesinnung Jesu sichtbar werden zu lassen. Unser Herr hat uns ein Beispiel gegeben, damit wir in seinen Fußstapfen wandeln. Paulus schreibt: *»...seid tadellos und lauter, unbescholtene Kinder Gottes inmitten eines verdrehten und verkehrten Geschlechts, unter welchen ihr leuchtet als Himmelslichter in der Welt, darstellend das Wort des Lebens« (Phil. 2,15).* Welche schöne, aber auch verantwortungsvolle Aufgabe ist uns doch zugefallen! Sind wir in dieser Hinsicht »schöne Männer und Frauen«?

Unser Herr ist bei und mit uns

Diese letzte Auszeichnung bejahen wir alle mit Freuden. Doch zeugt unser Leben von dieser Tatsache? Wenn der Herr die Führung hat, dann werden die Werke der Gerechtigkeit sichtbar, dann blüht und reift die Frucht des Geistes in uns, und die Welt wird durch unsere Gegenwart gesegnet, denn sie erfährt etwas von der Kraft, die in uns wirkt. Bei David blieb die Hilfe seines Gottes nicht verborgen. Der Knecht Sauls erwähnte die Ursache des Sie-

ges dieses Mannes rühmend zur Ehre Gottes. Wir sehen, wie wichtig das Zeugnis ist, durch welches Gott geehrt wird. Ihm gehört allein der Ruhm, die Ehre, die Verherrlichung. Wir können dazu beitragen, daß durch unser Verhalten, durch unser Tun und Lassen, die Gnade Gottes sichtbar wird und den Geber ehrt. Petrus schreibt: *»Da seine göttliche Kraft uns alles zum Leben und zur Gottseligkeit geschenkt hat durch die Erkenntnis dessen, der uns berufen hat durch seine Herrlichkeit und Gotteskraft, ...eben deshalb wendet aber auch allen Fleiß auf und reicht in eurem Glauben die Tugend dar...« (2. Petr. 1,3-7).*
Der Herr ist mit uns in jedem Kampf und bei uns in allen Leiden, Übungen und Widerwärtigkeiten des Lebens.

Du bist schöner als die Menschensöhne

Daß David, dem man diese fünf Auszeichnungen zusprach, auf einen Höheren hinweist, ist leicht zu erkennen. Alle Tugenden, die es irgend gibt, finden wir in vollkommener Weise in dem Herrn Jesus. Wie wohltuend war Seine Anteilnahme an den Ängsten, Nöten und Gebundenheiten der Menschen. Innerlich bewegt zog Er Seine Straße, und niemals begegnete Ihm ein Gezeichneter, den Er nicht aufrichtete. Er tröstete, wie es eine Mutter tut; Tränen ließen Ihn nicht ungerührt, sah Er doch die Ursache, die Sünde, die so verheerend sich in Seinen Geschöpfen ausgewirkt hatte. Das Ebenbild Gottes war zum Zerrbild geworden, und von allen Seiten starrte den Herrn Jesus der Jammer der Menschheit an. Mutmachend erklang das Saitenspiel Seiner heiligen Seele, wenn der Blinde, der Lahme, der Aussätzige und Gebundene Ihm begegnete. Liebevoll legte Er segnend die Hand auf die Häupter der Kleinen und stellte sie zum Vorbild in die Mitte Seiner Jünger. Der Prophet hatte recht geweissagt, daß Seine Fußspuren von Fett triefen, das heißt, daß der Geist der Liebe, der Kraft und der Besonnenheit bei Ihm ausstrahlte und sich unendlich wohltuend auswirkte.
Auch die Tapferkeit des Sohnes Isais zeichnet uns die Spuren Jesu auf. Das Leben des von allen Geschmähten und Verachteten war ein einziges Ringen und Kämpfen. War Er doch gekommen, um die Werke des Teufels zu vernichten. Ständig war der Herr von Spähern umlagert. Die Hohenpriester, die Pharisäer und

Schriftgelehrten waren Seine verschworenen Feinde, die nur eines wollten, Ihn unmöglich zu machen, Ihn anzuklagen und auszurotten. Wie rang der Heilige in Gethsemane, und wie unerbittlich war Sein Kampf am Kreuz. Hier zwang Er die höllischen Mächte nieder, besiegte Satan und zermalmte ihm den Kopf. Auf Golgatha erfüllte sich das Schriftwort, das Paulus später niederschrieb: *»Er hat uns alle Vergehungen vergeben, als er die uns entgegenstehende Handschrift in Satzungen (Schuldbrief), die gegen uns war, ausgetilgt, hat er sie auch aus der Mitte weggenommen, indem er sie ans Kreuz nagelte; als er die Fürstentümer und Gewalten völlig entwaffnet hatte, stellte er sie öffentlich zur Schau, indem er durch dasselbe (Kreuz) über sie einen Triumph hielt« (Kol. 2,14-15).* Sein Ruf: *»Es ist vollbracht!«* zeugt von Seinem gewaltigen Sieg.

»Klug in der Rede!« Von wem könnte das besser gesagt werden, als von unserem Herrn! Wie zog Er alle in Seinen Bann, wenn die Worte der Weisheit und der Gnade aus Seinem Mund kamen. Schon als Zwölfjähriger, als er das erste Mal im Tempel saß, brachte er die Schriftgelehrten in Verlegenheit. Es heißt: *»Alle aber, die ihn hörten, gerieten außer sich über sein Verständnis und seine Antworten.«* Als später die Pharisäer Häscher aussandten, um den Herrn zu fangen, kamen sie zurück und sagten auf die Frage: Warum habt ihr ihn nicht gebracht:*»Niemals hat ein Mensch geredet, wie dieser!«* Jedes Wort bezeugte die Abhängigkeit vom Vater. Als die Juden Ihn fragten: *»Wer bist du?«* sagte der Herr: *»Durchaus das, was ich auch zu euch rede. Vieles habe ich über euch zu reden und zu richten, aber der mich gesandt hat, ist wahrhaftig; und was ich von ihm gehört habe, das rede ich in der Welt« (Joh. 8,25-26).* Er konnte sogar behaupten: *»Die Worte, die ich zu euch geredet habe, sind Geist und sind Leben.«*

Nie brauchte Er eine Aussage zurückzunehmen. Sein Wort brachte Trost dem Verzagten, aber stellte auch den Heuchler bloß und verkündete dem Verstockten das Gericht. In Psalm 12 lesen wir diesbezüglich: *»Die Worte des Herrn sind reine Worte — Silber, das geläutert in dem Schmelztiegel zur Erde fließt, siebenmal gereinigt.«* Klug war der Herr Jesus in Seiner Rede; keiner war imstande, Ihn zu widerlegen oder eines Irrtums zu überführen.

Wenn der Geist Gottes die stattliche Gestalt Davids und seine innere Schönheit beschreiben ließ, wie wird doch alles von dem in

den Schatten gestellt, auf den wir schon in der Überschrift hinwiesen: den Schönsten unter den Menschenkindern, den teuren Herrn Jesus! Wenn der Prophet auf Ihn hinwies und schrieb: *»Er hatte keine Gestalt und keine Pracht; und als wir ihn sahen, da hatte er kein Ansehen, daß wir seiner begehrt hätten«,* so war das ein Urteil der Menschen, die diesen Einzigartigen so verunstaltet hatten, — zu denen auch wir alle ohne Ausnahme gehörten. Dieses Urteil wird bewiesen, wenn wir weiter lesen: *»Er war verachtet und verlassen von den Menschen, ein Mann der Schmerzen und mit Leiden vertraut, und wie einer, vor dem man das Angesicht verbirgt; er war verachtet, und wir haben ihn für nichts geachtet.«*
Wem aber der Geist Gottes die Schönheit Jesu, des Erlösers, offenbart, der gerät in Erstaunen und große Bewunderung. Solche werden in eine heilige Atmosphäre hineingenommen. Sie werden von dem Herrn so erfaßt, daß sie mit innerer Genugtuung den Vater im Himmel rufen hören: *»Das ist mein geliebter Sohn, an welchem ich Wohlgefallen gefunden habe.«* Sie werden mit Johannes bezeugen: *»Wir haben seine Herrlichkeit angeschaut, eine Herrlichkeit als eines Eingeborenen vom Vater, voller Gnade und Wahrheit.«*

Es kommt auf den Glaubensblick an! Täglich sollten wir alle, die wir sein Eigentum sind, uns mitnehmen lassen auf Tabors Höhen. Hier bekommen wir den rechten Blick für Seine Schönheit. Hier erleben wir Ihn ganz neu und ganz anders. So haben wir die Kostbarkeit Jesu noch nie erlebt und gesehen. Umgestaltet, glänzend, weiß wie kein Walker das je hat hervorzaubern können! Das ist der, den unsere Seele liebt! Von dem der Dichter singt:

Schönster Herr Jesu, Herrscher aller Enden, Gottes und Marien Sohn!
Dich will ich lieben, Dich will ich ehren, Du meiner Seelen Freud' und Kron'!
Alle die Schönheit Himmels und der Erden ist gefaßt in Dir allein.
Nichts soll auf Erden lieber mir werden, als Du, herzliebster Jesu mein.

Genauso wird unser Herz von den Worten eingenommen: Und Gott war mit ihm! Wenn das von David schon behauptet wurde, wievielmehr trifft diese Auszeichnung unseren Herrn! War Er doch der Gesandte des Vaters, der die Aufgabe übernommen hatte, uns dessen Herz zu offenbaren. Die innige Gemeinschaft, die zwischen beiden bestand, wurde keinen Augenblick unterbrochen. Er war der Sohn, der in des Vaters Schoß ist, und diesen nie verlassen hat, selbst nicht in den drei Stunden der Finsternis am Kreuz. Gott vollzog das schwere Gericht an unserem Stellvertreter, aber der Vater entzog Ihm nie die Gemeinschaft. Der Herr Jesus bezeugt in Johannes 10: *»Darum liebt mich der Vater, weil ich mein Leben lasse, auf daß ich es wiedernehme. Niemand nimmt es von mir, sondern ich lasse es von mir selbst.«*

Der freiwillige Gehorsam des Sohnes zog das ganze Wohlgefallen des Vaters auf sich hernieder. Dreimal öffnete sich der Himmel über dem Sohn. Zweimal sprach Gott Sein Wohlgefallen über den aus, dessen Weg von der Krippe bis zum Kreuz von dem Ausspruch gezeichnet war: *»Vater, dein Wille geschehe! Nicht wie ich will, sondern wie du willst!«* Das dritte Mal geschah kurz vor Seinem Gang nach Golgatha. Jesus betete: *»Jetzt ist meine Seele bestürzt. Und was soll ich sagen? Vater, rette mich aus dieser Stunde. Doch darum bin ich in diese Stunde gekommen. Vater, verherrliche deinen Namen! Da kam eine Stimme aus dem Himmel! Ich habe ihn verherrlicht und werde ihn auch wiederum verherrlichen« (Joh. 12, 27-28).*

In allem sehen wir, wie Gott mit dem Vielgeliebten war. Doch ist es sehr interessant zu betrachten, bei welchen Gelegenheiten Gott den Himmel über Seinem Sohn öffnete. Wir hätten bestimmt an der Bahre des Jünglings zu Nain oder bei der Auferweckung des Lazarus die Gelegenheit wahrgenommen, um auf den dort Handelnden aufmerksam zu machen. Doch hier hören wir diese Worte nicht, obgleich auch diese Taten in völliger Übereinstimmung mit dem Vater geschahen. Aber als Jesus am Jordan sich mit den Sündern eins machte, als Er an die Stelle trat, wo vorher ein Sünder sich zur Buße hatte taufen lassen, da öffnete sich der Himmel, und Gott bezeugte Seine Freude an der Demut des Sohnes. Als auf Tabor Mose und Elia dem Herrn bei Seiner Verklärung erschienen und mit Ihm Seinen blutigen Ausgang in Jerusalem besprachen, da rief Gott wieder: *»Das ist mein geliebter Sohn, ihn höret!«* Es war für Ihn die höchste Freude, den Eingeborenen als wahrhaftigen Menschen im steten Gehorsam anschauen zu können. Jesus sagte »Ja«, als Er den Königskranz mit der Dornenkrone vertauschen sollte, und auch dazu, daß der Thron vom Kreuz verdrängt wurde. Auf dem Weg dieser tiefen Erniedrigung konn-

te der Herr immer bezeugen: Der Vater ist bei mir! Als Er die Jünger aufmerksam machte, daß sie Ihn alle verlassen würden bei der Gefangennahme, fügte Er die tröstenden Worte hinzu: *»Aber ich bin nicht allein, denn der Vater ist bei mir.«*
So vereinte unser Herr alle Tugenden, die der Knecht Sauls David zusprach, in vollkommenster Weise.

David am Königshof

Der Ruf Davids durch Saul an den Königshof muß bei Isai doch großes Erstaunen hergerufen haben. Sein Sohn David, der zum König Gesalbte, zu Saul? Wie soll er diesen Ruf mit dem Vorsatz Gottes vereinen? Sollte denn die Thronbesteigung Davids noch in weiter Ferne liegen? Wir können solche Überlegungen recht gut verstehen. Das Unausgesprochene der Bibel scheint hier auf der Hand zu liegen. Doch Isai zögert keinen Augenblick. Er läßt einen Esel mit einem Geschenk für den noch amtierenden König beladen und sendet David in die Residenz des Herrschers.
Wie wunderbar Gott die Tür in die Schule für den Erwählten öffnet, geht aus den Worten hervor: *»Und David kam zu Saul und stand vor ihm; und er liebte ihn sehr, und wurde sein Waffenträger (also: der engste Vertraute). Und Saul sandte zu Isai und sprach: Laß doch David vor mir stehen, denn er hat Gnade in meinen Augen gefunden. Und es geschah, wenn der Geist von Gott über Saul kam, so nahm David die Laute und spielte mit seiner Hand; und Saul fand Erleichterung, und es wurde ihm wohl, und der böse Geist wich von ihm« (1. Sam. 16,21-23).*
So stand die Ankunft des Geliebten Gottes zunächst unter einem guten Stern. Welche Wohltat war für Saul die Gegenwart dieses gottesfürchtigen Mannes. Doch schon bald — wie wir noch sehen werden — verwandelte sich des Königs Zuneigung in einen glühenden Haß, der in Sauls Eifersucht begründet war.
Wie vorhin erwähnt, stand hinter allem der Herr, der Seinen Knecht zubereitete und in seinem Glauben prüfte. Die bevorstehenden Übungen sollten zeigen, daß David in der Abhängigkeit von seinem Gott bleiben mußte, wenn die Leiden, wenn Spott, Hohn, Verachtung und Feindschaft ihn aus der Bahn zu werfen suchten. Er sollte lernen, daß in allen Lebenslagen er in seinem Gott das volle Genüge fand. Die Gnade sollte über den Haß tri-

umphieren, und Saul mit allen seinen Machenschaften mußte dazu dienen, daß der Gesalbte auf die Rechte der Thronbesteigung verzichten konnte, bis Gottes Stunde gekommen war.
In ganzer Treue und Hingabe versah David seinen Dienst. Der Herr war mit ihm, denn seinem hellen fröhlichen Glaubensauge war der lebendige Gott eine Wirklichkeit, die von den Umständen nicht beeinflußt werden konnte. Wie der Tau von oben, floß der Segen des Himmels auf sein junges Haupt, und nur der Geist Gottes, der auf ihm ruhte, konnte dem bösen Geist Sauls entgegentreten und ihn verdrängen.

Die Plage Sauls

Wir wiesen bereits auf die furchtbare, dämonische Macht hin, die den unglücklichen, verworfenen König quälte, seit der Geist Gottes von ihm gewichen war. Manchen mag es befremden, wenn wir von »einem bösen Geist von dem Herrn« lesen. Doch die Befremdung weicht, wenn wir festhalten, daß der Herr auch die Macht über die Geister des Abgrundes hat. Im Buch Hiob wird uns berichtet, daß Satan selbst unter den Söhnen Gottes (= himmlische Wesen) stand und der Herr ihn nach seiner Tätigkeit fragte. Als dann die Sprache auf den gottesfürchtigen Hiob kam und der Herr dessen Tugenden aufzählte, sprach Satan: *»Du hast ihn ja ringsum mit einer Mauer umgeben. Taste ihn einmal an, ob er sich dann nicht von dir lossagen wird.«* Darauf läßt Gott dem Feind freies Handeln, nur durfte er das Leben des Gottesmannes nicht antasten. Wir sehen, Gott benutzt diesen Gegenspieler nicht nur zum Gericht wie bei Saul, sondern auch, um den Glauben der Berufenen zu prüfen. Der Prophet Micha enthüllt uns eine ähnliche Begebenheit. Als der König Josaphat sich mit dem gottlosen Ahab verband, um gemeinsam in den Krieg zu ziehen, bat er, zuvor den Propheten zu befragen. Als Micha gerufen wurde, erzählte er den beiden Königen von einer Ratsversammlung im Himmel: *»Ich sah den Herrn auf seinem Thron sitzen, und alles Heer des Himmels bei ihm stehen, zu seiner Rechten und zu seiner Linken. Und der Herr sprach: Wer will Ahab bereden, daß er hinaufziehe und zu Ramoth-Gilead falle? Und der eine sprach so und der andere so. Da trat ein Geist hervor und stellte sich vor den Herrn und sprach: Ich will ihn bereden. Und der Herr sprach zu ihm: Wodurch? Und* *er sprach: Ich will ausgehen und will ein Lügengeist sein in dem Mund aller seiner Propheten« (1. Kön. 22,19-22).* Ahab hörte nicht auf das Wort Gottes. Gottes Gericht erreichte ihn, und er fiel durch die Hand seiner Feinde.

Bei Saul müssen wir uns eine ähnliche Situation vorstellen. Gottes Absicht ist es, alle Menschen zu segnen und sie unter die Führung Seines Geistes zu stellen. Doch nie vergewaltigt Er. Es bleibt dem Menschen überlassen, ob er das große Angebot Gottes annimmt. Wenn das Geschöpf Sonnenschein in Sturm und Ungemach verwandelt, muß es auch die Folgen tragen. Man kann — bildhaft gesprochen — Rosen in Nachtschatten umwandeln, den Segen Gottes in Fluch verändern, wie es der unglückliche Saul getan hat. Deshalb wollen wir uns willig unter die Herrschaft des Geistes Gottes stellen, damit unser Leben sich im Licht des Lebens von oben recht entfaltet. Wenden wir uns von der Kraft- und Lebensquelle ab, gewinnen die Mächte der Bosheit Gewalt über uns. Doch Gott überläßt Seine Kinder nie der Willkür des Despoten, sondern dieser darf nur eingreifen, um das Gewissen in Tätigkeit zu setzen, damit die Erinnerung an die Vergangenheit zur Umkehr, zum Bekenntnis und zum neuen Anfang führt.

Doch wehe allen, die sich nicht mehr vom Geist Gottes erfassen lassen! Ihnen ergeht es wie Judas, der vom Geist des Mammons so verhärtet wurde, daß selbst die Liebe und die Mahnungen Jesu ihn nicht mehr erreichen konnten. Die dauernde Ablehnung des großen Angebotes Gottes führt zur Verstockung, so daß der Herr schließlich mit Gericht antworten muß.

Im Grunde genommen ist Saul, der Geplagte, ein Sinnbild aller Menschen, die in der furchtbaren Disharmonie mit Gott leben. Der ständige Gedanke an die ungeordnete Vergangenheit bringt das Gewissen in Tätigkeit und ruft Angst und Unruhe vor der Ewigkeit hervor. Alle Bemühungen, das Los selbst zu ändern, scheitern immer wieder kläglich. Wie aber soll dieser unheilvolle Zustand beseitigt werden? Gott sei Dank: das Harfenspiel Davids, der himmlische Zauber des ewigen Hallelujas, erklingt noch! Die zubereitete Seele hört trotz der verwirrenden Stimmen den Ruf der oberen Welt: *»Friede auf Erden und an den Menschen ein Wohlgefallen.«* Die Ängste der Seele verwandeln sich in das Lied des Lammes, wenn das Sühnopfer des Erlösers angenommen wird. Alle Disharmonien lösen sich auf, wenn die Seele jubelt: Alle, alle meine

Sünden hat Sein Blut hinweggetan! Statt Aufbegehren, Toben und Anklagen genießt die heilgewordene Seele den Frieden, der tiefer ist als ein Strom. Was die Welt mit all ihrer Lust und Freude, mit Kunst, Musik, Zeitvertreib und allen religiösen Anstrengungen in guten Werken nicht vermag, findet die Seele unter dem Kreuz von Golgatha. Ein Harfenspiel mag berauschen, eine Zeitlang über den wahren Zustand hinwegtäuschen, doch ist der süße Ton verklungen, bricht der alte Jammer wieder auf. Hier hilft nur die Radikalkur, die Heim- und Umkehr zum Erlöser. Die Annahme des von Gott in Christo geschenkten Heils stellt die Harmonie her, nach der sich das Menschenherz sehnt. Die Bibel nennt das »Frieden mit Gott«, der auch den Genuß des Gottesfriedens ermöglicht. David mit seiner Laute ist ein solches Bild, das die Harmonie mit Gott, den Frieden der Seele und die Ruhe des Gewissens ausstrahlt. Darum verbreitete seine Gegenwart auch den wohltuenden und beruhigenden Einfluß. Leider nutzte der gequälte König die Möglichkeiten einer inneren Erneuerung nicht und sank immer tiefer in Resignation und Verbitterung.

Wie schön und segensreich kann sich die Gegenwart, die Haltung eines Gotteskindes auswirken, wenn die innere Harmonie, die Gemeinschaft mit Gott von ihm ausstrahlt! Deshalb soll David uns illustrieren, wie wir unter ähnlichen Umständen den ruhelosen, vom Sturm der Zeit Gejagten eine Hilfe sein können. Das Kreuz ist der Zentralpunkt, wo unruhige Geister ins innere Gleichgewicht kommen. Im Himmel und auf Erden gibt es nichts Erhabeneres als das geistliche Harfenspiel des Evangeliums Jesu Christi. Die Harmonie dieser Botschaft ist allein imstande, jeglichen Mißton in der Seele verstummen zu lassen.

David, der Knecht Gottes, hat in der unmittelbaren Nähe des unglücklichen Saul seine Erfahrungen sammeln können. Aus dem, was sich vor seinem feinfühlenden Herzen täglich abspielte, hat er sicher die Worte geprägt: *»Glückselig der Mann, der nicht folgt dem Rat der Gottlosen, den Weg der Sünder nicht betritt und nicht im Kreis der Spötter sitzt, sondern seine Lust hat am Gesetz des Herrn und über sein Gesetz sinnt Tag und Nacht! Er ist wie ein Baum, gepflanzt an Wasserbächen, der seine Frucht bringt zu seiner Zeit, und dessen Laub nicht verwelkt; alles was er tut, gelingt ihm« (Ps. 1,1-3).*

1. Samuel 17
Sauls Versagen im Terebinthental

Gottes Stunde war angebrochen, um die Unfähigkeit und den Unglauben Sauls wie auch den Glauben und das Vertrauen Davids zu seinem Gott zu offenbaren. Wie und wo konnte dies besser zutage treten, als in einem Kampf, in dem sich zeigte, daß menschlich gesehen alles aussichtslos erschien.

Nachdem die Philister ihre Niederlage — durch Saul und Jonathan bei Mikmas erlitten — verschmerzt hatten, traten sie erneut zu einem blutigen Ringen an. Sie lagerten sich zu Ephes-Dammim, zwischen Soko und Aseka. Schon der Name: Ephes-Dammim hat einen unschönen Klang und bedeutet: Blutgrenze oder: Ende der Blutschuld! Beide Namen zeigen, wie immer wieder an dieser Stelle heiße Kämpfe entbrannten und unnötig Blut vergossen wurde. Doch Israel wurde — ob sie wollten oder nicht — in einen neuen Kampf gezwungen. Wenn man hört, daß die Philister auf dem Gebirge Juda, bei Soko sich befanden, waren sie schon weit auf israelisches Gebiet vorgedrungen.

Saul rief seine Mannen unter die Waffen und lagerte sich den Philistern gegenüber. Beide Heere lagen auf Anhöhen, zwischen ihnen befand sich das Terebinthental. Hier sollte die Entscheidungsschlacht stattfinden. Die feindlichen Soldaten sind siegesgewiß. Wenn wir das Heer Israels anschauen, scheint die Niederlage schon beschlossene Sache zu sein. Der oberste Heerführer Saul, dessen Stirn düstere Sorgenwolken umgeben und dessen Auge verlegen zu Boden blickte, war wirklich keine mutmachende Erscheinung. Der Unglückliche rechnete nur noch mit menschlichen Faktoren, die seine schwere Lage ändern könnten. An die Hilfe von oben dachte der Mann schon länger nicht mehr. Saul hielt es für ratsam, weil Unglaube feige macht, seine Kriegsoperationen ganz auf Verteidigung anzulegen.

Die Philister verzögerten den Angriff ebenfalls, aber aus ganz anderen Gründen. Sie hatten eine Taktik, mit der sie ihre Überlegenheit und Stärke aller Welt demonstrieren wollten. Die persönliche Manneskraft, der Mut und die Gewandheit von Einzelkämpfern sollte die Schlacht entscheiden. Sie schlugen deshalb einen Zweikampf vor und schickten einen aus ihrem Riesengeschlecht, den Goliath vor. Seine Höhe war sechs Ellen und eine Spanne; das heißt: der Riese war fast drei Meter groß!

Wahrlich, eine furchteinflößende Gestalt! Hinzu kamen seine Panzerung und seine Waffen; menschlich gesehen eine uneinnehmbare Festung. Was hatte Israel ihm entgegenzusetzen? Wenn der Riese auftrat, ging sein Schildträger vor ihm her. Der Schlachtruf Goliaths lautete: *»Warum ziehet ihr aus, euch in Schlachtordnung aufzustellen? Bin ich nicht der Philister und ihr die Knechte Sauls? Wählet euch einen Mann, daß er zu mir herabkomme! Wenn er mit mir zu kämpfen vermag und mich schlägt, so wollen wir eure Knechte sein; wenn ich ihn aber überwinde und ihn erschlage, so sollt ihr unsere Knechte sein und uns dienen. Und der Philister sprach: Ich habe die Schlachtreihen Israels verhöhnt an diesem Tag! Gebet mir einen Mann, daß wir miteinander kämpfen!« (1. Sam. 17,8-10).*
Vierzig Tage lang trat diese Ausgeburt von Mensch auf, Gott und das Heer Israels verhöhnend. Glaubensmut wurde durch diese Herausforderung verlangt. Doch wo war der Mann, der sich im Zweikampf stellen konnte? Überragte Saul nicht alle um Haupteslänge? Besaß er nicht eine glänzende Rüstung? Wo war sein einstiger Mut geblieben? Wir lesen: *»Und Saul und ganz Israel hörten diese Worte des Philisters, und sie erschraken und fürchteten sich sehr.«* Welch ein trauriges Bild gibt hier das Volk Gottes mit seinem Führer ab! War Gott nicht persönlich in diesem Kampf verhöhnt? Wo war der Glaube der Herausgeforderten? Keiner erinnerte sich an das Wort, das der Herr einst Mose ausrufen ließ: *»Fürchtet euch nicht! stehet und sehet die Rettung des Herrn, die er euch heute schaffen wird... Der Herr wird für euch streiten, und ihr werdet stille sein« (2. Mose 14,13-14).* Hatte Gott sich nicht dieses Sein Volk erwählt? Sollte Er die Verzagten nun fallen lassen? Wie gut, daß Gottes Grundsätze nie durch menschliches Versagen beeinflußt werden können! Gott hat immer zur rechten Zeit den rechten Mann am rechten Platz, denn Davids kindliches Vertrauen sollte alle Helden Israels, vor allem Saul, tief beschämen. Nie würde der Schlachtenlenker zulassen, daß der Götze Dagon, für den die Heiden kämpften, den Sieg davontragen konnte. Wie schade, daß keiner der Krieger Israels die Chance wahrnahm, den wunderbaren und helfenden Gott im Glauben zu erfahren. Saul konnte sich wegen seiner Gottesferne unmöglich dazu aufschwingen. Wo aber war Jonathan, der doch in der letzten Schlacht mit diesen Feinden so schöne Erfahrungen der Hilfe Gottes erlebte?

Keiner war da, der die Verheißungen des Herrn in kindlichem Vertrauen sich aneignete. Der Flügel des Aufschwunges zu dem einzigen Retter waren gelähmt. Keiner meldete sich, um den hingeworfenen Fehdehandschuh aufzunehmen und den Höhnenden mit Gottes Kraft zum Schweigen zu bringen.

Davids Sieg über die Verleumdung seines Bruders

Gott bereitet stets Seine Knechte in der Stille zu, damit sie in der Öffentlichkeit das Glaubenswerk durchführen, zu dem Er allein sie befähigen kann. Im Verborgenen läßt Er sie ihre eigene Ohnmacht erkennen und macht sie mit der Nichtigkeit ihrer Person so vertraut, daß jede Selbstsicherheit verschwindet und die Macht Gottes ihre einzige Zuflucht und Hilfe bleibt.

David war wohl bei Kriegsausbruch wieder nach Hause zu seinen Schafen zurückgekehrt. Warum? Darüber schweigt die Bibel. Seine drei älteren Brüder, Eliab, der Erstgeborene, Abinadab und Schamma, waren Saul in den Kampf gefolgt. Der alte Vater Isai war besorgt um den Ausgang des Kampfes und um das Wohlergehen seiner Söhne. Darum sandte er David mit Lebensmitteln in das Kampfgebiet. Gerade als dieser die Wagenburg erreicht hatte, brach ein Kampfgeschrei los. Schnell eilte der Jüngling in die Schlachtreihe und erkundigte sich bei seinen Brüdern nach ihrem Wohlergehen. In diesem Augenblick trat auch der Riese wieder auf und forderte zum Zweikampf heraus. Als David die höhnenden Worte hörte und sah, wie die Männer von Israel aus Angst flohen, erwachte in ihm ein besonderes Interesse an dem Geschehen. Das Gespräch der Verängstigten: *»Habt ihr diesen Mann gesehen, der heraufkommt? Denn um Israel zu verhöhnen kommt er herauf. Und es soll geschehen, den Mann, der ihn erschlägt, den will der König bereichern mit großem Reichtum, und er will ihm seine Tochter geben, und das Haus seines Vaters will er frei machen in Israel« (1. Sam. 17,25).*

Als David sich nochmals auf seine Rückfrage hin über die Absicht des Königs belehren läßt, fährt ihn sein ältester Bruder mit den Worten an: *»Warum bist du herabgekommen, und wem hast du jene wenigen Schafe in der Wüste überlassen? Ich kenne deine Vermessenheit wohl und die Bosheit deines Herzens; denn um den Streit zu sehen, bist du herabgekommen.«*

Warum dieser Wutausbruch? Ob Eliab sich durch das Interesse des Jüngeren verletzt fühlte? Kam er sich als ein Feigling vor, der auch den Mut nicht aufbrachte, den zum Schweigen zu bringen, der — wie David es so schön ausdrückte — »die Schlachtreihen des lebendigen Gottes verhöhnte«. David hatte sofort erkannt, daß es hier um die Ehre Gottes ging. Der lebendige Gott war für ihn eine Realität. Die Soldaten betrachtete er nicht als Knechte Sauls, sondern für ihn bildeten sie das Heer des allmächtigen Gottes. Sein aufgeregter Bruder hing, genau wie alle anderen, an dem, was sie sahen, an diesem bis an die Zähne bewaffneten Riesen, an dieser furchteinflößenden Gestalt. Doch wie beschämte David in seiner Demut den gekränkten Angsthasen. Er ließ sich in keine Diskussion ein, auch versuchte er nicht, sich zu rechtfertigen, sondern sagte ganz bescheiden: *»Was habe ich nun getan? Ist es nicht der Mühe wert?«* (=Ist es nicht ein Auftrag?)
In dieser Sanftmut des Geistes lag schon der eigentliche Sieg über Goliath. Wer seinen Geist beherrscht, zeigt, daß er die Kräfte der oberen Welt besitzt. Unverschuldete Beleidigungen kann er als vom Herrn zugelassen betrachten. Hätte David im Zorn reagiert, wäre ihm die Gemeinschaft mit Seinem Herrn verloren gegangen, und das Bewußtsein der Gegenwart Gottes wäre verschwunden. Dem Bösen mit dem Guten, dem Zorn mit der Sanftmut zu begegnen, die Fassung und Haltung in keiner Weise zu verlieren, beweist, daß die Seele in Gottes glänzender Schönheit prangt.
Wie verrät dieser »Geliebte des Herrn« schon neutestamentliche Wesenszüge! Wie beschämt er manches Gotteskind in unseren Tagen! Im Geiste der Sanftmut die Anläufe der Bosheit zu überwinden, den Neid der Gehässigen zu tragen, das Böse mit dem Guten zu belohnen, Unrecht zu dulden, das Herz in Geduld und Langmut zu üben, die Zunge zu bändigen, wenn der Gottlose uns reizt, ruhig und stille zu bleiben, wenn eine Flut von Lieblosigkeit uns überfällt, das ist die Schule, in der wir die Gesinnung Jesu offenbaren können. Ist der Friede Gottes unser Genuß, wohnt und lebt die Kraft des Heiligen Geistes in uns, wird die Frucht des Geistes in obigen Tugenden offenbar werden. Ein solcher Mensch ist auch ein Held im Kampf und bewährt sich im Tal der Terebinthen.
Die Anschläge des Teufels sind immer gefährlich. Er wußte um den gottesfürchtigen David, der seinen Helfershelfer in die Knie zwingen würde. Deshalb setzte der Ränkeschmied als letzte Waf-

fe den eigenen Bruder ein, um David von dieser göttlichen Kraftquelle zu lösen. Bei menschlicher Reaktion auf die Verleumdung wäre ihm das gelungen. Doch die Macht Satans geht nicht weiter, als Gott ihm Freiraum gibt. Hier, im Kampfgebiet, ließ Er den Angriff zu, damit die Bewährung Seines Knechtes sichtbar wurde.

David vor dem König

Vierzig Tage hatte Goliath schon einen Mann zum Zweikampf gefordert. Vierzig Tage hatten Saul, die drei Brüder Davids und das ganze Heer Israels ihre Ohnmacht erwiesen. Wir können uns vorstellen, daß der Riese immer zuversichtlicher und sein Spott immer aggressiver wurde. Wie konnte er auch ahnen, daß Gott seinen Hochmut zu Fall und das Gericht über ihn bringen würde? Doch der Jüngling, der sich eingehend nach den Worten des Königs erkundigt hatte, war entschlossen, für die Ehre Gottes einzutreten. Seine Worte: *»Wer ist dieser Philister, dieser Unbeschnittene, daß er die Schlachtreihen des lebendigen Gottes verhöhnt?«* hatten Aufsehen erregt. Sie waren sogar bis zu den Ohren Sauls gedrungen, und der ließ David holen.
Nach dem ehrerbietigen Gruß eröffnete der Sohn Isais seine Bereitschaft zum Kampf mit der Aussage: *»Es entfalle keinem Menschen das Herz seinetwegen! Dein Knecht will gehen und mit diesem Philister kämpfen.«*
Saul starrte wohl entsetzt auf den jungen Mann. Sofort wägte er in seiner menschlichen Einstellung die krassen Unterschiede zwischen dem Riesen und dem Hirtenknaben ab. Was kann man anders erwarten? Wer menschlich überprüft, muß auch menschlich urteilen: *»Du vermagst nicht wider diesen Philister zu gehen, um mit ihm zu kämpfen; denn du bist ein Jüngling, er aber ist ein Kriegsmann von seiner Jugend an.«* Armer Saul! *»Du vermagst nicht«*. Allerdings konnte David nicht: aber der Herr, der vielen zum Glaubenssieg verholfen hatte. David war nicht der Erste, vor ihm hatten immer wieder Knechte Gottes die Kraft Gottes erfahren. Hatte der Schlachtenlenker nicht Sein Volk am Roten Meer aus der Hand des Pharao und seines ganzen Heeres errettet? Hatte Gott nicht auf das Gebet Moses Amalek mit seiner ganzen Macht geschlagen und zerstreut? Einen Gideon ließ Er mit dreihundert Mann und ohne Waffen gegen einen Feind anziehen, der an Zahl

den Heuschreckenscharen glich. Nie würde Er zugeben, daß sich Sein Volk vor dem Götzen Dagon beugen mußte. Der Sieg ist Gottes und denen, die Ihm völlig vertrauen. Weil Er aber Seine Ehre keinem Menschen gibt, erwählt sich Gott immer Gefäße, die nichts taugen, damit Er sich durch einen Schwachen verherrlichen kann. David darf dem entsetzten König von Seinen Glaubenstaten erzählen. Mit jugendlichem Elan sagte er: *»Dein Knecht weidete das Kleinvieh für seinen Vater; kam nun ein Löwe oder ein Bär und trug ein Stück von der Herde fort, so lief ich ihm nach und schlug ihn und entriß es seinem Rachen; und erhob er sich wider mich, so ergriff ich ihn beim Bart und schlug ihn und tötete ihn. Sowohl den Löwen als auch den Bären hat dein Knecht erschlagen; und dieser Philister, dieser Unbeschnittene, soll sein wie einer von ihnen, weil er die Schlachtreihen des lebendigen Gottes verhöhnt hat! Der Herr, der mich aus den Klauen des Löwen und des Bären errettet hat, er wird mich aus der Hand dieses Philisters erretten.«*
Es scheint für den Augenblick, als wäre Saul überführt. Der Glaube des Jünglings mußte ihn doch beschämt haben. Warum hatte er denn nicht ein einziges Mal an die Hilfe Gottes gedacht? Ach, alles war so oberflächlich bei diesem Mann, und so kam es dann auch in einer schwachen religiösen Anwandlung über seine Lippen: *»Gehe hin, und der Herr sei mit dir!«*

Eine starke Versuchung

Wie die leichtfertig gesprochenen Worte einzuschätzen sind, zeigt die nun folgende Handlung des verblendeten Königs. Natürlich muß der Herr helfen, aber man hat ja auch den Verstand bekommen. Wozu besitzt man eine gute Rüstung? Man muß vorsorgen, so gut man kann. Gott? Gewiß, doch die Waffenrüstung ist genauso wichtig.
Gerade diese Einstellung machte Saul offenbar. Daß es nur leere Worte waren, bezeugten die Worte: *»Und Saul zog David seinen Rock an und setzte einen ehernen Helm auf sein Haupt und zog ihm einen Panzer an. Und David gürtete sein Schwert über seinen Rock und wollte gehen, denn er hatte es nie versucht. Da sprach David zu Saul: Ich kann nicht darin gehen, denn ich habe es nie versucht. Und David legte sie von sich ab.«*
Die Versuchung war überstanden. Es war wohl eine der kritisch-

sten Stunden im Leben des Jünglings. Wäre er dem Rat des Königs gefolgt, hätte er die göttliche Hilfe, die nur im Glauben erlebt werden kann, verwirkt. Gott, der die Herzenseinstellung Davids kannte, hielt Seine Hand über Seinen Knecht, so daß die Schlinge des Feindes ihn nicht zu Fall bringen konnte. Wie gefahrvoll die Situation war und wie stark die Versuchung schon Fuß gefaßt hatte, zeigte sich im Anziehen der Rüstung. David hätte wissen müssen, daß jegliches Vertrauen auf menschliche Zurüstung den Arm Gottes lähmen würde. Wie wunderbar befreit er sich im Aufblick zu seinem Gott von diesen Fangarmen des Teufels, der hinter jeder Versuchung steckt. Nun ging er nicht mehr in Sauls Rüstung *und* mit dem Herrn, sondern allein mit dem Herrn der Heerscharen.

Es ist ein vielverbreitetes Übel, schöne Worte und fromme Sprüche zu benutzen. Das zeugt von einem Spielen mit der Wahrheit und mit dem Namen des Herrn. Solches Reden ist völlig kraftlos, denn man vertraut in Wirklichkeit auf menschliche Stützen, die der Herr lediglich absegnen soll. Die Seele, die nicht im völligen Glauben am Herzen Gottes ruht, wird mit dieser Versuchung zu kämpfen haben, denn unsere Natur ist stets auf der Suche nach irdischen Hilfsquellen. Es geht immer um die richtige Reihenfolge. Gott weist uns manchmal auch Hilfsmittel zu, doch sind es solche, die Ihn nicht ausschalten. Es sind Ausrüstungen, die den Herrn ehren, weil sie den Gegner verhöhnen. Es sind Hilfsmittel, die in den Augen der Menschen lächerlich sind und für den Sieg keine Bedeutung haben.

David zeigt uns, daß auch er, nachdem er die Rüstung abgelegt hatte, Mittel benutzt. Was tut er? Wir lesen: *»Und er nahm seinen Stab in seine Hand und wählte fünf glatte Steine aus dem Bach und tat sie in das Hirtengerät, das er hatte, in die Tasche, und seine Schleuder hatte er in seiner Hand; und er trat an den Philister heran.«*

Keine größeren Gegensätze können hervorgehoben werden als diese, daß ein junger Mann mit einer Schleuder in der Hand einem Riesen entgegentritt, der von Kopf bis Fuß gepanzert ist und vor sich einen Helfer hat, der einen gewaltigen Schild trägt. Mit seiner Bewaffnung beleidigte David den Goliath zutiefst; lag doch die ganze Verachtung über dessen Rüstung in dieser Handlung. David aber und mancher Glaubenszeuge nach ihm haben bewiesen, daß sie dem Wort vertrauten: *»Der Herr ist für mich, ich werde mich nicht fürchten; was sollte der Mensch mir tun?... Es ist besser auf den Herrn zu trauen, als sich verlassen auf den Menschen. Es ist besser auf den Herrn zu trauen, als sich verlassen auf Fürsten. Sie hatten mich umringt, ja, umringt; gewiß, im Namen des Herrn vertilgte ich sie. Sie hatten mich umringt wie Bienen; sie sind erloschen wie Dornenfeuer; gewiß, im Namen des Herrn vertilgte ich sie« (Ps. 118,8-12).*

Ich komme im Namen des Herrn

Zu beiden Seiten des Tales harrten die Soldaten gespannt der Dinge, die da kommen sollten. Plötzlich ging ein Raunen durch die Mitte der Heere auf beiden Seiten. Eine schlanke Gestalt schritt mit aufgerichtetem Haupt dem Tal zu. Der junge Mann war unbewaffnet und trug nur einen Hirtenstab. Plötzlich bückte er sich. Was mochte er wohl im Bach suchen? Wir wissen es. Unter den Kieselsteinen suchte er sich fünf glatte heraus, steckte sie in die Hirtentasche und eilte zum Erstaunen der Philister auf ihren Zwischenkämpfer zu. Was nun? Will der Jüngling mit einem Stab diesen Recken niederwerfen?
Nachdem Goliath die Absicht des ihm Entgegenkommenden beobachtet hatte, kam er David fluchend entgegen. Hohnlachend rief er dem Waghalsigen zu: *»Komm zu mir, daß ich dein Fleisch den Vögeln des Himmels und den Tieren des Feldes gebe.«* Sein innerer Grimm, daß es jemand wagte mit einem Stab ihm entgegenzutreten, wurde in den Worten deutlich: *»Bin ich ein Hund, daß du mit Stöcken zu mir kommst?«*
Wir staunen, mit welcher Ruhe und inneren Gelassenheit David der Gefahr ins Auge blickte. Er kannte die Quelle der Kraft und den, der ihn beauftragt hatte. Einmalig schön ist das Zeugnis, das er diesem Hünen zurief: *»Du kommst zu mir mit Schwert und Speer und mit Wurfspies; ich aber komme zu dir im Namen des Herrn der Heerscharen, des Gottes der Schlachtreihen Israels, den du verhöhnt hast. An diesem Tag wird der Herr dich in meine Hand überliefern, und ich werde dich erschlagen...!«*
David kam nach seinen Worten nicht mit Schleuder und Stein, sondern im Namen seines Gottes. Das gibt diesem Kampf die rechte Bedeutung. Aus dem Kampf der beiden Völker ist ein Kampf zwi-

schen dem Gott Israels und dem Götzen der Philister geworden. Der Glaube Davids hat diese Wandlung vollzogen. Merken wir, wozu der Glaube fähig ist und wie er Gottes Arm in Bewegung setzt? Das Vertrauen ehrt Gott, und Gott ehrt den Glauben. Hier konnte unmöglich der Sieg ausbleiben oder ein Fehlschlag eintreten. Was in den Augen des Feindes Vermessenheit war, war in Wirklichkeit Überzeugung hinsichtlich der Einlösung der Zusagen Gottes. Es geht immer um das Zeugnis, daß Gott der Gott Seines Volkes ist. David versteht es, den Feinden seines Volkes den Gott Israels groß zu machen. Gott allein sollte aller Ruhm und jede Ehre zukommen. Deshalb rief er weiter dem fluchenden Ungeheuer zu:
»Die ganze Erde soll erkennen, daß Israel einen Gott hat. Und diese ganze Versammlung soll erkennen, daß der Herr nicht durch Schwert und durch Speer rettet; denn des Herrn ist der Streit, und er wird euch in unsere Hand geben!«
Gott ist der Handelnde, David nur das Werkzeug! Die Demut dieses Mannes ist vorbildlich. Nachdem er Gott den Sieg zugeschrieben hatte, zog er ganz Israel mit in seine Glaubenszuversicht: Gott wird dich in u n s e r e Hand geben! David wurde von Gott gebraucht, doch ganz Israel gehörte der Sieg, und ganz Israel hatte Anteil an der sichtbar werdenden Gnade Gottes. Gott allein die Ehre! aber die Ergebnisse Seines Handelns kommen den Seinen zugut!

Der gezielte Wurf

Kaum hatte der Riese den Ausruf Davids vernommen, eilte er wutentbrannt mit gesenktem Speer dem Jüngling entgegen. David, geborgen in seinem Gott, blieb gelassen und ruhig. Seine Hand fuhr in die Hirtentasche, ergriff einen glatten Stein, legte ihn in die Schleuder und rannte Goliath entgegen. Kaum kam er in dessen Reichweite, schwang er auch schon mit geübtem Arm die Schleuder, der Stein flog und traf in Blitzesschnelle die Stirn des Wüterichs. Der Stein durchschlug als tödliches Geschoß die Stirn des Philisters. Im Bruchteil eines Augenblicks waren dessen Schmähreden verstummt. Der Riese lag zum Entsetzen seiner Kameraden vor den Füßen des Hirtenknaben. David, der ohne Schwert in den Kampf zog, riß Goliaths Mordwaffe aus der Scheide und schlug diesem mit dessen eigenem Schwert den Kopf ab. Welch ein Triumph des Glaubens, welch eine köstliche Frucht des Vertrauens! Wer hatte den Stein gelenkt und die einzige ungeschützte Stelle an der Stirn des Feindes ausgesucht? Es war der große Schlachtenlenker, der den ehrt, der im Glauben mit Ihm rechnet und Ihm allein die Ehre gibt.

Wie sollte dieser Sieg Davids uns doch in jeder Lage zum Ansporn dienen! Wir sollten mehr als bisher jede fleischliche Vorsorge über Bord werfen. Die einzige Quelle der Kraft, die zum Sieg führt, ist das Vertrauen auf unseren Herrn. Nie läßt Er den allein, der mit Ihm rechnet. Nicht die Strategie eines Feldherrn, die auf einem wohldurchdachten Schlachtenplan basiert, führt zum Sieg, sondern ein einfacher Stein aus dem Flußbett. Nicht gewaltige Heermassen, nicht die außergewöhnliche Tapferkeit der Soldaten brachte den Durchbruch, sondern der Jüngling im Hirtengewand, der mit dem Panier auftrat: *»Ich komme im Namen des Herrn!«* Wie ehrt dieser Glaubenssieg im letzten den Gott Israels! Wie beschämt uns der Glaube, das unerschütterliche Vertrauen dieses jungen Mannes! Der Glaube ist eine Überzeugung, und in derselben lag der Sieg. Jeder Zweifel hätte den Sieg in Frage gestellt. Selbst Jonathan, der in einer früheren Schlacht den Ausgang zum Sieg herbeiführte, sagte zu seinem Knappen: *»Komm und laß uns hinübergehen zu der Aufstellung dieser Unbeschnittenen; vielleicht wird der Herr für uns wirken« (Kap. 14,6).* Bei David finden wir einen unbedingten Glauben, der mit den Gedanken des Herrn vertraut ist und mit dessen Hilfe er große Dinge vollbringt. Er schaute nicht aus nach menschlicher Hilfe, auch suchte er keinen Partner zum Beistand, sondern: »Allein mit dem Herrn!« war seine Losung. Das Schwache, das, was nichts ist, das erwählt sich Gott, um sich zu verherrlichen. Was gefragt ist, ist der Glaube, der den Sieg gibt über den Feind, die Welt und unsere Natur.

Ein gewaltiger Sieg

Goliath lag von seinem eigenen Schwert enthauptet zu den Füßen Davids. Die ungeheure Spannung, die bei dem ungewöhnlichen Kampf sich aller Zuschauer bemächtigt hatte, löste nun bei den Philistern kaltes Entsetzen aus. Das in ihren Augen Unmögliche war eingetreten. Ihr Held, auf den sie ihre ganze Hoffnung gesetzt hatten, lag wie ein Baum gefällt am Boden. In der Panik,

die nun ausbrach, vergaßen sie jede Verpflichtung und flohen. Wollten sie nicht Knechte Israels sein, wenn einer aus deren Reihen den Sohn Enaks besiegen würde? Jetzt, wo sie die Waffen hätten strecken müssen, versuchten sie, sich durch Flucht jeder Vereinbarung zu entziehen.
Das war natürlich die Stunde der Abrechnung für Israel. Mit lautem Triumph- und Siegesgeschrei verfolgten die Soldaten Sauls die Fliehenden und jagten sie bis zu den Toren von Ekron, eine der fünf größten Städte der Philister. Die Beute war reichlich und die Niederlage der Gegner unvorstellbar. Nur David, der eigentliche Glaubensheld, ging bescheiden mit den Waffen Goliaths und dessen Haupt als Siegestrophäe in sein Zelt, um diese Beute später mit nach Jerusalem zu nehmen.
Der Jubel des Heeres Israel war sehr verständlich, denn Gott war vor ihnen hergezogen und hatte sie von der Macht des Feindes und den damit verbundenen Nöten befreit. Durch die Hand eines gottesfürchtigen Mannes, den sie aber nicht als ihren gesalbten König kannten oder anerkannten, war ihnen der Sieg geschenkt worden. Wie mußte aber jedes aufrichtige Herz sich von diesem Sieger angezogen fühlen!

Das eigenartige Verhalten Sauls

Was sagt nun der Verantwortliche zu diesem Sieg, zu der überraschenden Wende? Natürlich ist er hocherfreut, daß diese beängstigende Lage nun beseitigt ist. Doch nirgends wird uns auch nur von der geringsten Einsicht dieses Saul berichtet. Gerade er, der gefordert war und der so kläglich versagte, hätte in dem Geschehen die gütige Hand Gottes erblicken müssen. Tiefe Scham über seine Einstellung und den Unglauben hätte den Mann zur Beugung veranlassen müssen. Doch nichts von alledem ist bei dem Unglücklichen festzustellen. Anstatt sich über sein ungläubiges Versagen vor dem Herrn zu demütigen und dem großen Helfer die Ehre und den schuldigen Dank zu bringen, scheint der giftige Wurm des Neides in ihm zu nagen.
Was wir von ihm lesen, hat manchen befremdet. Saul erkundigte sich bei dem Obersten des Heeres und fragte: *»Wessen Sohn ist doch der Jüngling, Abner? Und Abner sprach: So wahr deine Seele lebt, o König, ich weiß es nicht! Und der König sprach: Frage du,*

wessen der junge Mann ist. Und als David vom Erschlagen des Philisters zurückkehrte, da nahm ihn Abner und brachte ihn vor Saul« (1. Sam. 17,55-58).

Auf die eigenartige Frage des Königs: »Wessen Sohn bist du?« gab David ihm Aufschluß über seine Herkunft. Was uns wundert, ist das Eigentümliche: Saul erkannte seinen jungen Saitenspieler nicht wieder. Wie oft hatte der Jüngling ihm Linderung verschafft, wenn der böse Geist ihn quälte. Hatte er den Jüngling nicht in die Reihe der Edelknaben aufgenommen und zu seinem Waffenträger gemacht? Woher nun diese Entfremdung? Einige Ausleger haben sich die Sache leicht gemacht und diesen Abschnitt als einen Nachtrag zu dem Vorhergeschehenen angesehen. Sie haben den Kampf mit dem Philister vor das erste Erscheinen des Jünglings am Hof des Königs verlegt. Wir lehnen dies aber als Willkür ab und sollten für das rätselhafte Verhalten Sauls eine andere Erklärung finden. Da Saul zur Hebung seines Glanzes nicht nur von einer großen Leibwache, sondern auch von einem Heer von Musikanten und einer großen Schar von Edelknaben umgeben war, konnte er wohl unmöglich den Namen und die Herkunft des einzelnen im Gedächtnis behalten. Besonders neigen wir zu dieser Annahme, weil der Unglückliche an gewissen Tagen in tiefe Schwermut verfiel und nicht alles richtig aufnahm. Weiter scheint David für längere Zeit wieder ins Vaterhaus zurückgekehrt zu sein, denn von dort wurde er von seinem Vater gesandt, um sich nach seinen Brüdern und ihrem Wohlergehen zu erkundigen. Weiter könnte es auch möglich sein, daß sich der König nur nach dem Geburtsort und der Herkunft Davids befragte, denn seine Frage lautete: *»Wessen Sohn ist der Jüngling?«* Diese Erklärung wird auch durch die Antwort Davids an Saul erhärtet, als der ihn nämlich fragte: *»Wessen Sohn bist du, Jüngling?«* kam spontan die Entgegnung: *»Der Sohn deines Knechtes Isai, des Bethlehemiters.«* Wir sehen, es ist immer gut, von der Bibel her eine Antwort zu suchen.

O Jesu, Name ohne gleichen...

David, der Mann des Glaubens, ist in seinem Verhalten, in seinem Kampf und Sieg ein leuchtendes Vorbild für alle Zeiten. Nicht seine Kühnheit verhalf ihm zum Sieg, sondern das Panier: *»Ich komme zu dir im Namen des Herrn, der Heerscharen«*, mit dem

der völlig Unbewaffnete sich stärkte. Sind wir uns im täglichen Glaubenskampf bewußt, daß nur im Namen Jesu Sieg über die Sünde, die Welt und den Teufel gegeben ist? Ach, wäre doch dieses Bewußtsein bei uns immer vorhanden! Wie vielen Niederlagen würden wir entgehen!
Der Name birgt in der Bibel stets das Wesen dessen, der ihn trägt, in sich. Der Name Gottes, in dem treue Knechte und Märtyrer ausgezogen sind und die Botschaft vom Kreuz hinausgetragen haben, war für sie die Quelle der Kraft, aus der sie schöpften. Dieser Name barg für sie alles, was uns der Herr Jesus vom Vaterherzen Gottes und Seinem Wesen geoffenbart hat. *»Um Seines Namens willen«* arbeiten Seine Boten bis heute in der Heidenwelt. Dieser Name braucht nicht näher bezeichnet zu werden: es gibt keinen anderen Namen, in welchem der Mensch errettet werden muß. Der Name Jesu bedeutet: *»Mein Gott ist Rettung«.* Dieser Name aller Namen stellt alle in den Schatten, die hier auf Erden Ruhm erlangt haben. Er behält auch Seinen Glanz, Seine Kraft und Würde, denn in diesem Namen werden sich alle Kniee beugen, die Herrschaft Jesu einmal anerkennen und Ihn als Herrn bekennen.

Unser Vorrecht

Der Herr Jesus selbst fordert die Seinen auf, in diesem kostbaren Namen zum Vater zu beten; Er sagt sogar: ihr könnt bitten, was ihr wollt in meinem Namen, und es wird euch geschehen. Es ist heiliger Boden, auf dem der Bittende dann steht, denn die Bedingung zu einem solchen Erlebnis lautet: *»Wenn ihr in mir bleibt und meine Worte in euch bleiben,«* — dann kommt die Erhörung. Dieser herrliche Name Jesus ist keine Zauberformel, die jemand anwenden dürfte, auch kein Hinplappern: *»Ich bitte in Jesu Namen«* führt zum Erleben der kostbaren Verheißung. Es geht vielmehr um die Übereinstimmung mit dem Willen, den Plänen und Zielen unseres Herrn. Solche Gebete, die aus der Gesinnung Jesu aufsteigen, haben die feste Zusage der Erhörung durch den Vater, weil sie Ihn verherrlichen. Es muß also zu einer rechten Verschmelzung unseres Willens mit dem Willen des Herrn, zu einem In-IHM-Bleiben kommen, wenn wir diese Schule mit Erfolg durchlaufen wollen.
Ist es nicht der Mühe wert, sich von allem zu lösen und alles abzu-

legen, was diese enge Lebensverbindung mit dem göttlichen Wesen und Seinen Interessen verhindert? Wäre es nicht kostbar und sinnvoll, wenn wir alle der Macht des Bösen, den Verlockungen der Welt und jedem Angriff der Mächte der Finsternis mit dem Schlachtruf entgegentreten könnten: *»Ich komme zu dir im Namen des Herrn Zebaoth«?* Das ist die Waffenrüstung, die uns so oft im entscheidenden Augenblick fehlt!

Die rechten Beweggründe

Bei David waren diese rein. Er zog nicht dem Philister um der königlichen Belohnung willen entgegen; sein Motiv lag auf einer höheren Ebene. Es ging ihm um das Zeugnis Gottes auf Erden, und dieser Heide wagte, dieses Zeugnis und damit Gott selbst zu lästern. Diese Schande mußte von dem Volk Gottes weggenommen werden. Alle Welt sollte erfahren, daß ein Gott in Israel sei.
Ach, wenn unsere Herzen doch immer von diesen reinen Beweggründen erfüllt wären! Empfinden wir überhaupt noch, daß es immer und in allem um das Zeugnis Gottes auf Erden geht? Wir können unmöglich neutral bleiben! In der großen Auseinandersetzung zwischen Licht und Finsternis, zwischen Welt und göttlichem Zeugnis gibt es keine Zuschauer. Jedes Gotteskind ist gefordert, in seiner Mitarbeit, in seinem Verhalten zu beweisen, daß es auf der rechten Seite steht und im Namen Jesu Teil am Sieg hat.

Es geht um die Ehre Gottes und des Herrn und nicht um eine Gruppe, um eine eigene Partei, für die wir streiten. Gottes Wort ist dabei die einzige Richtlinie und nie die eigene Meinung. Hier liegen viele Versäumnisse, aber auch manches Fehlurteil ist Anlaß zum Bruderstreit geworden. Wie wichtig ist deshalb das Wort: *»Wenn ihr in mir bleibet und mein Wort in euch bleibt...«! Der Parteigeist ist manchem aufrichtigen Bruder zum Verhängnis geworden. Wie schnell war die Selbstsucht, das korporative Denken der Beweggrund falscher Beschlüsse und negativen Handelns. Die Augen waren verhüllt, man meinte für die Sache des Herrn einzutreten, und in Wirklichkeit verletzte man die Bruderliebe. Wenn wir uns — vielleicht auch unbewußt — in dieser Weise versündigen, haben wir jede Möglichkeit, den heiligen Namen Jesus zu gebrauchen, verloren. Wie überaus ernst ist doch dieser Ge-*

danke! Wer solche Schuld nicht erkennt und bekennt, ruft vergeblich, denn der Herr kann sich nicht mit der Sünde verbinden. Hier liegen die Nöte beim Volk Gottes, die Ursache der Kraftlosigkeit und der unerhörten Gebete. Erneute Heiligung und Reinigung sind gefordert. Der Heilige Geist muß wieder alle Lebensgebiete besetzen; dann wird das Feuer der Liebe neu auflodern, und wir werden wieder etwas verspüren von dem Ausruf Jesu: »Der Eifer um dein Haus verzehrt mich!«

Dem Herrn allein die Ehre

Dieser Grundsatz muß uns in allen Lagen beseelen. David räumte Gott den Platz ein, der Ihm allein zukam. Die Siegesbeute durfte der junge Kämpfer behalten, doch der Sieg, die Ehre gehörte dem Herrn. *»Heute wird der Herr dich in meine Hand geben... die ganze Erde soll erkennen, daß Israel einen Gott hat... denn der Streit ist dem Herrn!«* Wie gerne schmücken wir uns im Dienst mit Seinen Federn. Noch nie ist durch menschliche Klugheit, Geschicklichkeit, Fleiß oder Redekunst eine Seele gerettet worden. Das kann nur das Werk des Heiligen Geistes sein.

Alle Männer, die Gott in Seinem Reich benutzt hat, wußten um den Platz, der dem Herrn gebührt. Mose sagte: *»Der Herr, euer Gott, ist mir erschienen... und hat gesagt:... Ich will euch aus dem Elend Ägyptens heraufführen.«* Samuel rief dem Volk Israel zu: *»Kehret um mit eurem ganzen Herzen zu dem Herrn... und richtet euer Herz auf den Herrn und dienet ihm allein; und er wird euch aus der Hand der Philister erretten.«* Paulus weist stets darauf hin, daß Gott es ist, der alles wirkt nach dem Rat Seines Willens, daß Gott es ist, »der in euch wirkt sowohl das Wollen als auch das Vollbringen.« Paulus geht sogar so weit, daß er nicht einmal seine Aufgabe mit seiner Person verbindet. Er war so stark auf die Ehre seines Herrn bedacht, daß er schreiben konnte: *»Denn ich werde nicht wagen, etwas von dem zu reden, was Christus nicht durch mich gewirkt hat zum Gehorsam der Nationen durch Wort und Werk...«*

Wir sehen, worauf es ankommt in unserem Dienst. Nicht wir dürfen die Wirkenden sein, sondern wir müssen Ihn wirken lassen, der uns als Handlanger in Seinen Dienst berufen hat. Es ist der Kampf des Herrn, Sein Werk, bei dem es allein um Seine Ehre geht. In Seiner Weisheit muß der Erhöhte uns leiten, in Seiner Kraft uns zur Aufgabe ertüchtigen; und weil die Hände Christi fürbittend erhoben sind, ist der Sieg garantiert. Wir müssen uns aber auch im Kampf vor gutgemeinten

fleischlichen Ratschlägen der Natur

hüten. Es war sicherlich nicht leicht für David, seinem König zu widersprechen und dessen wohlgemeinten Rat abzulehnen. War Saul nicht um das Wohl des Jünglings bedacht, als er ihm seine Rüstung anzog? Hinzu kamen noch mahnende Worte, die den Hinweis enthielten: Sei klug! Vorsicht ist geboten, nimm deshalb die angebrachten Vorsichtsmaßnahmen und setze nicht so leichtsinnig dein junges Leben aufs Spiel! Es gibt in der Erfüllung der vom Herrn übertragenen Aufgabe gefahrvolle Augenblicke. Spott und Unrecht kann man leichter Widerstand entgegenbringen, als eine freundliche Hilfe, einen guten Rat ablehnen. David bestand die schwere Probe und ließ sich nicht mit frommen Worten von seinem Gottvertrauen trennen. Die kindliche Abhängigkeit von Gott stand ihm weit höher als die Gunst und Freundlichkeit des Königs.

Man kann nicht zwei Herren dienen. Wäre der Jüngling dem menschlichen Rat gefolgt, hätte er die feurige Mauer, die der Herr um ihn errichtet hat, niedergerissen. Nie verbindet sich der Herr mit Plänen, die Seine Ehre mindern. Doch wer kennt sie nicht, diese Taktik des Feindes, der stets bemüht ist, den Stolz und Hochmut des Menschen zu wecken! Hinzu kommt noch eine gewisse Leidensscheu, die der Despot benutzt. Einst flüsterte er das auch dem Petrus ins Ohr, so daß der Jünger seinem Herrn entgegentrat und sagte: *»Gott behüte dich Herr! Dies wird dir nicht widerfahren.«*

Paulus legte den größten Wert auf die Feststellung, daß er nicht durch Menschen in den Dienst berufen wurde, daß er nicht mit Fleisch und Blut sich beraten habe, daß er nie auf Fleisch (Menschen) vertraut habe, daß er nie versucht habe, Menschen zu gefallen oder zufrieden zu stellen, sondern daß er zutiefst von der Gewißheit durchdrungen war: vor Gott darf sich kein Fleisch, kein Mensch rühmen.

Gott läßt Mittel zu, wie wir sahen, aber nur solche, die in den Augen des Menschen lächerlich und töricht erscheinen. Der eiserne Helm, der stählerne Panzer, der gewaltige Wurfspieß kann bei Gott keine Beachtung finden, doch was verachtet, was nichts ist in den Augen der Welt, das wählt der Allmächtige zu Seiner Ehre.

Sind wir zum Glaubenswagnis bereit?

Der Riese kam gepanzert und hatte auch noch den Schildträger bei sich. David suchte keinen Mutigen, der ihn begleiten sollte. Sein Auge sah den Unsichtbaren, der ihn zum Kampf befähigte. Nie verlassen, nie allein! das ist die Zuversicht des Glaubens: ich komme zu dir im Namen des Herrn! Kein Anzeichen von Furcht und Ängstlichkeit ist bei dem Jüngling festzustellen. Herrlich, wenn wir erfahren dürfen: *»Bleibt mein Aug' auf Dich gericht, wanke und verzag ich nicht!«*

In dieser Ruhe des Herzens geht David den Abhang hinab und wählt sich aus dem Bach fünf Steine. Wählen bedeutet: aussuchen. David nimmt sich Zeit und wägt sorgfältig ab, welche Steine er nehmen soll. Keine Hast, kein ängstliches Aufschauen, ob der Riese nicht schon zu nahe gekommen ist, erfüllt den Glaubensmutigen, sondern alles atmet Besonnenheit und Gottvertrauen.

Ach, das kleine unruhige, ängstliche Herz, wie macht es uns doch oft zu schaffen! Gelingt es dem Glauben, alle Furcht in uns zurückzudrängen, wenn wir gefordert sind? Wie beschämt uns doch dieser David, wenn wir ehrlich unseren Kleinglauben zugeben müssen. War er ein Übermensch? Nein, was ihn auszeichnete, war das Gottvertrauen. Was wir lernen müssen, ist, die Gemeinschaft mit dem Herrn über alles zu schätzen und zu pflegen. Aus dieser innigen Verbindung fließt uns allein die Kraft zu, die den Sieg sichert. Die Bibel nennt diesen Zustand: Gottseligkeit, das selige Ruhen im Willen Gottes.

Nur solche sind furchtlos

David zauderte, als Gottes Stunde da war, keinen Augenblick, sondern er lief der Gefahr entgegen. Keine Sorge um den Ausgang des Kampfes konnte bei ihm aufkommen, denn sein Glaube war der Sieg, der den Recken überwand. Seine Stimme verriet keine Erregung, seine Hand zitterte nicht, als sie in die Hirtentasche fuhr und den Stein in die Schleuder legte, sondern, das Auge aufs Ziel gerichtet, läßt er den Stein mit großer Genauigkeit sausen und durchbohrt die Stirn seines Gegners. War es Zufall, daß der Stein gerade eine ungeschützte Stelle traf? Ach, wenn wir doch frei würden von allem Wenn und Aber; wenn wir doch festhalten würden: der, welcher die Aufträge gibt, ist auch allein verantwortlich für den Erfolg. Der Glaube schaut nicht ängstlich auf die Umstände, sondern auf den lebendigen Gott. Wie traurig, daß wir, wenn es darauf ankommt, in unserer Ängstlichkeit die menschlichen Mittel vorziehen und erst dann, wenn alles versagt hat, die Hilfe bei unserem Herrn suchen. Erneut wollen wir uns durch die Erfahrungen Davids Mut schenken lassen und dem Worte Gottes völlig vertrauen. Ruft es uns allen nicht zu: *»Ich will dich nicht versäumen noch dich verlassen«; so daß wir kühn sagen können: »der Herr ist mein Helfer, und ich will mich nicht fürchten; was wird mir ein Mensch tun?« (Hebr. 13,6).*

Der Glaube siegt

»Und der Stein drang in die Stirn Goliaths, und er fiel auf sein Angesicht zur Erde« (V. 49). Nun war keine Zeit mehr zu verlieren. David eilt zu dem Gefällten und tötet ihn mit dessen eigenem Schwert. Die Hoffnung der Philister war verflogen. Der Mann, den sie für unbesiegbar hielten und der nach jeder Seite hin durch die Rüstung abgesichert war, lag erschlagen am Boden. Die Verwirrung, die entstand, war unvorstellbar. Vor uns steht die Tatsache, daß der Glaube die Verwirklichung dessen ist, was man hofft, eine Überzeugung von Dingen, die mit den Sinnen nicht erfaßt werden können, wie wir in Hebräer 11 lesen. An anderer Stelle heißt es: *»Dem Glauben ist alles möglich«*, und weiter: *»Dies ist der Sieg, der die Welt überwunden hat, unser Glaube.«*
Die Glaubenstat des Jünglings verdeutlicht uns, wie Gott nur durch kindliches Vertrauen geehrt werden kann. Nun verstehen wir auch das Wort der Bibel besser: *»Alles, was nicht aus Glauben geschieht, ist Sünde.«* Warum? Weil wir dem Herrn nicht zutrauen, daß Er zu Seinem Werk und zu Seinen Knechten steht, die trotz aller Hindernisse des Sieges gewiß sind. Der Schwächste ist zu den größten Taten fähig, wenn er ausschließlich in der Erfüllung seiner Aufgabe die Ehre des Herrn sucht. Die Kräfte des Himmels werden mobilisiert, wenn der Glaube wirksam ist. Das reine Herz, das unbelastete Gewissen, sind Voraussetzungen zum Sieg.

Mit wie vielen Riesen haben wir im Alltag zu kämpfen! Wie mancher steht vor bergehohen Schwierigkeiten! Die Riesen wollen ihn erschlagen. Ängstlich ruht das Auge auf den Nöten, Sorgen und ständigen Übungen. Was und wer soll helfen? Alles wurde durch die falsche Blickrichtung ausgelöst. In solchen dunklen Stunden hilft nur eins: das Gebet des Elisa: *»Herr, öffne ihm die Augen!«* Was geschah als Antwort auf dieses Rufen? Der Knecht Elisas sah! Er sah die Hilfe Gottes und alles, was ihn ängstigte, war verflogen. Wir wollen uns gegenseitig helfen und jeden auf die Kraft Gottes aufmerksam machen. Dann bricht der Glaube wieder durch und staunt über die wunderbaren Hilfen des Herrn.

»Ich sehe ihn,

aber nicht als bereits erschienen, ich schaue ihn, aber nicht nahe; es tritt hervor ein Stern aus Jakob, und ein Zepter erhebt sich aus Israel...« (4. Mose 24,17).

Dieses Wort können wir auch über das Erlebnis Davids schreiben, der uns in seiner Person — wie bereits früher angedeutet — eine liebliche Schau in die Zukunft eröffnet.

In 1. Samuel 16 schattete er den Gesalbten Gottes vor, der als der vom Volk Verworfene sich anschickt, Seine Laufbahn am Kreuz durch Seinen Sieg über Satan zu beenden. Dieser Sieg wird uns in Kapitel 17 prophetisch angedeutet. Die Philister hatten schon früher eine schwere Niederlage erlitten, sie waren schon besiegt, aber ihr Anführer, der Riese Goliath nicht. Wir hörten davon, wie der sich vor dem ganzen Volk zur Schau stellte und einen Zwischenkämpfer forderte. Angst und Schrecken erzeugte sein Auftreten. Seine Lästerung: *»Ich habe die Schlachtreihen Israels verhöhnt«* zeigt, daß es ihm verborgen war, daß sein Kampf sich eigentlich wider den Höchsten richtete. Aber der, der Gottes Volk antastet, begibt sich in den Kampf mit dem Allmächtigen selbst. Wie David durch die Sendung seines Vaters auf das Schlachtfeld gelangte und die Lästerung des Feindes vernahm, so wurde auch unser Herr vom Vater in diese Welt gesandt. Was Sein heiliges Auge hier sah, waren Auswirkungen der Macht des Gegenspielers Satan. Gewiß, die Sendung Davids bezog sich zunächst auf die Erkundigung nach dem Wohlergehen seiner Brüder, doch die Ankunft im Lager beauftragte ihn zu einer weit größeren Aufgabe.

Gott benutzte den jungen Mann zur Rettung des ganzen Volkes. Bei Josef, der von Jakob zu einer ähnlichen Mission ausgesandt wurde, finden wir auch einen solchen Vorgang. Das Erkundigen nach den Brüdern führte nicht nur zu deren Errettung aus der Hungersnot, sondern auch zur Rettung des ganzen Landes Ägypten. So wurde auch der Herr Jesus zunächst zu Seinen Brüdern, den verlorenen Schafen Israels, gesandt. Doch Gottes Plan und Absicht ging viel weiter. Schon der Prophet hatte dieses ausgesprochen: *»Es ist zu gering, daß du mein Knecht seiest, um die Stämme Jakobs aufzurichten und die Bewahrten von Israel zurückzubringen; ich habe dich auch zum Licht der Nationen gesetzt, um mein Heil zu sein bis an das Ende der Erde« (Jes. 49,6).* Sollten wir von der unheimlichen Macht des Teufels befreit werden, mußte er durch den Stärkeren entwaffnet und besiegt werden. Wie der Stein Davids den Gegner zur Strecke brachte, so drang der Herr Jesus nicht nur in das Haus des Starken ein, um ihn zu binden, sondern am Kreuz auf Golgatha besiegte Er ihn in Seinem Tod und befreite alle von der Macht des Todes, die im Glauben dieses Heil annehmen. David ging nach seinem Triumph mit den Zeichen des Sieges in sein Zelt.

Vom Herrn Jesus lesen wir, daß Er die *»Gefangenschaft gefangen wegführte und mit Seinem eigenen Blut ins Heiligtum ging«.* Der Feind war besiegt, und nun wird der Triumph des Siegers in der ganzen Welt verkündet. Die Rettung aus der Macht dieses schaurigen Menschenmörders von Anfang ist möglich geworden. Alle sollen Teil haben an diesem Sieg, wie auch nach der Niederlage Goliaths ganz Israel aufatmete und die Verfolgung der Philister aufnahm. Der Sieger ist die Garantie unseres Sieges, denn in Seinem Sieg haben auch wir den Sieg! Golgatha ist die Stätte, wo der Löwe aus dem Stamme Juda uns die Freiheit erkämpfte, so daß wir jetzt als Seine Beute und die Frucht der Mühsal Seiner Seele Ihm gehören und hiervon den Beweis erbringen sollen. Sein Tod ist nun auch unser Tod, der Tod des alten, sündigen Menschen; Sein Leben ist auch unser Leben, das neue, das göttliche Leben, das uns in der Wiedergeburt, die wir im Glauben erlebten, geschenkt wurde. Der Erlöste darf nun singen:

Mein Siegeskranz ist längst geflochten,
und nichts mehr ist hinzuzutun;
seitdem der Held für mich gefochten,

darf ich in Friedenszelten ruhn.
Mich schreckt kein Zorn, kein Fluch der Sünde,
kein Tod mehr, keine finstre Macht.
Er hat in Seinem Überwinden
durch alles mich hindurch gebracht.

1. Samuel 18
Geheiligte Freundschaft und Liebe

Jonathan, der Erstgeborene Sauls, dessen Name »Gabe Gottes« oder »der Herr hat gegeben« bedeutet, beschäftigt uns in dem nun folgenden Abschnitt. Er wird zum dritten Mal in unserer Geschichte erwähnt. In Kapitel 13 des Samuelbuches erringt er einen Sieg über die Philister, der aber dem Volk keinen dauerhaften Nutzen bringt, denn der Feind bedrängt Israel weiter. Wir sahen, daß das ganze Volk hinter Saul her zitterte. In Kapitel 14 sehen wir Jonathan, der die Schmach nicht weiter ertragen kann, daß er sich allein mit seinem Waffenträger dem Feind stellt und ihm eine große Niederlage beibringt. Sein Handeln, das mit einem »Vielleicht« verbunden war, zeigte doch eine gewisse Glaubensenergie.
Jetzt aber, nachdem der Sieger über Goliath aus dem Kampf zurückkehrt, lesen wir von einer überaus lieblichen Begebenheit. Es heißt: *»Die Seele Jonathans verband sich mit der Seele Davids; und Jonathan liebte ihn wie seine Seele.«* Der Kronprinz, der im Verlauf des Geschehens nicht erwähnt wird und sich wohl zurückgezogen hatte, war von David so eingenommen, daß er ihm jegliche Hochachtung entgegenbrachte. Genau hatte er die Tapferkeit Davids, seine Gottesfurcht und sein kindliches Vertrauen beobachtet. Mit ganzem Herzen, ja mit einem tiefen, inneren Sehnen fühlte Jonathan sich zu dem bescheidenen Jüngling hingezogen. Es war der Gleichklang zweier Seelen, der sich in einer reinen Liebe äußerte, denn auch David fühlte sich dem Königssohn in herzlicher Neigung zugetan.
So konnte es nicht ausbleiben, daß die Liebe Wege suchte, sich zu äußern. Es heißt: *»Und Saul nahm David an jenem Tage zu sich und ließ ihn nicht in das Haus seines Vaters zurückkehren. Und Jonathan und David schlossen einen Bund, weil er ihn liebte wie seine Seele. Und Jonathan zog sein Oberkleid aus, das er anhatte, und gab es David, und seinen Rock und bis auf sein Schwert und seinen Bogen und seinen Gürtel.«*

Der Sieg Davids war groß, und die Auswirkungen des Sieges von höchster Bedeutung für das ganze Volk. Doch für Jonathan bedeutete die Person Davids viel mehr. Die Liebe zu David war eine köstliche Geistesblüte; sie überwand eine scheinbar hohe Schranke, die sich trennend zwischen dem Königssohn und einem armen Hirtenknaben erhob. Sie war so stark, daß sie nicht nur alle Scheidewände an Rang und Stand überwand, sondern sie war auch den schwersten Proben in der Zukunft gewachsen. Ohne Neid und Mißgunst konnte Jonathan ertragen, daß — wie wir noch sehen werden — sein ruhmgekrönter Freund von dem Volk mit großer Begeisterung gefeiert wurde. Seine Liebe, die ihre Quelle im Herzen Gottes hatte, war lauter und stark genug, das teuflische Gewächs des Neides zu verdrängen. Echte Freundschaft, uneigennützige Liebe, wo sind diese seltenen Blumen noch zu finden? Es sind keine Gewächse der Natur, sondern Blüten des erneuerten Geistes. Trotz der Ahnung des Thronfolgers, daß David wohl der kommende König an seiner Stelle sein würde, blieb die Seelenverwandtschaft ungetrübt bestehen. Wir staunen, daß in damaliger Zeit der Geist Gottes in solcher Weise sich offenbaren konnte.

Gewiß trug auch die edle, ungeheuchelte Bescheidenheit Davids dazu bei, Jonathans innigen und vertrauten Anschluß zu erleichtern. Die Demut des Hirtenjünglings bewahrte ihn vor der giftigen Wurzel des Hochmuts, die sich bei so viel Ehre gefahrvoll entwickeln konnte. Sich in der Gunst und Freundschaft mit dem Königssohn zu befinden, hätte schnell zu einer kleingeistigen Selbstüberschätzung verleiten können. Doch nichts dergleichen konnte in dem Verhalten Davids sich breit machen.

Jonathan liebte den jungen Kämpfer wie seine eigene Seele! Als Zeichen der Seelengemeinschaft und des Dankes schenkte er ihm seinen Mantel samt seiner Ausrüstung. Welche Huldigung! Die Zeichen der königlichen Würde übergibt Jonathan seinem Freund. Schwert und Bogen, die Mittel des Kampfes und des Sieges übergibt er dem Sohn Isais. Auch den Gürtel, ein Sinnbild der Kraft, schenkt er dem Sieger über Goliath als ein Beweis höchster Anerkennung. Hatte David auf ihn einen solchen Eindruck gemacht, weil er ohne Waffen in der Kraft Gottes gesiegt hatte? Es ist anzunehmen. Könnte in der Weggabe dieses Geschenks sogar die Absicht liegen: wie du, so möchte auch ich handeln, auch ich möchte

von Gott in dieser Weise gebraucht werden? Wir wissen es nicht. Doch das eine erquickt uns: er liebte David wie seine eigene Seele! Zuneigung zu dem erhabenen Charakter des Gesalbten des Herrn erfüllte ihn.
Im Glauben schloß der Königssohn einen Bund mit David, denn in seiner Nähe wollte er Schutz und Zuflucht suchen. Der Liebe Jonathans mochte der Glaube zugrunde liegen, der David als den wahren König begrüßte. Später kam das noch deutlicher zum Vorschein, als Jonathan offen aussprach: *»Fürchte dich nicht! denn die Hand meines Vaters Saul wird dich nicht finden; und du wirst König werden über Israel, und ich werde der Zweite nach dir sein; und auch mein Vater Saul weiß es so« (1. Sam. 23,17).*

Wir lieben, weil Er uns zuerst geliebt hat

Die Liebe Jonathans zu David birgt manchen schönen Hinweis in sich für uns. Da die Liebe Gottes in unsere Herzen ausgegossen ist durch den Heiligen Geist, sind wir ausgerüstet, dem Beispiel Jonathans zu folgen. Haben wir, die wir Jesu Eigentum sind, nicht alle die Stimme des Siegers: *»Friede euch!«* vernommen? Wie ist unsere Reaktion auf den Sieg von Golgatha? Gehen wir dem wahren David in tiefer Dankbarkeit entgegen? Hat Er uns nicht aus der Gewalt der Finsternis erlöst und uns in das Reich Seiner Liebe versetzt? Laßt uns Ihm mit Jauchzen entgegen eilen! Er ist es wert, das man Ihn ehrt und sich in Seinem Dienst verzehrt. Alle unsere Quellen sind in Ihm, die Quelle des Heils, der Freude, des Friedens, ja, unserer Glückseligkeit.
Jonathan gab alles dem David, was ihm bisher so wertvoll, so unentbehrlich war, alles, woran sein Herz hing! Was ist uns lieber als der Herr Jesus? Ehre bei den Menschen? Geld und Gut, Familie, Wohlstand, Vergnügungen, das, was die Welt zu bieten vermag? Haben wir uns ausgezogen und von allem Ballast dieser Welt gelöst? Die reine bräutliche Liebe ist eine zarte Pflanze, die dem Rauhreif der Untreue nicht widerstehen kann. Sie teilt ihre Zuneigung nie mit einem anderen. Ach, wie traurig klingt doch der Ruf unseres Davids: *»Ich habe wider dich, daß du deine erste Liebe verlassen hast!«* War unsere Liebe zu Ihm wirklich nur ein Strohfeuer, das rasch in sich zusammenfiel? Wir wollen neu des Bundes gedenken, den Er mit uns gemacht hat, als Er uns zusi-

cherte: *»Deiner Sünden und Übertretungen werde ich nie mehr gedenken!«* Rechte Dankbarkeit für den großen Sieg am Kreuz kommt nur in einer rechten Liebe und Zuneigung zum Tragen. Darum wollen wir unserem Herrn erneut sagen:

Nimm Du meiner Liebe Füll',
Jesu, all mein Sehnen still!
Nimm mich selbst und laß mich sein
ewig, einzig, völlig Dein!

David, der Geehrte, und Sauls Eifersucht

Davids und Sauls Entwicklung ging in entgegengesetzter Richtung weiter. Der eine machte Fortschritte im Guten und der andere im Bösen. Zunächst lebte Saul im Hochgefühl der Freude über die Befreiung aus der tödlichen Gefahr der Philister. Die Freundschaft seines Erstgeborenen mit dem kühnen Schleuderer sah er zunächst ohne Mißbehagen; ja, er überwand sich sogar, David bei sich zu behalten und ihm die Befehlshabergewalt über eine Abteilung seines Heeres zu übertragen. In Treue und Pflichterfüllung erlangte David die Gunst und Liebe der Knechte des Königs und auch des ganzen Volkes.
Unmöglich konnte aber dieses gute Verhältnis lange bestehen. Zwei Welten gleichsam unter einem Dach, wie sollte das möglich sein? Bei dem geringsten Anlaß mußte die Entladung der gestauten Bosheit bei Saul aufbrechen. Wie schnell dieser Scheinfriede zerbrach, lesen wir in den Worten: *»Und es geschah, als sie einzogen, als David vom Erschlagen des Philisters zurückkehrte, da zogen die Frauen aus allen Städten Israels zu Gesang und Reigen dem König Saul entgegen, mit Tamburinen, mit Triangeln und mit Jubel. Und die Frauen, die da spielten, sangen und sprachen: Saul hat seine Tausende erschlagen, und David seine Zehntausende. Da ergrimmte Saul sehr, und dieses Wort war übel in seinen Augen, und er sprach: Sie haben David Zehntausende gegeben, und mir haben sie Tausende gegeben; es fehlt ihm nur noch das Königtum. Und Saul sah scheel auf David von jenem Tag an und hinfort.«*
Welch ein Triumphzug! Die Schnitter stellten ihre Arbeit auf den Feldern ein, die Frauen verließen die Weinberge und unterbrachen die Traubenlese, die Männer hörten mit dem Treten der Kelter auf, denn in Stadt und Land brach ein Sturm der Begeisterung aus.

Alle liefen den siegreichen Soldaten entgegen; mit Musikinstrumenten und Jubelgesang ehrten sie in erster Linie zwei Heerführer. David und Saul waren die Gefeierten. Doch der König konnte die Wahrheit nicht verkraften. David, der wirklich den Sieg herbeigeführt hatte, wurde zu Recht mit den höchsten Ehren bedacht. Anstatt sich über die Heldenehrung zu freuen, erwachte die bittere Eifersucht. Die wurmstichige Stelle Sauls brachte die Frucht seines wahren Charakters hervor. Hier wurde der Anfang der inneren Fäulnis sichtbar, der zum Untergang führen mußte. Wäre der Unglückliche doch zur Selbsterkenntnis gekommen, und hätte er diesen teuflischen Funken aus der Hölle mit Tränen ausgelöscht, wie ganz anders wäre sein Leben gelaufen und geendet. Doch er nährte diese Höllengeburt; die Gifttropfen sammelten sich, ja, sie stauten sich, bis endlich der Damm brach und die Flut sich verheerend ausbreitete.

Die Eifersucht hatte ihren Ursprung in der Angst vor dem Weg Gottes. Samuel hatte Saul unmißverständlich gesagt, daß Gott einem Mann nach Seinem Herzen das Königreich übergeben würde. Diesen Plan Gottes wollte Saul mit allen Mitteln durchkreuzen. Ein Toter kann nicht regieren, und es gibt Mittel und Wege genug, jemand zu beseitigen, ohne daß man von Mord spricht. Der arme Tor meinte — wie so viele in der Geschichte —, mit der Beseitigung Davids würden die Pläne Gottes ins Wasser fallen.

Wie ganz anders verhielt sich David. Mit Ruhm und Ehre überhäuft, blieb er doch derselbe. Sein Herz erhob sich nicht, noch frönte er dem Hochmut und der Eitelkeit. Vielmehr bewegte sich der Geehrte in den Schranken des Gehorsams und blieb ein untertäniger Knecht des verblendeten Königs. Er tat alles, um nicht durch eigene Versäumnisse die Gunst seines Herrn zu verlieren. Bescheidenheit und Klugheit paarten sich bei dem jungen Krieger. Doch wie vorbildlich er sich auch benahm, in der Verborgenheit brodelte es, und es sollte nicht lange währen, da mußte David den Spruch eines Dichters erfahren:

Wie ein Meer sind Königsgnaden,
Perlen fischt man, wenn es ruht;
Aber hüte dich vor Schaden,
Wenn ein Sturm erregt die Flut!

Wer unter dem Schirm des Höchsten sitzt!

In unserem Text finden wir nun drei Gründe, die uns den inneren Rückgang Sauls offenbaren.
1. Der Ärmste war blind durch Neid, Mißgunst und Grimm.
2. Er suchte eine Gelegenheit zum Mord und warf wiederholt seinen Speer nach dem treuen Diener.
3. Saul sah, daß Gott die Hand über David hielt und daß ihm alles gelang.
Deshalb scheute er seinen Saitenspieler und konnte ihm nicht in die Augen sehen.
So mußte es zur Entladung kommen. Wir lesen zunächst von gewaltigen Gegensätzen: *»Und es geschah am anderen Tag, da geriet ein böser Geist von Gott über Saul... David aber spielte mit seiner Hand, wie Tag für Tag, und der Speer war in der Hand Sauls. Und Saul warf den Speer und dachte: Ich will David an die Wand spießen! Aber David wandte sich zweimal von ihm ab.«*
Schrecklich, wenn ein Mensch von der Macht der Finsternis befallen ist. Der böse Geist in Saul ließ die Kainssaat in ihm aufgehen. Immer mehr verfinsterte sich sein Angesicht und seine wirren Blicke sprühten zornige Blitze. Unheimlich wurde seine Gegenwart und unberechenbar die Handlungen dieses Gezeichneten. Seine gottlosen Gedanken brüteten nur Unheil. Das Leben Davids war in beständiger Gefahr, und nur der bewahrenden Gnade Gottes verdankte er es, daß der mörderische Speer Sauls ihn nicht durchbohrt hatte. Das sonst so besänftigende Saitenspiel hatte seine Wirkung verloren. Ja, es scheint so, daß die Wirkung sich ins Gegenteil verkehrte, und durch die weichen Klänge des Instrumentes die Wut sich noch steigerte. Jedenfalls kannte Sauls Unbeherrschtheit keine Grenzen mehr.
Das Hofgesinde litt ebenfalls unter dem Tyrannen. Wehe dem, der ihm auch nur ein wenig die Laune verdarb! Wir lesen, daß David sich zweimal vor dem tödlichen Wurf abwandte. Erst dann dämmerte es in Saul, daß David unter dem Schutz Gottes stand. Zu dem Haß, dem Groll und der Eifersucht gesellte sich nun noch die Angst, die Furcht vor dem, der die gesegnete Gottesgemeinschaft genoß. Ließ er nun von seinem Opfer ab? Im Gegenteil, die Rachsucht kannte keine Grenzen.

Ein neuer teuflischer Plan

Sein verfinstertes Gehirn hatte eine Schandtat beschlossen, die seinen Gegner beseitigen sollte, ohne daß auch nur die geringste Spur von Schuld auf Saul fallen konnte. Geschickt getarnt erhob er David zum Obersten über tausend Mann und sandte ihn immer wieder aus, um Grenzbereinigungen vorzunehmen. Doch David ging unter dem Schutz des Höchsten aus und ein. Er hatte Gelingen in allem, und die Liebe des Volkes zu dem Bezwinger Goliaths wurde immer größer.

Welche Gegensätze: David erfuhr die Wahrheit des Wortes: *»Der Pfad der Gerechten ist wie das glänzende Morgenlicht, das stets heller leuchtet bis zur vollen Tageshöhe.«* Die Fortsetzung dieser Aussage offenbart das Gegenteil, welches den Zustand Sauls aufzeigt: *»Der Weg der Gesetzlosen ist dem Dunkel gleich; sie erkennen nicht worüber sie straucheln« (Sprüche 4,18).* David stand unter dem Segen Gottes, und Saul versank immer mehr in finstere Mordpläne.

Heuchlerisch verspricht er seinem Retter die älteste Tochter Merab zur Frau. Doch verband er mit diesem Angebot eine furchtbare Bedingung. David sollte sich die Tochter Sauls mit seinem Leben erkaufen. Es heißt wörtlich: *»Sei mir ein tapferer Mann und streite die Streite des Herrn. Saul aber dachte: Meine Hand soll nicht wider ihn sein, sondern die Hand der Philister soll wider ihn sein.«* Welch ein schurkischer Plan! Seinen angehenden Schwiegersohn will er in die Hand der Feinde geben; er soll auf dem Schlachtfeld fallen. David kehrte unbehelligt zurück; doch als Saul sah, daß sein Vorhaben vereitelt war, gab er das Mädchen einem anderen zur Frau.

Auch das war genau durchdacht. David sollte sich herausgefordert fühlen, auf seinem Recht bestehen, damit Saul einen Anklagepunkt in die Hand bekam, um ihn auf diese Weise zu vernichten. Jedes finstere Vorhaben mißlang, doch der Verblendete fand keine Ruhe. Er rief seine Knechte, die David unterbreiten sollten, daß der König ihn achte und liebe und nun fest entschlossen sei, ihn doch zu seinem Schwiegersohn zu machen. Diesmal sollte er Sauls jüngere Tochter Michal zur Frau erhalten. Wie bei Merab forderte Saul auch diesmal die Erschlagung einiger Feinde. David sollte umkommen, deshalb hatten die Knechte Sauls den Auftrag, ihm

zu sagen: »*Der König hat kein Begehr nach einer Hochzeitsgabe, sondern nach hundert Philistern, um sich an den Feinden des Königs zu rächen.*«
David hatte bei jedem Angebot Sauls seine Demut bewiesen, denn er fühlte sich nicht würdig zu dieser hohen Ehre. Deshalb sprach er: »*Ist es ein Geringes in euren Augen, des Königs Eidam zu werden? Ich bin doch ein armer, geringer Mann.*«
Auf den neuen Vorschlag ging David ein, und die Aufgabe hatte er schnell mit seinen Männern gelöst. Wiederum war Sauls Plan vereitelt. Anstatt im Kampf gefallen zu sein, kehrte der junge Mann mit zusätzlichem Ruhm als Sieger zurück. Saul mußte sein Versprechen einlösen. Er gab David seine Tochter, die ihn sehr liebte. Doch der König selbst fürchtete seinen Schwiegersohn noch mehr, weil der Herr sichtbar den Jüngling bewahrte und er unter Gottes besonderer Gunst stand. Deshalb fällt hier auch das entscheidende Wort: »*Saul wurde David feind alle Tage*«, aber »*David hatte Gelingen mehr als alle Knechte Sauls und sein Name wurde sehr geachtet*«, heißt es in unserem Text.

Die Geborgenen des Herrn

Sechs schwere Übungen und Prüfungen mußten von David seit seinem Sieg über Goliath durchlitten werden. Trotzdem sein Leben ständig bedroht war, siegte die Kraft Gottes in dem Schwachen. Seine Haltung in den Angriffen von seiten Sauls sind sehr lehrreich für uns.
Die sechs Gefahren wollen wir kurz überdenken:
1. Saul ergrimmte aus Eifersucht über David und sah scheel auf ihn von jenem Tag an und hinfort.
Wie reagierte der treue Knecht Gottes? David spielte mit seiner Hand Tag für Tag sein Musikinstrument. Trotz aller Gefahren, trotz Haß und Unmut von seiten des Verblendeten, versah David in aller Treue seine Aufgabe.
2. Saul warf zweimal seinen Speer nach dem Lautenspieler, um ihn an die Wand zu spießen.
Was tat David? Er wich beide Male aus, aber er verließ sein Aufgabengebiet nicht. Der Glaube flieht nicht ängstlich, sondern wartet auf Gottes Weisung.
3. Saul erhob David zum Heerführer, um ihn auf diese Weise in

den mörderischen Kampf schicken zu können, damit er beseitigt würde.
Wich David zurück? Nein, im Gegenteil, die gestellte Aufgabe barg für ihn eine Verpflichtung. Der junge Held brauchte die Vorbereitung und die Erfahrungen für spätere Aufgaben. Gott hielt Seine Hand über den Jüngling, und das Volk achtete und liebte den Tapferen. Doch Saul fürchtete sich vor dem Geborgenen und scheute ihn immer mehr.
4. Saul versuchte, ihn wieder in die Hand der Philister zu geben, und diesmal mit dem Versprechen, ihm die Tochter Merab zu geben. David erfüllte seine Aufgabe, doch er starb nicht auf dem Schlachtfeld, sondern kehrte geehrt zurück.
5. Eine neue Kränkung ließ der Gehässige über den Jüngling ergehen. Anstatt die Versprochene dem Sieger zu geben, gab er sie einem anderen.
Wie antwortete David auf diese Herausforderung? Statt sein Recht zu fordern, schwieg er. Kein Wort der Beschwerde kam über seine Lippen. Er war bereit, alles aus Gottes Hand entgegenzunehmen. Aus Erfahrung und Überzeugung stand der Gottesfürchtige auf dem Standpunkt:
Es kann mir nur geschehen, was Er hat vorgesehen und was mir nützlich ist.
6. Der König hörte, daß Michal, seine Jüngere, David liebte. Sofort reifte ein neuer Mordplan in seinem verfinsterten Herzen. Er sollte die Tochter haben, wenn er hundert Philister tötete. Nun mußte das Werk doch gelingen. Wie sollte der junge Mann diese Forderung erfüllen; sie mußte zu seinem Ende führen.
Doch auch in diesen Gefahren blieb David verschont. Michal gereicht ihrem Geliebten nicht zum Fallstrick — wie von Saul geplant —, sondern der junge Held besteht auch diese Probe mit Bravour. Doch mit diesen sechs Prüfungen war das Examen noch nicht bestanden. Es kamen später weitere Mordanschläge, die dazu führten, daß David vom königlichen Hof fliehen mußte.
Unser Leben verläuft gewiß auch nicht ohne Probleme. Es kommt nun darauf an, wie wir die Übungen bestehen. Kennen wir alle ein solches Ruhen in der Führung Gottes, wie wir es bei David feststellen? Es ist so traurig, daß wir manchmal so kleinlich über den Allmächtigen denken. Wir haben leicht ein völlig falsches Gottesbild. Die Umstände nehmen uns gefangen. Alles und jedes wird

versucht, so schnell wie möglich aus der Schule Gottes auszubrechen. Wir trauen Gott die Hilfe nicht zu; wir sind der Meinung, Er kümmere sich nicht um mich oder um die Einzelheiten meiner Prüfungen. Deshalb ist unser Leben so bitter arm an Erfahrungen, denn Gott kann nur dem Glauben antworten. Wir lesen so oberflächlich Seine Zusagen und Verheißungen und meinen schnell, daß das Wort für andere, aber nicht für mich niedergeschrieben ist. Von David wollen wir lernen, Gott buchstäblich beim Wort zu nehmen. Wenn Er verheißt: *»Ich werde dich nicht versäumen noch dich verlassen«,* dann steht der Unwandelbare hinter diesem Ausspruch. So ist es auch mit allen Verheißungen, die wir in der Bibel finden. Bei Gott ist kein Schatten von einem Wechsel. Als der Unveränderliche bleibt Er derselbe. Nie und nimmer kann Er in Seinem Wesen auch nur im geringsten sich ändern. Weil Gott vollkommen ist, kann Seine Freude, Sein Friede, Seine Liebe, Seine Gerechtigkeit oder irgend eine andere Tugend weder vermehrt noch gemindert werden. Nie wird Gott von etwas überrascht, da von Ewigkeit her der Ablauf der ganzen Weltgeschichte vor Ihm liegt. Darum wollen wir uns neu besinnen, Sein Wort als unverbrüchlich anzusehen, aber auch unser Geschick von einer höheren Warte aus betrachten. Es fällt uns schwer, alles und jedes aus Gottes Hand entgegenzunehmen. Aber kein Glück oder Unglück kommt in unser Leben, sondern alles ist Führung und Zulassung durch die Hand des Vaters. Davids Leben stand jahrelang in Gefahr, aber kein Haar durfte ihm gekrümmt werden. War alles Zufall? Niemals! Gottes Hand ist über den Seinen. Sie sind Seine Geborgenen!

Für meine Liebe feinden sie mich an

Was David im Haus Sauls widerfuhr, mußte der Herr Jesus auf Seinem ganzen Lebensweg erfahren. Überall begegnete Ihm Haß, Spott und Ablehnung. Nach Seinem Sieg auf Golgatha ist es nicht anders geworden. Anstatt Dankbarkeit für Sein Ringen und Sterben am Kreuz, besteht auch heute noch der Ausruf: *»Wir wollen nicht, daß dieser über uns herrsche!«* Der Mensch will sich ausleben und in der Erfüllung seiner Lüste in keiner Weise gestört oder behindert werden. Daß in seinem Treiben der Gekreuzigte und Auferstandene ein Hindernis bildet, ist gut verständlich. Der Herr bietet die Erlösung an, die wunderbare Befreiung von Sünde und Gericht, doch der dieseits Eingestellte will davon nichts wissen; im Gegenteil, die, welche ihm die Botschaft bringen, werden ebenfalls gehaßt und verachtet wie auch ihr Herr.

Wie schmerzvoll für den Herrn diese Verblendung auch ist, Seine Liebe bleibt dieselbe. Er will nicht das Gericht, sondern die Gnade soll im Leben Seiner Geschöpfe triumphieren. Darum besteht die Gnadenzeit weiter, und das Evangelium hält noch seinen Siegeszug. Sobald aber die Vollzahl errettet ist, werden die Verächter vor das Tribunal des Richters zitiert. Wie furchtbar! Nun gibt es für alle Säumigen keine Gnade mehr, sondern Gerechtigkeit. Was hat im Laufe der Gnadenzeit der Herr nicht alles an Schimpf und Schande über sich ergehen lassen müssen. Weil Er nicht immer sofort auf den Spott antwortet, wird der Mensch immer dreister in seinen Herausforderungen. Doch »Gottes Mühlen mahlen langsam aber trefflich fein!«, sagt schon ein menschliches Sprichwort. Die Bibel aber ruft: *»Es ist furchtbar in die Hände des lebendigen Gottes zu fallen!«*

Die Güte Gottes will zur Buße leiten. Wie gut, wenn Menschen erkennen, daß es nur Seine Langmut ist, wenn Er mich noch nicht als Sünder abgerufen hat! Das Angebot Gottes gilt noch. Jeder darf zum Kreuz kommen und den Ruf Jesu vernehmen: *»Größere Liebe hat niemand als die, daß er sein Leben hingibt für seine Freunde. Ihr seid meine Freunde, wenn ihr tut, was ich euch gebiete« (Joh. 15,13-14).* Wahrlich, es ist eine frivole Herausforderung, den Herrn für diese Liebe anzufeinden, denn die Bibel sagt: *»Für die Spötter sind Gerichte bereitet.«*

1. Samuel 19
Freundestreue

Die Übungen Davids mehrten sich, und die Gefahr für Sein Leben wurde immer bedrohlicher. Man kann sich kaum eine Situation ausdenken, die schwieriger ist, als sie dieser treue Knecht durchstehen mußte. Schon manchmal haben wir darauf hingewiesen, daß Gott sich diesen Mann für eine hohe Aufgabe zubereitete. Ein Hirtenknabe wird König! Wie leicht konnte der dem Menschen anhaftende Hochmut aufbrechen und das Werk Gottes in ihm unterbinden. Es ist wichtig, uns immer wieder daran zu erinnern: Saul darf nicht weiter gehen, als Gott es zuläßt; und die Güte Gottes weiß Sein Werkzeug in allen Gefahren durchzubringen.

Gott sorgte bei David für eine ständige Abhängigkeit. Er erinnerte den Schwergeprüften: *»Ich wohne in der Höhe und im Heiligtum, und bei denen, die zerbrochenen und zerschlagenen Geistes sind.«* David sollte durch seine Drangsale für die kommenden Jahrtausende ein mutmachendes, tröstendes Beispiel geben, an dem sich Schwergeprüfte aufrichten konnten, wenn sie den Leidensbecher in zitternden Händen hielten. Er sollte beweisen: wenn auch die Leidenstiefen zunächst nicht auszuloten sind, kann es doch keine Nacht, keine Finsternis geben, in die nicht das göttliche Licht leuchtet und jeden Kreuzesweg durch die Tröstungen von oben erhellt und tragbar macht. Immer wieder erfuhr David, was er später zur Ermunterung kommender Generationen niederschrieb: *»Er wird mich bergen in seiner Hütte am Tag des Unheils, er wird mich verbergen im Versteck seines Zeltes; auf einen Felsen wird er mich heben. Und nun wird mein Haupt sich erheben über meine Feinde rings um mich her« (Ps. 27,5-6).*

Im vorigen Kapitel sahen wir, wie Saul auf Umwegen, durch teuflische Pläne seinen Gegenspieler loswerden wollte. Nun aber trat er offen und ohne Umschweife an die Öffentlichkeit mit seinem Vorhaben. Es heißt: *»Saul redete zu seinem Sohn Jonathan und zu allen seinen Knechten, daß er David töten wolle. Jonathan aber, der Sohn Sauls, hatte großes Wohlgefallen an David. Und er berichtete es David und sprach: Mein Vater Saul sucht dich zu töten; ...halte dich verborgen und verstecke dich. Ich aber... will zu meinem Vater von dir reden und sehen, wie es steht und dir berichten.«*

Die Freundestreue Jonathans zu David hatte zunächst Erfolg. Er stellte seinem Vater die Torheit seines Handels vor und erinnerte ihn an die Zeit, da auch er, als der König keinen Ausweg zur Rettung aus der Hand des Feindes mehr sah, sich über den Sieg Davids gefreut hatte. Damals war Saul ein Stein vom Herzen gefallen, und nun wollte er seinen Retter umbringen. Die Vermittlung fand Gehör. Saul kam zur Einsicht, ja, er schwur sogar: *»So wahr der Herr lebt, wenn er getötet wird! Und Jonathan brachte David zu Saul, und er war vor ihm wie früher.«*

Die List einer Frau

Leider währte der Friede auch dieses Mal nicht lange. Saul vergaß seinen Schwur, denn der Neid, die Eifersucht dieses von Stolz inspirierten Mannes kannte keine Grenzen. David mußte erneut erfahren: anstatt Dank gibt es Undank, Haß, Neid, Verbitterung, Eifersucht und Bedrohung!

David mußte als Heerführer wiederum in eine feindliche Verwicklung. Wie immer besiegte der tapfere Jüngling auch jetzt die Philister. Er übertraf in seiner Strategie alle Knechte Sauls, weil der Herr ihm Gelingen schenkte. Weil Saul die Hand Gottes in diesem Geschehen sah, fürchtete er sich immer mehr vor David, denn dessen Name wurde von dem ganzen Volk geehrt und geachtet. Man kann die Einstellung des Königs nur verstehen, wenn man festhält: der Unglückliche, der wider seinen Harfenspieler und Besieger der Feinde Israels kämpft, streitet in Wirklichkeit gegen Gott. Deshalb sinkt er notgedrungen immer tiefer in innere und äußere Verstrickung.

David, der Sieger, war geehrt aus einem neuen Kampf zurückgekehrt. Anstatt den siegreichen Heerführer zu loben, — denn er hatte ja für Saul sein Leben eingesetzt —, will er ihn wieder einmal umbringen.

Wir lesen: *»Und ein böser Geist vom Herrn kam über Saul; und er saß in seinem Haus, sein Speer in der Hand, und David spielte mit der Hand. Und Saul suchte David mit dem Speer an die Wand zu spießen; aber er wich aus vor Saul, und er stieß den Speer in die Wand. Und David floh und entrann in selbiger Nacht.«*

Die Stunde war gekommen, da David nicht mehr am Hof des Königs bleiben konnte. Er mußte fliehen wie ein Vogel aus dem Garn des Vogelfängers. Die leidvolle Zeit, da er wie ein Rebhuhn über die Berge Israels gejagt wurde, war angebrochen. Zunächst suchte der Fliehende am häuslichen Herd bei seiner Frau Zuflucht. Saul ahnte, wo er sich aufhielt. Er sandte Boten, die das Haus bewachten, denn am anderen Morgen sollte die Todesstunde für David schlagen. Wenn er ahnungslos nach seiner Gewohnheit am Morgen sein Haus verlassen würde, sollten die Häscher ihn niedermachen. Der Anschlag wäre geglückt, hätte nicht eine höhere Hand sich schützend über den Schwiegersohn des Königs ausgebreitet. Durch Gottes Fügung erhielt Michal, die Frau Davids, Kunde von

dem geplanten Meuchelmord. Unverzüglich eilte sie zu ihrem Gemahl und sagte: *»Wenn du nicht diese Nacht deine Seele rettest, so wirst du morgen getötet werden. Und Michal ließ David durchs Fenster hinab; und er lief weg und floh und entrann.«*
Welche inneren Spannungen mußte dieser »Mann nach dem Herzen Gottes« doch durchstehen! Aber wer sah diesem Flüchtling seine hohe Berufung an? Oder wer erkannte, daß er im Himmel so hoch angeschrieben war? Seine Drangsal stieg von Tag zu Tag. Die ihm am nächsten standen, lohnten ihm seinen Edelmut mit Undank, seine Wohltaten mit Verkennung und seine Liebe mit tödlichem Haß. Wird ihm einmal ein Becher der Erquickung gereicht, so mischt sich allzu schnell wieder ein Wermutstropfen in die Labsal, und zwar so herb, so bitter, daß er lieber auf die kurze Freude verzichtet hätte. Welch ein Los! Jeder Tagelöhner war besser dran. Er konnte unbemerkt und unangefochten sein Brot im Schweiße des Angesichts essen, während über David, der sich in der sogenannten beneidenswerten Höhe befand, alle Stürme und Wetter sich zusammenbrauten.
Ob David nicht manchmal in stillem Heimweh an jene Zeit zurückgedacht hat, als er noch ein unbekannter Jüngling war, der auf den Triften von Bethlehem seine Herde weidete? Damals griff er in die Saiten seines Instrumentes, und ein Loblied quoll aus seinem Herzen empor, wenn er still in dem gewaltigen Dom der Gottesschöpfung die Größe Gottes bewunderte. Wie ungetrübt, wie lieblich floß damals sein Leben dahin. Es glich einem spiegelklaren Bach, in dessen hellen Fluten sich nur die Blumen am Rande und die Sterne des Himmels spiegelten. Die Bosheit, die ihm heimlich Schlingen legte, war ihm fremd; ebenso der Neid, die Eifersucht, die ihn jetzt wie Rattengift übergoß. Wie ein Schoßkind beim Vater, so geborgen fühlte sich der Hirtenknabe in seinem Gott. Doch wie ganz anders war sein Los gefallen.
Trotz allem, trotz solcher, menschlich gut verständlicher Überlegungen war David ein beneidenswerter Mann. Welche Gnadenerweisungen wurden dem Gesalbten zuteil! In den Trübsalen erlebte der Bevorzugte ständig die Durchhilfe und Bewahrung seines Gottes. Er war es, der Seinen Knecht in den tiefsten Nöten seines Daseins über alle Nebel und Wolken der Trübsal emporhob; Er war es, der dem Begnadigten die tiefsten Einsichten in Seine Gedanken und Pläne vermittelte, der David zum Propheten und Psal-

mensänger erhob, um dadurch den Millionen in Jahrtausenden Trost, Mut und Weisheit von oben zu vermitteln. Dieses Glück, die Ehre, diese Bevorzugung überstieg bei weitem alles, was der Flüchtling ertragen mußte.
Während David in nächtlicher Stunde durch die Fluren und auf einsamen Wegen das Weite suchte, plante seine Frau eine Kriegslist. Die mußte die Häscher täuschen, um Zeit zu gewinnen. Schnell nahm sie einen Hausgötzen, legte ihn ins Bett, deckte ihn sorgfältig zu und legte ein Geflecht von Ziegenhaaren, welches man zum Schutz vor Mücken benutzte über das Haupt des Götzenbildes. Den eindringenden Mördern zeigte sie das Bett und sagte: *»Er ist krank!«* Als man dem König davon Meldung machte, befahl er, David im Bett zur Hofburg zu bringen. Man eilte, den Anordnungen Folge zu leisten. Doch nun stellte sich der Betrug heraus. Im Bett lag ein Hausgötze. Saul geriet natürlich in Zorn, ließ Michal, seine Tochter, kommen und rief ihr zu: *»Warum hast du mich also betrogen und hast meinen Feind gehen lassen, daß er entronnen ist? Und Michal sprach zu Saul: Er sagte zu mir: Laß mich gehen! Warum sollte ich dich töten?«*

Menschliche Schwäche

Eines der sicheren Zeichen für die Inspiration der Bibel ist die Tatsache, daß sie uns den Menschen zeigt, wie er ist. Nichts wird beschönigt oder verschwiegen, sie offenbart seine Niederlagen wie auch seine Siege. In unserer Geschichte schrecken wir vor den Lügen und Intrigen zurück, die hier bei der Frau Davids sichtbar werden. Nicht nur greift sie nach einer List, die Häscher und den Vater zu täuschen, sondern schreckt auch nicht vor Lügen zurück. Welch ein Gewirr von Verwicklungen entsteht, wenn die Liebe zur Wahrheit fehlt.
Michal liebte ihren Mann, und diese Zuneigung zwang sie zum Handeln. Ihre List verband sie mit zwei Lügen, die beide zeigten, daß ihr der innere Halt, das Vertrauen zu Gott fehlte. Einer leidenschaftlichen Liebe ist kein Opfer zu groß und kein Mittel zu verwerflich, wenn sie zu ihrem Ziel gelangen will. Die menschliche Liebe muß aber mit der göttlichen gepaart werden, andernfalls endet alles in Leidenschaft. Nur aus der Kraft Gottes kann Liebe in rechten Bahnen laufen und sich segensreich auswirken. Die Liebe

zum Partner muß geheiligt werden, um mit der Hilfe des Herrn die rechte Frucht zeitigen zu können.
Gott braucht keine Hilfe, schon gar keine, die ihre Wurzeln in der Lüge hat. Wie treu hat Er Seinen Knecht bis zur Stunde bewahrt. Alle Mordanschläge waren gescheitert. Sollte Gott nun nicht mehr weiter können? Mußte Er sich dieser Frau und ihrer menschlichen List bedienen? Ach, wie kleinlich denken wir manchmal über den Allmächtigen, Allgewaltigen und Unvorstellbaren! Mittel und Wege stehen Ihm in Unzahl zur Verfügung.
Weiter staunen wir über den Hausgötzen in der Wohnung Davids. Wie ist es möglich, daß so etwas geduldet wurde, und woher kam er? Wir wissen es nicht. Vielleicht war es eine Siegestrophäe, die David aus einer Schlacht mitgebracht hatte, wie ja auch das Schwert Goliaths als ein Zeichen des Sieges aufbewahrt wurde. Wahrscheinlicher ist aber, daß Michal diesen Hausgötzen besaß und mit in ihre Ehe genommen hatte. In der Geschichte Israels stoßen wir manchmal auf Teraphim. Sie wurden als Beschirmer und Spender von häuslichem Glück angesehen. Rahel, die Frau Jakobs, stahl ihrem Vater einen solchen Götzen, um sich das häusliche Glück zu sichern. Als man bei Ausgrabungen von Nuzi bei Kirkuk im 15. Jahrhundert Tontafeln fand, kam mehr Licht in die Sache. Danach sicherte der Besitz der Teraphim die führende Stellung in der Familie und den Erbanspruch. (Lexikon zur Bibel Seite 566)
Dieses Recht konnte auch auf den Schwiegersohn übergehen, bedeutete aber bei Rahel einen schweren Verstoß gegen die Söhne Labans.
Wie dem auch sei, der Besitz dieses Hausgötzen verstieß gegen die Anordnung Gottes und zeigte eine erschreckende Glaubensschwäche. Wir wollen aber keinen Stein auf andere werfen, sondern uns persönlich ins Licht Gottes stellen. Wieviele kleine Götzen schleppen wir mit durch unser Leben. Wieviele ängstliche Absicherungen treffen wir, um möglichst jeder Situation vorzubeugen. Wie oft kommt dabei das Gottesvertrauen zu kurz.

Unter dem Schatten des Allmächtigen

Während die Frau Davids eifrig bemüht war, dem Vater sich als Feindin ihres Mannes darzustellen, die nur unter Todesandrohung so hatte handeln müssen, war ihr Gemahl längst über die Berge nach Rama geflohen. Hier traf er mit Samuel, dem Propheten und Vertreter Gottes zusammen, dem er alles erzählte, was Saul ihm zugefügt hatte. Samuel nahm den Gesalbten des Herrn mit, und sie wohnten zusammen in Najoth. Hier machte der Flüchtling neue Erfahrungen mit seinem Gott, Erfahrungen, die er später in Lieder, in Psalmen kleidete, die ja so viel von der Treue, der Bewahrung und dem Schutz seines Helfers reden. Gottes Auge ruhte auf dem Werkzeug Seines Erbarmens, und wie kleinlich, ja wie lächerlich wirken sich demgegenüber die menschlichen Auswege aus! Natürlich hatte Saul schon seine Spitzeln unterwegs, die ihm den Aufenthalt seines Feindes mitteilten. Schnell sandte er Boten aus, um David gefangenzunehmen. Doch, was sich dabei abspielte, zeigte so recht die ganze Ohnmacht des Menschen, aber auch den, der alle Fäden einer göttlichen Führung in Seiner Hand hat. Wie leicht schaltet er die kühnsten Pläne des Menschen aus. In unserer Geschichte war es eine sehr originelle Art, denn sobald die Boten Sauls der Prophetenschule in Najoth sich näherten, kamen sie unter den starken Einfluß des Geistes Gottes, der dort wirkte. Anstatt nun ihrem Befehl nachzukommen, fingen sie an zu weissagen. Noch zweimal wiederholte Saul seinen teuflischen Versuch, David dort gefangenzunehmen, doch jedesmal wurde ihm berichtet, alle deine Boten weissagten wie die Prophetenschüler. Diese Nachrichten waren dem Verblendeten doch zu wunderlich. Um die Sache besser untersuchen zu können, machte er sich selbst auf den Weg. Unterwegs schon kam auch die Kraft des Geistes Gottes über ihn, und weissagend kam er in Najoth zu Rama an. Dort zog er sein Obergewand aus, und er weissagte vor Samuel jenen ganzen Tag bis zur Nacht.

Wie machtlos ist doch der Mensch, wenn Gott eingreift! Wir sehen, Er setzt die merkwürdigsten Mittel ein, um Seinen Knecht vor dem Zugriff dieses Rasenden zu schützen. Wie beschämend für Saul! Wutentbrannt kommt er an, um sein Opfer zu ergreifen, und nun liegt er im Staub und weissagt. Die Frage war schon berechtigt: *»Ist Saul auch unter den Propheten?«* Wahrlich, ein

merkwürdiges Bild! Wie mag es dem Verblendeten zu Mute gewesen sein? Plötzlich war sein Toben vorbei. Mitten unter den singenden Prophetenschülern hatte ihn ein Erschauern Gottes überfallen. Seiner selbst nicht mehr Herr, verkündete er die Größe und Erhabenheit Gottes. Unter lebhaften Bewegungen seiner Hände, feierlichem Gebärdenspiel und schwungvollen Reden stand der vom Geist Erfaßte unter den weissagenden Jünglingen, die mehr bestürzt als erfreut den seltsamen Gast anstarrten. Wie von Krämpfen geschüttelt verfiel Saul in einen Zustand, der näher an Raserei grenzte als an fromme Begeisterung. Bald mit lauter Stimme singend, bald deklamierend, dann wieder in den Staub sinkend, zeigte er den Versammelten ein peinliches und Mitleid erregendes Bild und Schauspiel.
Armer Saul! Befand er sich nicht auf vertrautem Boden? Wurden nicht wehmütige Erinnerungen an die unbeschwerte Jugend in ihm wach, da der Allmächtige noch mit ihm auf dem Wege war und dessen Licht seinen Weg erleuchtete? Hier in Najoth, da begegnete ihm einst Samuel und stellte ihm seine hohe Berufung zum König Israels vor. Hier salbte ihn der Prophet unter dem Zuspruch der köstlichsten Verheißungen und ehrte den Jüngling mit dem Kuß der Huldigung. Wie jubelte damals seine Seele und zerfloß im innigen Dankgefühl! Voller Zuversicht lag er damals zu den Füßen Gottes, der ihn zum höchsten Amt bestimmte. Alles das tauchte plötzlich mit leuchtenden Bildern in seiner Erinnerung auf. Hatte er damals, als der Geist Gottes über ihn kam, nicht auch diese innere Glückseligkeit besessen? Hatte man nicht dieselben Worte ausgerufen: *»Ist auch Saul unter den Propheten?«*
Wo war jenes Glück geblieben? Hatte er den Geist Gottes nicht mit einem bösen Geist vertauscht? Stand er nicht im Begriff, ein Mörder zu werden? Ob diese Verzückung nicht ein letzter Versuch Gottes war, den Unglücklichen mit Seiner Gnade zu erreichen? Jedenfalls mußte Saul erkennen, daß Gott Seine Hand über den König »nach Seinem Herzen« hielt. Wer unter dem Schatten der Hand des Allmächtigen sitzt, der ist sicher geborgen!

Erneute Flucht Davids

Wir müssen annehmen, daß Samuel die ganze Lage durchschaute und auch wußte, daß die Verzückung Sauls sich schnell wieder in den alten Grimm verwandeln würde. Die weitere Geschichte zeigt, daß der Verblendete aus seinem Erlebnis nichts gelernt hatte. Mit demselben Haß verfolgte er sein Opfer weiter. Deshalb traute der Prophet Saul nicht und gab wohl seinem Schützling den Rat, nicht länger in Najoth zu verweilen und unverzüglich weiter zu fliehen. Es geht nicht aus dem Bericht hervor, ob der Prophet ihn an Bethlehem und die Salbung erinnerte. Wir dürfen aber annehmen, daß er alles zur Stärkung des Flüchtenden ihm vorgestellt hat. Weiter dürfen wir vermuten, daß Samuel dem König Saul sein gottwidriges Verhalten vorgestellt hat. Auge in Auge wird er den Wütenden, nachdem die Begeisterung verflogen war, über die dringende Buße unterrichtet haben.

Aber David mußte sich auf erneute Leiden, Übungen und Verfolgungen gefaßt machen. Deshalb benutzte Gott jede Situation dazu, Seinem Knecht Glaubensmut und Stärkung zu schenken. Wie hatte gerade sein Aufenthalt in der Nähe des Propheten und sein Weilen in der Prophetenschule dieses Vertrauen zu der Führung seines Herrn gestärkt. In späteren Anfechtungen wird er noch oft an die trauten Tage in Najoth zurückgedacht haben. Vielleicht haben die Stunden der inneren Erquickung und der dort genossene Friede ihm Anlaß zum späteren Schreiben des 133. Psalmes gegeben: *»Siehe, wie gut und wie lieblich ist es, wenn Brüder einträchtig beieinander wohnen... Denn dorthin hat der Herr den Segen verheißen, Leben bis in Ewigkeit.«*

Unsere Lektion

Weil David für uns alle in seinem Verhalten ein Vorbild ist, wollen wir versuchen, auch aus seiner Einstellung Rückschlüsse auf unser Glaubensleben zu ziehen. Staunend stehen wir immer vor dieser inneren Ruhe, mit der er die schwersten Proben durchsteht. Wer seine Bibel kennt, findet schnell die Kraftquelle, aus der der Fliehende lebte. Wer den 59. Psalm liest, der David eingegeben wurde, *»als Saul sandte und sie das Haus bewachten, um ihn zu töten«*, der findet bald, worin sich David stärkte. Die Verse 1 und

2 lauten: *»Befreie mich von meinen Feinden, mein Gott! Birg mich in Sicherheit vor denen, die sich gegen mich erheben! Befreie mich von denen, die Böses tun, und rette mich von den Blutmenschen!«* Der Gefährdete lag vor seinem Gott, während die Häscher sein Haus umzingelten. Nicht der Rat und die List seiner Frau führten zur Rettung, sondern die bewahrende Gnade Gottes, die Gott so gerne in Seiner ganzen Fülle anbietet. David war ein Nehmender! Hier liegen viele Versäumnisse beim Volk Gottes: daher auch die vielen Niederlagen und die große Mutlosigkeit in den Prüfungen. Gott hätte leicht den Widersacher Davids beseitigen können, doch Saul mußte erhalten bleiben, bis der Gesalbte des Herrn im Ausharren seine Schule durchlaufen hatte. Erst: »Wenn die Stunden sich gefunden, bricht die Hilf mit Macht herein!« Ach, wenn wir das doch lernen und begreifen wollten! Wir sehen die Übungen, die Krankheiten, die Entbehrungen, die Schwierigkeiten und Sorgen, aber nie den, der hinter allem steht, der nie etwas zu unserem Schaden zuläßt, der uns mit vollkommener Liebe liebt und an dessen Herz zunächst alles vorüberzieht, ehe es uns trifft. David zweifelte nicht an der Liebe Gottes noch an dessen Willen, ihn zu befreien. Er konnte singen: *»Ich aber will singen von deiner Stärke, und des Morgens jubelnd deine Güte preisen.«* Welch ein Vertrauen! Es war doch der Morgen, an dem die Knechte Sauls ihn töten wollten. Er war also seiner Befreiung völlig sicher, denn er rechnete mit Gott, ja, David freute sich über dessen Hilfe und sang trotz der großen Gefahr: *»Du bist mir eine hohe Feste gewesen und eine Zuflucht am Tage meiner Bedrängnis.«*
Der gesegnete Mann versuchte nicht zunächst alle Mittel und menschliche Wege, um seine Lage zu ändern, und erst wenn alle Versuche scheiterten, sich an seinen Gott zu erinnern, wie wir das so oft machen, sondern David vertraute den göttlichen Zusagen. Wozu sollte die Salbung zum König gut sein, wenn er vorher schon ermordet werden sollte!
Haben wir nicht viel höhere, herrlichere Verheißungen und Zusagen Gottes? Warum nun diese Ängstlichkeit? Warum lassen wir uns nicht in die barmherzigen Hände Gottes fallen, der uns doch vollkommen liebt und an Seine Zusagen gebunden ist! Nur der Glaube ehrt Gott, das Vertrauen allein erreicht Sein Herz!

Traute Gemeinschaft

In der Gemeinschaft mit Samuel und inmitten der Prophetenschüler atmete David auf. Hier vergaß er — wenn auch für kurze Zeit — die Mühsal und das Flüchtlingsleben. Wie wird seine hungrige Seele sich erfreut haben in dieser gesegneten Atmosphäre.
Ob wir, die Kinder Gottes, auch noch das Vorrecht schätzen, *»im Namen Jesu«* uns versammeln zu dürfen? Sei es nun zur Mahlfeier, zur Wortverkündigung oder zum Gebet, es ist jedesmal ein Erlebnis, denn wir dürfen die Wirklichkeit der heiligen Gegenwart des Herrn erfahren. Wie gern offenbart Er sich den Seinen; wie reichlich fließt Sein Trost, Sein Mitgefühl und Seine helfende Gnade in unser banges und verzagtes Herz! Wer kann nicht über solche Segensstunden berichten, wenn die Seele sich emporschwang in die himmlischen Regionen und alles den seligen Gottesfrieden genoß, wenn das Herz überfloß in Huldigung und Anbetung! Welch ein Verlust, wenn wir nicht dabei sind, wenn Brüder und Schwestern im heiligen Schweigen im Geist unter dem Kreuz auf Golgatha stehen und die Liebe anschauen, die sich verzehrte zu unserem Heil! Es wäre doch ein großer Schaden, wenn wir unsere Zusammenkünfte erst wieder schätzen lernten in Zeiten der Verfolgung, wie dies manche Gotteskinder erfahren müssen.
Auch hierin wollen wir von David lernen und die gelegene Zeit auskaufen. Es ist schön und lieblich im Kreise derer, die den Herrn Jesus lieben aus reinem Herzen.

Eine große Gefahr

Saul, wie auch vorher die ausgesandten Boten gerieten in Najoth unter den Einfluß des Geistes Gottes und weissagten. Diese ernste Warnung wurde überhört. Sie brachte den Verblendeten weder zur Einsicht, noch zur Buße und Umkehr. In seinem Mordanschlag zur Ohnmacht verurteilt, mußte Saul widerwillig »auf Weisung« aussagen. Es war nicht das erste Mal in seinem Leben, daß der Geist Gottes sich seiner bemächtigte. Im 18. Kapitel des Samuelbuches weissagte er durch den bösen Geist, unter dessen Einfluß er durch seinen Ungehorsam gekommen war. Wir stehen vor der erschütternden Tatsache, daß Gott durch diesen Mann redete, der zu anderer Zeit das Sprachrohr des Teufels war. Es ist dieselbe

Situation, wie wir sie auch bei Bileam finden, der das Volk Israel verfluchen sollte und von Gott gezwungen wurde, dasselbe zu segnen. Ebenfalls mußte Kajaphas, der Hohepriester, weissagen, daß es nützlich sei, daß ein Mensch für das Volk sterbe, trotzdem er ein Feind des Herrn Jesus war.

Das alles beweist uns, daß Gott souverän ist und sich solcher bedient, und zwar wie es Ihm beliebt. Nur müssen wir ganz klar unterscheiden zwischen einer *lebendigmachenden* Weise und Tätigkeit des Heiligen Geistes und der Verschiedenheit der Offenbarungen Seiner Macht. Die Macht kann wohl zur Erkenntnis des Wortes Gottes führen, sie kann Wunder wirken oder die Taten Gottes verkünden, nie aber führt sie einen Menschen zur Verurteilung seines Lebens und zur Ergreifung des Heils in Christo Jesu. Sie vermittelt weder die Buße noch den Glauben, denn dazu ist das Werk des Geistes im Inneren des Herzens notwendig. Das Gewissen muß berührt werden, ein rechtes Sündenbewußtsein ist erforderlich, wenn die Seele heimfinden soll in Jesu Rettungsarme. Ohne diese Geisteswirkung gibt es kein ewiges Leben.

Das Herz Sauls und seiner Knechte wurde nicht verändert, doch Gott ergriff sie durch die Weissagung, um ihre Torheit ins Licht zu rücken.

Wir sehen, man kann einen Schein der Gottseligkeit haben und doch ihre Kraft verleugnen. Man kann äußerlich in religiösen Formen leben und doch innerlich keine Beziehung zu Jesus Christus, dem Erlöser haben. Wie groß ist diese Gefahr in der religiösen Welt, in der man meint, durch Sakramente, durch gute Werke und äußerliches Mitmachen die Seligkeit zu erlangen.

Ein Ausblick

David, der die Leiden, die Verfolgungen, die Drangsale, Nöte und Übungen des Herrn vorschatten sollte (ausgenommen seinen Tod), zeigt uns im vorliegenden Abschnitt, wie einige Getreue auf seiner Seite stehen und trotz aller Gefahren zu dem Flüchtling halten. So fand auch unser Herr immer wieder Trost in der Gemeinschaft mit Seinen Jüngern. Trotzdem sie Ihn so wenig verstanden, waren sie es doch, die mit Ihm ausgeharrt hatten. In ihrer Mitte konnte Er sich mitteilen und Sein Herz ausschütten. Ihnen machte er Seine Leidensankündigungen, und ihnen rief Er zu: *»Meine Seele ist betrübt bis in den Tod. Wachet mit mir!«* Wie wohltuend ist ein mitfühlendes Herz in Zeiten der Not und Drangsal! Doch finden wir in dem Verhalten und den Worten Davids auch immer wieder Hinweise auf den Herrn inmitten des Überrestes, der Gläubigen in Israel. Wie David unter den wenigen in Najoth Aufnahme fand und sich mit ihnen eins machte, so wird auch der Messias zu Seinem Volk kommen, und sie werden Ihn als den Verstoßenen, Verachteten und Geschmähten, den in ihrer Mitte Gewesenen erkennen. Ihnen wird Er dann Seine Wundmale zeigen, wie einem ungläubigen Thomas. Dadurch wird dann die Volksbuße eintreten, und in der Mitte dieses Überrestes wird der Herr sich wohlfühlen und sie in die Segnungen des Reiches einführen.

Es ist köstlich, wie David uns die Gefühle Christi, des Messias, und die Empfindungen Seines Volkes zum Ausdruck bringt. Wessen Herz schlägt bei dem Gedanken an den Ruhm des Erlösers nicht höher! Der Gehaßte, der Ausgestoßene wird bald den Mittelpunkt der ganzen Erde ausmachen, dem dann jedes Knie sich beugt, und alle Kreaturen werden Seinen Ruhm erhöhen und Seine Majestät und Herrlichkeit bewundern.

1. Samuel 20
Bewährte Freundschaft

Die tiefgehende Freundesliebe Jonathans zu David hat uns schon im 18. Kapitel dieses Buches Samuel beschäftigt. Nun wurde dieselbe in ihrer ganzen Tragkraft erprobt. Wie dies geschah und wie Jonathan die Probe bestand, ist für uns ein herzerhebendes Schauspiel, das wir nicht ohne inneren Gewinn anschauen können. Zunächst möchten wir drei Beweise aufzeigen, die David die uneigennützige Liebe Jonathans verdeutlichen:

1. Die wahre, aufrichtige Gesinnung gegen den Gejagten.
2. Jonathan verbindet seine Liebe mit der Gottesfurcht und ruft Gott zum Zeugen seiner aufrichtigen Zuneigung zu David an.
3. Seine Liebe zu David brachte ihn in höchste, persönliche Gefahr!

David, der von Najoth geflohen war, hatte ein tiefes Verlangen, seinem Freund das Herz auszuschütten. Wir dürfen annehmen, daß er heimlich nach Gibea zurückgekehrt ist. Vielleicht wollte er

auch seiner Gemahlin ein Lebenszeichen von sich abgeben. Jedenfalls fand hier das Gespräch statt, das die aufrichtige Gesinnung Jonathans unter Beweis stellte.
Wir lesen: *»Und David floh... und kam und sprach zu Jonathan: Was habe ich getan? Was ist meine Ungerechtigkeit und was meine Sünde vor deinem Vater, daß er nach meinem Leben trachtet?«*
Wir horchen auf. Hatte David plötzlich den Mut verloren? War sein Gottvertrauen angeschlagen? Diese Annahme müssen wir von uns weisen. Ihm konnte es unmöglich gleichgültig sein, ob er durch Meuchlerhände umgebracht wurde oder im Dienst für seinen Gott und eine höhere Aufgabe sterben durfte. Daß er zum letzteren allezeit bereit war, haben wir im voraufgegangenen Lebensabschnit des jungen Mannes mehrfach erfahren. Weiter war David besorgt um den Fluch, den Saul auf sich laden würde, wenn diese scheußliche Tat gelänge. Das Unheil, das dadurch auch auf Israel hereinbrechen würde, war kaum auszudenken. Welch ein Hohnlachen des Feindes hätte diesen ruchlosen Anschlag begleitet, und wo wäre das Zeugnis des Volkes Gottes hingekommen?
Jonathan versuchte, seinen Freund zu beruhigen. Tröstend und mutmachend sagte er: *»Das sei ferne! Du wirst nicht sterben. Siehe, mein Vater tut weder eine große noch eine kleine Sache, ohne daß er sie meinen Ohren eröffnete; und warum sollte mein Vater diese Sache vor mir verbergen? Es ist nicht so.«*
Wir können nicht feststellen, warum Jonathan so sorglos war. Kannte er nicht aus Erfahrung die Unberechenbarkeit seines Vaters? Oder wollte er seinem Freund durch tröstende Worte Mut machen? Doch David ließ sich nicht beruhigen. Eine innere Stimme sagte ihm das Gegenteil. Darum steigerte er sich zum Schwur und sagte: *»Dein Vater weiß wohl, daß ich Gnade gefunden habe in deinen Augen, und er hat gedacht: Jonathan soll dieses nicht wissen, damit er sich nicht betrübe. Aber doch, so wahr der Herr lebt und deine Seele lebt, nur ein Schritt ist zwischen mir und dem Tod!«*
Wie klar erkannte David seine gefahrvolle Lage. Jonathan war von den Worten und der Erregung seines Freundes stark beeindruckt, denn er versuchte Davids Einwände zu verstehen. Doch in Kürze sollte er die Befürchtungen Davids in der ganzen Furchtbarkeit als begründet erleben. Am anderen Tag war nämlich Neumondfest, an welchem auch David erscheinen mußte, um mit dem Kö-

nig zu speisen. Dasselbe dauerte zwei Tage. Bei aller Zwiespältigkeit und Verstocktheit hielt Saul an diesen religiösen Feiern fest. Da der König um die Rückkehr Davids von der Flucht wußte, erwartete er natürlich seinen Schwiegersohn zu der Tafel. David hatte Jonathan gebeten, ihn doch beim Vater zu entschuldigen und zu sagen: *»David hat sich es dringend von mir erbeten, nach Bethlehem, seiner Stadt, zu laufen; denn daselbst ist das Jahresopfer für die ganze Familie.«*
Es ist schwer zu sagen: War es eine Notlüge, die der Geängstigte benutzte? Jedenfalls suchte er einen Ausweg, um nicht wieder in die Gefahr und Reichweite des königlichen Speeres zu geraten. Da Gibea in der Nähe von Bethlehem lag, war das Städchen vom Versteck Davids aus in Kürze zu erreichen. Daher brauchte er nicht zu lügen, wenn er angab, in Bethlehem das Familienfest feiern zu wollen.
Deshalb fuhr David fort und sagte: *»Wenn dein Vater so spricht: Es ist gut, so steht es wohl um deinen Knecht; ergrimmt er aber, so wisse, daß das Böse seinerseits beschlossen ist. Erweise denn Güte an deinem Knecht, denn du hast deinen Knecht in einen Bund des Herrn mit dir treten lassen! Wenn aber eine Ungerechtigkeit an mir ist, so töte du mich; denn warum wolltest du mich doch zu deinem Vater bringen?«*
Jonathan versuchte seinen Freund zu verstehen und versprach ihm, die Lage am Königshof genau zu beobachten, um David dann Nachricht zu bringen. Auf die Frage des Flüchtlings: *»Wer soll es mir berichten?«* ging der Königssohn mit ihm auf das Feld hinaus, rief Gott zum Zeugen an und beteuerte David nochmals, daß, ob die Nachricht nun gut oder böse sei, sie ihm überbracht würde. Was uns wundert, ist die Glaubenseinstellung Jonathans. Er wechselt plötzlich das Thema und stellt sich als den Gefährdeten hin. Wenn der Freund fliehen müsse, so wünschte er ihm Gottes Geleit und Beistand; doch dann folgen die eigenartigen Worte: *»Und nicht nur während ich noch lebe, und nicht nur an mir selbst sollst du Güte Gottes erweisen, daß ich nicht sterbe; auch meinem Hause sollst du deine Güte nicht entziehen ewiglich, auch nicht wenn der Herr deine Feinde ausrotten wird, einen jeden vom Erdboden hinweg! Und Jonathan machte einen Bund mit dem Hause Davids und sprach: So fordere es der Herr von der Hand der Feinde Davids! Und Jonathan ließ David nochmals bei seiner Liebe zu ihm schwören; denn er liebte ihn, wie er seine Seele liebte.«*

Welch ein schönes, inniges Freundschaftsverhältnis! Jonathan war von dem Königtum Davids überzeugt. Er wußte um die Verwerfung seines Vaters. Später sprach er die Überzeugung noch deutlicher aus. Nun war er besorgt um seine Familie, damit sie bei Davids Thronbesteigung nicht ausgerottet wurde. Wahrlich, ein liebliches Bild, zwei Freunde liegen sich in den Armen und beteuern sich in Gottes Gegenwart der gegenseitigen Liebe! Das ist Freundschaft, die sich in den Proben bewährt!

Die Lage spitzt sich zu

Bevor die beiden sich trennten, vereinbarten David und Jonathan eine außergewöhnliche Verständigung. Der Kronprinz war ja Vermittler zwischen zwei Parteien. Für ihn war das keine leichte Aufgabe. Er durfte nicht wider das vierte Gebot sündigen, hatte aber auch das heiße Verlangen, eine Versöhnung zwischen David und seinem Vater herbeizuführen. Deshalb sollte die Nachricht an den Freund verschlüsselt für andere bleiben. Jonathan liebte David, wollte aber auch den Vater nicht kränken. Deshalb sollte die Überbringung der Botschaft als ein Übungsschießen erscheinen. Jonathan wollte mit Pfeilen auf ein Ziel schießen, und von dem Zuruf an den Knaben, der die Pfeile aufsuchte, sollte die Lage Davids erkennbar werden. Die Pfeile liegen herwärts bedeutete: Es steht gut um dich; die Pfeile liegen hinwärts, hieß: Du mußt fliehen, deine Lage ist gefährlich; der Vater will dich töten.
So kam jener verhängnisvolle Tag des Neumondfestes. Die Tafelrunde im königlichen Palast war festlich gedeckt. Der König betrat den Saal, setzte sich auf den Ehrenplatz, während Jonathan zu seiner Linken und der Heeroberste Abner zu seiner Rechten Platz nahm. Der Platz Davids aber blieb leer, ohne daß Saul darüber am ersten Tag eine Bemerkung machte. Jonathan beobachtete den Hergang sehr genau, ging es doch um die Einstellung des Vaters zu seinem Schwiegersohn.
Als David aber am zweiten Festtag nicht erschien, fragte er seinen Ältesten: »*Warum ist der Sohn Isais weder gestern noch heute zum Mahl gekommen? Und Jonathan antwortete: David hat sichs dringend von mir erbeten, nach Bethlehem zu gehen, und er sprach: Laß mich doch gehen, denn wir haben ein Familienfest...*«
Wie gespannt die Situation war, geht schon aus der Formulierung

hervor, mit der Saul seinen Schwiegersohn bezeichnete. Fremd und kalt nannte er ihn »Sohn Isais!« Doch als der König die Entschuldigung hörte, die Jonathan vorbrachte, brach der Damm, und in einer wüsten Beschimpfung mußte der Kronprinz den angestauten Haß gegen David über sich ergehen lassen. In der Schimpfkanonade wurde deutlich, daß Saul die Freundschaft zwischen David und seinem Erstgeborenen längst erkannt aber nicht gutgeheißen hatte.

Seine Wut entlud sich in den Worten: *»Sohn einer Widerspenstigen und Verkehrten! Weiß ich nicht, daß du den Sohn Isais auserkoren hast zu deiner Schande... Denn alle die Tage, die der Sohn Isais auf Erden lebt, wirst du nicht feststehen, weder du noch dein Königtum; und nun sende hin und laß ihn zu mir holen, denn er ist ein Kind des Todes!«*

Nun waren die Würfel gefallen und der Tod Davids erneut beschlossene Sache. Welche Bestürzung mußte dieser Wutanfall im Herzen Jonathans auslösen! Nicht nur, daß sein Vater ihn einen »ungehorsamen Bösewicht« nannte, der Tobende hatte öffentlich bekannt, daß der Tod Davids festbeschlossene Sache war. Wohl versuchte er nochmals den Vater umzustimmen, indem er ihm die Frage vorlegte: »Warum soll er getötet werden? Was hat er getan?« Doch in demselben Augenblick warf der Rasende seinen Speer nach seinem Sohn, um ihn zu durchbohren. Es gelang Jonathan, dem tödlichen Wurf zu entgehen, und tiefbesorgt eilte er in großer Erregung von dannen. Am zweiten Festtag verzichtete er sogar auf Speise und Trank, weil sein Vater den Freund David so geschmäht hatte. Freundesliebe, wenn sie echt und aufrichtig ist, führt stets zum Mittragen und Mitleiden. Die Lage des Prinzen war äußerst ernst und gespannt. Was sollte nun werden? Wohl kannte er noch nicht das Gotteswort: *»Der Väter Segen baut den Kindern Häuser, aber der Mutter Fluch reißt sie nieder!«*, doch was Ungehorsam der Kinder gegen die Eltern bedeutete, lag im Gebot Gottes festgelegt. Nun hatte er den Zorn Gottes gegen sich entfesselt, und er mußte damit rechnen, daß sich der Fluch der Mutter hinzugesellen würde, wenn er weiter dem Freund die Treue halten, ja demselben sogar den Weg zum Thron bahnen würde. Sollte er die Liebe und den Segen der Eltern nicht höher schätzen? Sollte man dem Glück und dem Fortbestand des Herrscherhauses die Freundschaft Davids nicht opfern? Welche Ängste und

Sorgen müssen den Kronprinzen doch bei diesen Gedanken überfallen haben! Nach dem Vorgefallenen stand eindeutig fest, daß sein ferneres Eintreten für David den Vater aufs höchste reizen und sein eigenes Leben aufs Spiel setzen würde.
Trotz allem, Jonathan zögerte trotz seiner Kindestreue gegen den Vater keinen Augenblick, der Verbindung mit David den Vorzug zu geben. Hierin wird deutlich, zu welchen Opfern die Freundesliebe und die Gottesfurcht bereit ist, wenn die Blickrichtung stimmt. Jonathan hatte längst hinter allem Geschehen die gute Hand Gottes entdeckt. Sein Ratschluß mit dem geliebten Freund war ihm längst kein Rätsel mehr. Unmöglich konnte er es wagen, die Absichten Gottes zu durchkreuzen. Neutestamentlich könnte man sein Verhalten mit den Worten beschreiben: *»Wer Vater oder Mutter, Frau oder Kind mehr liebt als mich, ist meiner nicht wert!«* Jonathan liebte in David seinen Gott, und in seinem Verhalten wird ein Funke sichtbar, der sich später in dem Herrn Jesu zu einer Flamme entfacht, die Er selbst in die Worte kleidet: *»Größere Liebe hat niemand als diese, daß er sein Leben hingibt für seine Freunde.«*

Die Sprache der Pfeile

Tief bekümmert eilte Jonathan am dritten Tag hinaus aufs Feld, wo David sich verborgen hielt. Der Vereinbarung gemäß täuschte er ein Übungsschießen mit den Pfeilen vor, die sein jugendlicher Waffenträger wieder auflesen sollte. Der Königssohn schoß, und, indem der Knabe lief, rief Jonathan ihm das besprochene Losungswort zu, welches David Aufschluß über die Situation im Königshof gab. »Herwärts und Hinwärts«, diese beiden Worte entschieden über den weiteren Weg des Gejagten. Mit Entsetzen muß David die Worte aufgenommen haben, die sein Freund dem Knaben zurief: *»Der Pfeil ist ja von dir hinwärts! Schnell eile, stehe nicht still! Der Knabe aber wußte um nichts; nur Jonathan und David wußten um die Sache. Und Jonathan gab seine Waffen seinem Knaben und sprach zu ihm: Gehe, bringe sie in die Stadt.«*
Das Los war gefallen. David eilte aus seinem Versteck, eilte seinem Freund entgegen, fiel ihm um den Hals, indem sie einander küßten und weinten, bis David völlig aufgelöst über die Maßen weinte, so berichtet unser Text. Wahrlich, eine erschütternde Sze-

ne und ein Bild wirklicher Liebe und Zuneigung! Der Abschiedsschmerz wurde im stummen Weinen sichtbar. David wurde in sehr starker Weise von der Situation übermannt.
Gewiß war die Liebe Jonathans stark und gefühlsbetont; er hing sehr an seinem Freund, doch jetzt, im entscheidenden Augenblick fehlte ihm der Glaube und die Kraft, seinem Freund, dem noch verworfenen König, in die Schmach zu folgen. Seine Stellung macht diesen Schritt ja auch sehr schwer, und wer könnte einen Stein auf diesen Mann werfen, der in einer aufrichtigen Liebe an David hing. Hätte er den Schritt gewagt, wäre ihm das schmachvolle Ende an der Seite seines Vaters erspart geblieben.
Doch nun wollen wir aus den abgeschossenen Pfeilen noch etwas Tröstendes, Ermunterndes und für David Aufrichtendes ablesen. Wenn auch ein Pfeil »hinwärts« geflogen war und David hinweggehen, fliehen mußte, so sagte ihm doch der Pfeil: *»Du hast einen treuen Freund, der immer für dich eintritt, der dich nie vergißt und auch den Mut hat, deine Sache zu vertreten!«*
Ein solcher selbstloser Freund ist ein Geschenk des Himmels. Jonathan war ein echtes Juwel, ohne Falsch und Eigennutz. Wer war ihm schon gleich im Umgang mit den Waffen, wer konnte sich messen mit seinem Mut? Er war schnell und kühn auf dem Schlachtfeld, sanft und zartfühlend seinem Freund zugetan, und bereit, um der Freundschaft willen den Zorn und die Beleidigungen des Vaters zu ertragen. Nie hat er sich Davids geschämt; er hat seinen Freund verteidigt und unter Einsatz des Lebens dessen Belange vertreten. Hätte er Kompromisse geschlossen, hätte er das Unrecht triumphieren lassen, wie hoch wäre er im Kurs beim Vater gewesen und wie mancher Vorteil wäre ihm aus dieser Einstellung entstanden. Doch die Liebe des Kronprinzen war so echt, daß er bereit war, um dieser Freundschaft willen alles andere zurückzustellen.
Die schwere Abschiedsstunde forderte von David die Preisgabe jeglicher Bequemlichkeit, den Verlust seines trauten Heims und die Verbindung mit seiner Frau, doch die Liebe seines Freundes blieb ihm und vor allem die Gemeinschaft mit Gott, seinem Helfer. In der ungewissen Zukunft würde er dessen Bewahrung und Führung noch stärker als bisher erfahren. Finden wir nicht ein liebliches Echo aus jenen Tagen, wenn wir den auf Gott geworfenen Flüchtling beten hören: *»Neige, Herr, dein Ohr, erhöre mich! denn ich*

bin elend und arm. Sei mir gnädig, Herr! denn zu dir rufe ich den ganzen Tag. Erfreue die Seele deines Knechtes! denn zu dir, Herr, erhebe ich meine Seele... Denn groß bist du und Wunder tuend, du bist Gott, du allein. Lehre mich, Herr, deinen Weg: ich werde wandeln in deiner Wahrheit; einige mein Herz zur Furcht deines Namens« (Ps. 86).

Als nächstes trösteten die Pfeile den Ausgestoßenen mit dem Gedanken: es ist der gute, der vollkommene Wille Gottes, der meinen Weg bestimmt. Der die Pfeile auflesende Knabe hatte keine Ahnung, daß im letzten Gott es war, der dem Pfeil die Richtung wies. Wie weit Jonathan in allem die Führung des Höchsten sah, ist schwer auszumachen. Auch David mußte zuerst durch die Schule, bis er Asaph in allem zustimmen konnte, der da ruft: *»Gott! Dein Weg ist im Heiligtum. Wer ist ein so großer Gott wie unser Gott? Du bist ein Gott der Wunder tut... Durch das Meer führt dein Weg und deine Pfade durch große Wasser« (Ps. 77).* Doch wie viel Mut und Kraft floß dem Geängsteten aus dem Wissen: Gott ist für mich, wer wider mich? Es ist Sein Weg, Seine Pläne, die in Seiner Führung erkennbar werden müssen. Zerreißt Er mir auch alle Fäden, die mein bisheriges Leben etwas erheiterten, die Fäden, die mich mit meinem Gott verbinden, kann niemand lösen. Mutmachend war deshalb auch die Erkenntnis Davids, daß sein Hinausmüssen der Weg zu einem größeren Glück bedeutete. Gott segnet immer im Leid. Wäre er im Palast geblieben, so wäre sein Leben ein verfehltes gewesen, denn der Ruhm und der Segen, die Gnade, die den Becher des Glücks zum Überfließen brachte, hätten in der Erfahrung gefehlt. Seine Flucht bedeutete die Besteigung des Thrones. Die Gebirgspässe, die steinigen Wege führten zu jenem verheißenen Zepter, das Samuel ihm einst ins Ohr flüsternd in Aussicht stellte. Das traute Nest mußte zerstört werden, damit er Mut zum Flug zu diesen Höhen gewann. Darum folge dem Flug des Pfeiles, David, wenn er auch *hinwärts* weist! Zunächst scheint das Ziel noch verwischt, doch die Richtung stimmt. Der Wein muß noch mehrmals umgefüllt werden, damit der herbe Geschmack sich verliert; die Stützen müssen fallen, denn wer der Führung Gottes vertrauen lernt, wird ohne jegliche Krücken fertig. Ziehe getrost, du Gejagter, verlasse das warme Heim, ziehe aus den sonnigen Gefilden in die kalten des eisigen Nordens! Werde nur nicht unsicher, denn der Weg ist von Gott gezeichnet und führt zum gesteckten Ziel!

Als nächstes weisen die Pfeile auch auf ein schmerzliches Ereignis hin: Menschliche Liebe muß immer eine bittere Trennung erfahren. Es war das letzte Beisammensein der Freunde für eine lange Zeit. Erst kurz vor Jonathans Tod war ihnen nochmals ein Wiedersehen vergönnt. Nun war diese herbe Abschiedsstunde gekommen, und Jonathan hatte wohl eine besondere Ahnung, daß ihnen ein solches glückliches Beisammensein nicht mehr gegönnt sein würde. Das sind Stunden, in denen der Abschied tiefe Wunden in die Herzen schlägt.

Jonathans Abschied von David

Nach der stürmischen Umarmung und den Abschiedstränen rief Jonathan: *»Gehe hin in Frieden! Es sei, wie wir beide im Namen des Herrn geschworen haben, als wir sagten: Der Herr sei zwischen mir und dir und zwischen meinem Samen und deinem Samen auf ewig!«*

Mit diesen Worten trennten sich die beiden Freunde. Was mag alles sich in diesen Augenblicken abgespielt haben in ihren Herzen? Düster lag die Zukunft vor ihnen, verhüllt auch das Schicksal des Königshauses. Die vielen Tränen hatten ja nicht nur ihre Begründung im Abschiednehmen, der eigentliche Grund lag viel tiefer. War doch alles durch die Opposition Sauls wider den Plan Gottes ausgelöst worden. Der Jammer in der Hofburg, der Zustand im Haus des Königs, mit dem beide so eng verbunden waren, löste den Schmerz aus, der sich zum Abschiedskummer hinzugesellte. Bange Ahnungen und Befürchtungen erhoben sich in bezug auf den Mann, den sie beide Vater nannten. Welche Verwicklungen mögen noch eintreten? Wie mag die Zukunft des Volkes sich unter einem verblendeten König entwickeln? Das alles waren bange Fragen, die sich nicht so einfach beiseiteschieben ließen.

Jonathan war der erste, der sich ermannte und die Abschiedsworte fand. Ein Glück, daß es eine Hilfe gab und sie Erleichterung in ihrem Gott fanden. Ein letzter Anblick, und ihre Wege trennten sich. Jonathan ging in die Stadt und David ging einer ungewissen Zukunft entgegen, doch an der Hand seines Gottes, zu dem er betete: *»Erweise mir ein Zeichen zum Guten, daß meine Hasser es sehen und beschämt werden, weil du, Herr, mir geholfen und mich getröstet hast« (Ps. 86,17).*

Wende dich zu mir — gewähre deinem Knecht deine Kraft
(Ps. 86,16)

Dieses Wort, das David ausrief, erhellt auch unsere Situation und zeigt die Kraftquelle, aus der wir Überwinder werden können. Der Schwerbedrängte war auch manchmal auf dem Nullpunkt angelangt, doch immer wieder klammerte er sich an seinen Gott und gewann neue Kraft.

Unser Kapitel zeigt uns solche Augenblicke, und wir hörten ihn rufen: *»Was habe ich getan? Was ist meine Ungerechtigkeit und was meine Sünde vor deinem Vater, daß er nach meinem Leben trachtet?«* Dann: *»So wahr der Herr lebt und deine Seele lebt, nur ein Schritt ist zwischen mir und dem Tod!«*

»Was habe ich getan?« Ist das nicht der Ausruf, der so leicht über unsere Lippen kommt? Warum ergeht es mir so schlecht? Bin ich nicht so gut wie andere? Kann man mir überhaupt etwas anhängen oder nachsagen?

Ach, wie schnell verfallen wir in unsere Rechtfertigung! Wir vergleichen uns mit anderen und meinen, besser abschneiden zu können als sie.

Wie David müssen auch wir lernen, daß wir unvollkommene Menschen sind, die mit Fehlern behaftet der ständigen Korrektur bedürfen. Wer sich im Licht Gottes sieht und beurteilt, ist schnell mit obigen Fragen fertig. Es gab nur einen auf der ganzen Welt, der die Frage stellen konnte: *»Was habe ich getan?«* Oder rufen durfte: *»Wenn ich übel geredet habe, so gib Zeugnis von dem Übel; wenn aber recht, was schlägst du mich?«* Ihm, unserem Herrn, dem mußte das Zeugnis ausgestellt werden: *»Ich finde keine Schuld an ihm!«* und wiederum: *»Dieser hat nichts Ungeziemendes getan!«*

Wie dankbar darf das Volk Gottes die Tatsache bewundern, daß für den Erlösten die Todesfurcht beseitigt ist. Wenn auch unser Leben kurz und mit Mühsal gesättigt ist, so wissen wir doch andererseits, daß der Herr Jesus *»Leben und Unverweslichkeit ans Licht gebracht hat.«* David kannte die neutestamentlichen Segnungen noch nicht, doch *»wir wissen, daß wir aus dem Tod in das Leben hinübergegangen sind, denn wer den Sohn hat, hat das Leben, wer den Sohn Gottes nicht hat, hat das Leben nicht!«* Jubelnd dürfen wir singen:

Kein Tod kann uns mehr schrecken.
Wer glaubt, der stirbt nicht mehr,
Du wirst ihn auferwecken
Bei Deiner Wiederkehr.
»Ich leb' — und ihr sollt leben,«
So hast Du einst gesagt,
Wirst uns zu Dir erheben,
Noch eh' der Morgen tagt.

Mag deshalb ein Saul toben und uns mit glühendem Haß verfolgen: Jesu Hände sind gehoben, wer ist es, der uns schaden kann! Mag man Böses wider uns ersinnen: Nichts kann uns treffen, was Gott nicht zuläßt und an Seinem Herzen vorbei gegangen ist. Darum nur nicht mutlos werden, der uns mit Seinem Herzblut erkauft, hat auch die Haare unseres Hauptes gezählt und unsere Namen in Seine beiden Handflächen eingezeichnet.

Manches mag uns schwer und untragbar erscheinen, sobald wir aber den Herrn in unsere Lage herabholen, sind wir mehr als Überwinder, weil ER uns stark macht. In dieser trauten Gemeinschaft verstehen wir auch, was uns das

Lied der Pfeile

singen will. Manches geht quer in unserem Leben. Pläne zerschlagen sich oder lösen sich in Luft auf. Illusionen verfliegen, und manches wohlgemeinte Vorhaben läßt sich nicht durchführen, denn der Pfeil fliegt hinwärts. Das heißt, wir müssen Abschied nehmen von unserem Wollen und Planen. Anstatt zu resignieren und verbittert sich einzukapseln, wollen wir lernen: *»Alle Dinge müssen zum Besten dienen, denen, die nach Vorsatz berufen sind.«* Die Ewigkeit wird einst offenbaren, wieviel Segen aus den Übungen entstanden ist. Gewiß sind die Leiden kein Gegenstand der Freude, sondern der Traurigkeit, sagt die Bibel, hernach aber zeitigen sie die Frucht der Gerechtigkeit, und zwar bei denen, die durch die Leiden geübt sind.

Mögen die Pfeile auch hinwärts fliegen, so sind wir doch keinem Schicksal ausgeliefert, denn unser Leben wird vom Willen Gottes diktiert. Im Leben eines Gotteskindes bleibt überhaupt nichts dem Zufall überlassen. Gott sitzt im Regiment und läßt sich nie die Zügel aus der Hand nehmen. Wenn wir dies festhalten, ist die Spitze, die Schärfe der Übung schon genommen. Niemand und nichts darf uns ein Haar krümmen, ohne die Zulassung dessen, der uns zärtlich wie eine Mutter liebt. In allem die Vorsorge des Vaters zu erblicken, schenkt Trost, Mut und Zuversicht. Mag der Pfeil fliegen und uns ziehen heißen, es ist unser Herr, der uns ziehen läßt und der mit uns geht.

Weiter wollen wir festhalten, daß die Pfeile uns den Weg zu größeren Segnungen zeigen. Im Königspalast hätte David unmöglich die reichen Erfahrungen von der Durchbringung, der Bewahrung und der Abhängigkeit von seinem Gott sammeln können, die für sein späteres Königtum so wichtig waren. Laßt uns getrost dem Flug der Pfeile folgen, es sind Segensspuren, die uns einer inneren Reife zuführen. Wie schön singt der Dichter:

Dein Tun ist stets gesegnet, selbst wenn es hart uns scheint.
Dein Blick voll Trost begegnet, dem, der gebeugt hier weint.
O wohl uns, daß wir stehen in Deiner Vaterhut!
Wir können freudig gehen, Du machst es immer gut.

Wie gesegnet waren die Spuren Abrahams, der auch gehorsam war und auszog. Er verließ auf den Ruf Gottes sein warmes Heim, die traute Umgebung sowie alles, was sein bisheriges Leben lebenswert gemacht hatte. Der Pfeil flog hinwärts, fort von dem, woran unsere Natur so hängt.

Die hinwärts fliegenden Pfeile weisen auch noch auf eine recht schmerzliche Tatsache hin. Sie zeigen, daß jede menschliche Liebe unter dem Schmerz der Trennung leiden muß. Wie für David und Jonathan der Trennungsschmerz nicht ausblieb — die beiden sahen sich nur noch einmal ganz kurz vor dem Tod des Kronprinzen — so fliegen auch die Pfeile unseres Lebens immer »hinwärts« und bedeuten Abschiednehmen. Die trautesten Bande der Liebe werden zerrissen, und der Tod, dieser grausige Despot, schreckt nicht vor dem Schrei der Waisen oder vor den Tränen einer Witwe zurück.

Es gibt Stunden im Leben, die dem Herzen schwere, und kaum heilbare Wunden schlagen. Manchem sind in stummer Angst und Verzweiflung die Haupthaare weiß geworden.

Selbst junge Seelen sind im Abschiedsschmerz so verwundet worden, daß die Gefahr größter Resignation bestand. Die Tragkraft schien überfordert zu sein, und manche Lage war so qualvoll, daß noch nach Jahren das Auge in der Erinnerung weinte. Die alten Wunden brachen wieder auf und bluteten.

Nur der Aufblick zum Herrn kann hier Trost bringen, denn der, welcher den hinwärtsfliegenden Pfeil aus dem Köcher nahm und in die verhängnisvolle Richtung führte, kann die Tränen stillen. Der Herr schlägt, aber Er heilt auch wieder; Er verwundet, läßt es aber nicht an Trost und Heilung fehlen. Das Gleichgewicht kehrt wieder ein, denn der Herr tröstet wie eine Mutter. Der in der schweren Abschiedsstunde die mutlos gewordenen Jünger mit den Worten tröstete: *»Auch ihr habt jetzt zwar Traurigkeit; aber ich werde euch wiedersehen, und euer Herz wird sich freuen, und eure Freude nimmt niemand von euch«,* ist heute noch derselbe, der die Tränen trocknet.

Gott hat stets unsere Segnungen im Auge, auch wenn der Pfeil »hinwärts« fliegt. Seine — wenn auch in unseren Augen — seltsame Führung beinhaltet immer Seine Liebe. Darum wollen wir in jeder Lage die Worte des Dichters festhalten:

Drum still, mein Herz, und laß vergehen, was irdisch und vergänglich heißt,
Im Lichte droben, wirst du sehen,
daß gut die Wege, die Er weist.
Und müßtest du dein Liebstes missen,
ja gings durch kalte, finstre Nacht,
Halt fest an deinem sel'gen Wissen:
daß Gott nie einen Fehler macht!

Der Herr Jesus ist der sichere Rettungsanker. Wer sich auf Ihn lehnt und stützt, wer Ihm in allem kindlich vertraut, der übersteht auch die schmerzlichste Trennung. Seine Kraft überbrückt die gähnende Kluft, den dunklen, rauschenden Strom in der Tiefe unseres Schmerzes.

1. Samuel 21
Verhängnisvolle Irrwege

Wie schade: der Glaube ist vielen Schwankungen unterworfen. Die Übungen und Ängste des Lebens verdunkeln leicht die Quelle der Kraft, aus der der Glaube lebt. Die Luft, die um die Höhen göttlicher Gemeinschaft weht, ist dünn; es läßt sich nicht leicht darin atmen. Werden die Füße erst müde, dann wirkt sich das innere Nachlassen leicht auf den Glauben aus.

David steht in unserem Kapitel in solcher Gefahr. Ein Ermatten, mit Gott Schritt zu halten, können wir gut feststellen. Von seinem Ausspruch: *»Ich habe den Herrn stets vor Augen; weil er zu meiner Rechten ist, werde ich nicht wanken,«* ist in unserer Bibelstelle nicht viel festzustellen. Wir wollen deshalb einen Blick auf seine Irrgänge und seine Errettung werfen.

Die erste Schwankung im Gottvertrauen stellten wir bei seinem Ausruf fest: *»So wahr der Herr lebt und deine Seele lebt, nur ein Schritt ist zwischen mir und dem Tod!«* Trotz der göttlichen Verheißungen und der wiederholten Bewahrungen des Herrn wurde David mutlos und verzagt. Hatte er nicht die feste Zusage des Königtums? War nicht das Salböl auf seinem Haupt? Und nun soll der Tod das letzte Wort haben? Ist plötzlich sein Gott so schwach, daß Er ihn nicht durchbringt?

Ach, diese menschliche Ängstlichkeit, wer kennt sie nicht? Die Erinnerung an den Speer Sauls schlich sich immer wieder in seine Gedankenwelt, während die Salbung durch Samuel immer mehr zurücktrat. Ist aber der Rückwärtsgang erst eingeschaltet, geht es immer schneller abwärts. Zu dem Verlust des Gottvertrauens gesellt sich als nächstes die Unwahrheit, dann greift der Flüchtling nach menschlichen Waffen und Mitteln, und schließlich finden wir den zukünftigen König voller Angst an dem Tore Achis, des Philisters, sich verrückt stellend.

Zunächst eilt David, nachdem er sich von Jonathan losgerissen hat, nach Nob, zu dem Priester Ahimelech. Dieser stille, abgeschiedene Ort Nob, lag fern vom Handel und Verkehr der Landstraße zirka zwei Stunden südwärts von Gibea entfernt. Hier in der stillen Einsamkeit wohnten die Priester des Heiligtums. Es waren 85 Männer, die leinene Leibröcke trugen und in der Stiftshütte, die sich dort befand, den Dienst ausübten. Die Bundeslade, jenes heilige Gerät, befand sich noch im Hause Abinadabs zu Kirjath-Jearim, nachdem die Philister die Lade, die sie im Kampf gegen Israel ihnen entrissen hatten, wieder zurückgaben, weil Gott sie mit Plagen schlug. Zwanzig Jahre war die gottesdienstliche Ordnung schon durchbrochen, und viele Priester errichteten Altäre und brachten Opfer, wo sie wollten. Saul war aber nicht der Mann, der hier ordnend eingreifen konnte. Trotz allem blieb das Zelt der Zusammenkunft der Mittelpunkt des gottesdienstlichen Lebens. Es gab rühmliche Ausnahmen, die — wie auch David — an den Vorschriften Gottes festhielten. Ihnen war das Wort bindend: *»Der Ort, welchen der Herr, euer Gott, erwählen wird, seinen Namen*

daselbst wohnen zu lassen, dahin sollt ihr alles bringen, was ich euch gebiete.«
Übrigens besaß der Hohepriester auch noch das Brustschild des Urim und Thummim (Lichter der Vollkommenheit?), durch welche der Priester Gott befragte. Bei schwerwiegenden Fällen, wie zum Beispiel beim Werfen des Loses und bei Erforschung verborgener Umstände, wurde dieses geheimnisvolle, aber von Gott geschenkte Gerät zur Klärung benutzt. Nur der Hohepriester durfte das Gerät in Aktion treten lassen. Über die Tätigkeit ist viel nachgedacht und gerätselt worden. Die einleuchtendste Erklärung scheint mir die zu sein, die ich in einem Abdruck aus dem »Zions Freund«, vom Juli 1929, Hamburg 4, Elmsbüttelstraße 31 las:

Die Urim und die Thummim

Die weißen leinenen Gewänder der Priester bedeuteten Reinheit und Heiligkeit. Sie bestanden aus einem Rock, einem Gürtel und dem Kopfbund und wurden von allen Priestern getragen. Dagegen hatte der Hohepriester verschiedene, ihm allein zukommende Bekleidungsstücke, die zu seinem Amt (Dienstverrichtung) gehörten und die unsere besondere Beachtung verdienen. Das erste, was er anlegte, war ein langes Gewand, der Rock des Ephods oder Mecil genannt. Über dieses Gewand legte der Hohepriester einen kurzen Rock an, das Ephod. Es war in blau, Purpur und Scharlach gewebt, von feinem gezwirntem Leinen, mit Goldfäden durchwirkt und künstlerisch gestickt. Es reichte ihm bis zum Gürtel und hatte zwei Schulterstücke, die mit zwei kostbaren Knöpfen geschlossen wurden; es waren dies zwei in Gold gefaßte Onyxsteine, auf welchen die Namen der 12 Stämme Israels eingraviert waren, auf jedem Schulterstück sechs. Hiermit sollte angedeutet werden, daß Israel vor dem Herrn nicht in sich selbst stehen konnte, sondern eines Mittlers bedurfte, der es trug und mit dem Heiligen versöhnte. Aber sogar der Hohepriester durfte nicht mit den Namen allein vor Gott treten; es bedurfte des Blutes der Versöhnung. In dem Ephod befand sich auf der Brust eine Öffnung mit einem höchst merkwürdigen Schmuckstück. Es war dies das Choskau Misphot oder »Brustschild des Gerichts«, und es bestand aus demselben Material wie das Ephod; viereckig war es und doppelt, eine Spanne lang und eine Spanne breit. Vorn auf dem Brustschild waren vier Reihen kostbare Edelsteine befestigt, das heißt: im ganzen 12 nach der Zahl der 12 Stämme Israels, deren Namen darauf ein-

graviert waren. Sie waren fest in Gold eingefaßt, damit sie nicht herausfallen konnten. Eine genaue Beschreibung finden wir davon in 2. Mose 28,28-30. In Vers 29 wird uns gesagt, was der Zweck dieser Steine war, nämlich genau derselbe wie der der beiden Steine auf den Schulterstücken: *»Und Aaron soll die Namen der Söhne Israels an dem Brustschild des Gerichts auf seinem Herzen tragen, wenn er ins Heiligtum hineingeht, zum Gedächtnis vor dem Herrn beständig«.* (Füge hier den 30. Vers wegen seiner Wichtigkeit hinzu: *»Und lege in das Brustschild des Gerichts die Urim und die Thummim, daß sie auf dem Herzen Aarons seien, wenn er vor den Herrn hineingeht; und Aaron soll das Gericht der Kinder Israel auf seinem Herzen tragen vor dem Herrn beständig.«*)
In 5. Mose 33 segnet Mose die Stämme. In Vers 8 heißt es: *»Und von Levi sprach er: Deine Thummim und deine Urim sind für deinen Frommen (Priester?). Sie werden Jakob lehren deine Rechte und Israel dein Gesetz...«* Daraus geht hervor, daß die Priester in allen Gerichtsangelegenheiten durch die Urim und Thummim unterwiesen werden sollten. An die Priester mußte sich Israel wenden in allen Angelegenheiten, die in den kleinen Städten nicht entschieden werden konnten; es waren dies Priester vom Stamm Levi in Jerusalem und der Richter, der gerade seines Amtes waltete (5. Mose 17,8-11).
Solange Mose lebte, bedurfte es der Unterweisung durch die Urim und die Thummim nicht, da der Herr mit hörbarer Stimme zu ihm redete, zwischen den Cherubinen im Allerheiligsten (4. Mose 12). Es war also jenes Orakel für seine Nachfolger bestimmt, denn schon von Josua lesen wir: *»Und er soll vor Eleasar, den Priester, treten, und der soll für ihn das Urteil der Urim vor dem Herrn befragen...« (4. Mose 27,21).* Es hörte also hier die hörbare Stimme auf. Die Art der prophetischen Gesichte wird in 4. Mose 12,6 beschrieben: *»Wenn ein Prophet unter euch ist, dem will ich, der Herr, in einem Gesicht mich kundtun, in einem Traum will ich mit ihm reden.«* Durch die Urim und Thummim wurden demnach nur Zeichen und die Richtung gegeben.
Wir wollen nun die Art und Natur dieses wunderbaren Orakels betrachten und sehen, wie es die Antwort erteilte. Wir sahen bereits, daß das Brustschild gestaltet war wie eine kleine viereckige Büchse, eine Spanne lang und breit, deren Vorderseite die 12 kostbaren Steine enthielt mit den Namen der 12 Stämme. Der vorde-

re Teil des Brustschildes war nicht sehr dick und war innen leer. In dieses Innere nun wurde Mose vom Herrn angewiesen, die Urim und Thummim zu tun. Die hebräische Bedeutung von Urim ist »Lichter« und »Erleuchter«. Es ist gleichsam eine Lampe mit 12 Lichtern, die sozusagen in das Brustschild getan wurde. Drinnen wurde das Licht auf einen der kostbaren Steine gerichtet, wodurch es in besonderer Weise aufleuchtete. Es kommen indessen nicht alle Buchstaben im hebräischen Alphabet in den 12 Namen vor; vier fehlten. Um diesem Mangel abzuhelfen, wurde Mose beauftragt, noch einen Stein zu machen mit jenen vier Buchstaben. Dieser Stein heißt »Thummim«, »Vollender«, »Vervollständiger«. Beide zusammen wurden in das Brustschild getan, wenn der Hohepriester in das Allerheiligste ging oder wenn im Volk ein schwieriger Fall eintrat. Die Urim oder »Erleuchter« wurden vom heiligen Öl gespeist und mit dem heiligen Feuer entzündet, das bei der Einweihung der Stiftshütte vom Himmel herabkam (3. Mose 9,24). Dieses Feuer wurde bis auf Salomos Zeiten sorgfältig gehütet, und als er den Tempel einweihte, kam das Feuer nochmals herab auf den neuen Altar und die Opfer (2. Chron. 7,13).
Die wunderbare Weise, in welcher das Orakel wirkte, war nun folgende: Als Josua zum Hohenpriester Eleasar kam, um seinen Rat zu erfragen, legte dieser seine heiligen Gewänder an und darüber das Ephod mit dem Brustschild; letzteres war erleuchtet von der Urim mit dem Thummim zur Seite. Darauf richtete der Hohepriester sein Angesicht zum Allerheiligsten und bat den Herrn, daß er die Schuldigen offenbare, während zur gleichen Zeit Josua mit den 12 Ältesten der Stämme in den offenen Hof der Stiftshütte trat. Danach tat der Hohepriester die einfache Frage: *»Welcher von den 12 Stämmen hat gesündigt?»* Nun blickte er auf das erleuchtete Brustschild mit den blitzenden Steinen und sah, daß der erste Stein in der zweiten Reihe verdunkelt war und nicht mehr leuchtete; es war Juda. Darauf rief er mit lauter Stimme: »Juda«! Die elf Fürsten der Stämme traten zurück und Juda allein trat vor mit den Vätern der Familien seines Stammes. Wiederum fragte der Priester: »Welche Familie (oder Haus) hat gesündigt?« Das Brustschild zeigte die Familie der Sarchiter (Zarchiten). Da aber dieser Name aus vier verschiedenen Buchstaben gebildet ist, die sich vereinigt nicht in irgend einem Namen vorfinden, so mußte er der Reihe nach alle Steine befragen und durchsehen. Zuerst fand er dann

einen Buchstaben in dem Namen Zebulon (Sebulon) und den nächsten in dem Namen Ruben. Als es sich aber ergab, daß weiter keine Buchstaben auf dem Brustschild zu finden waren, da blickte er auf die Thummim zur rechten Seite des Brustschildes, und er fand, daß von dessen vier Buchstaben der eine verdunkelt war. Aber noch war der Name nicht vollständig. Wiederum schaute er auf die zwölf Steine und sah, daß ein Buchstabe in dem Namen Josef verloschen war. Jetzt hatte er den ganzen Namen »Zarchi«. Er rief nun aus: »Zarchi ist genommen«! In derselben Weise fand er die Buchstaben, welche den Namen Zobdi (Sabdi) bildeten und schließlich den des Achan. Letzterer wurde bekanntlich nach dem Beschluß des Herrn mit allen dabei Beteiligten wegen ihrer Sünde getötet.
Das war der wunderbare Dienst, den die Urim und die Thummim Israel leisteten. Soweit das Zitat aus »Zions-Freund«.

David in Nob

Hier nun finden wir den Flüchtenden. Ein zweifaches wird ihn bewogen haben, diesen stillen trauten Ort aufzusuchen. Im Sturm der Ängste und steter Verfolgung wird er gehofft haben, bei den Altären Schutz vor den Verfolgern zu finden und durch die Vermittlung des Priesters göttliche Weisung für sein ferneres Verhalten zu empfangen. Daß Ahimelech dies getan hat, zeigt uns Kapitel 22,10, wo Doeg, der Edomiter, der Gegner Davids, ihn an Saul verrät.
Bei seiner Ankunft eilte der Priester David ängstlich entgegen und bestürmte ihn mit Fragen, die der Flüchtling mit Ausreden und sogar mit Unwahrheit beantwortete. Diese Ausflucht zu menschlicher Hilfe war weder seiner noch seines starken Helfers würdig. Es war ein erneuter Schritt abwärts aus den Höhen himmlischer Gemeinschaft. Gott ist Licht, und wo dieses Licht scheint, da thront die Wahrheit. Wer in diesem Licht wandelt, hat die Werke der Finsternis überwunden und die Waffen des Lichts angezogen. Die Befragung Gottes hatte nicht weitergeholfen. Schwieg der Herr, dann mußte David sich dies selbst zuschreiben. Auf menschlicher Fährte, auf selbstgewähltem Weg, sieht der Herr zu und läßt den Zweifelnden laufen, bis er seine Torheit einsieht und bekennt.

Wie oft wird David beschämt an diese Glaubensschwäche und an sein jämmerliches Versagen zurückgedacht haben! Doch wer will ihn verurteilen? Ausgepumpt, müde und hungrig bedurfte er unbedingt der Ruhe und leiblicher Stärkung.
Beides fand er in der Idylle der Priesterstadt. Doch diese Geruhsamkeit war mit Notlügen erkauft. Hätte David zuvor bei seinem Gott Weisung erbeten, wäre er sicher ganz anders geführt worden. So aber löste er, wie wir noch später erfahren, eine Kette grausamster Ereignisse aus. Die menschliche Klugheit wählte diesen Weg, der abwärts führte. Bei wahrheitsgetreuer Antwort, wenn er geoffenbart hätte, daß er ein vom König gejagter Verbannter sei, hätte der Priester ihm schon aus der Sorge, in Ungnade zu fallen, den Aufenthalt verwehrt. Auf keinen Fall wäre der Flüchtling versorgt worden. David täuschte vor, eine Mission vom König ausführen zu müssen. Dadurch wurde ihm Tür und Tor geöffnet, und als er um Brot bat, wurden ihm — weil kein anderes vorhanden — die Schaubrote, die nur der Priester essen durfte, ausgehändigt. Daraus ersehen wir, wie hoch der Flüchtende vom Priester eingeschätzt wurde. Als David dann nach Waffen fragte, erklärte ihm Ahimelech, daß sie, die Priester, solche Gegenstände nicht besaßen. Nur das Schwert Goliaths, das David dem Philister bei seinem Sieg über den Riesen ihm weggenommen hatte! Man hatte es als Siegestrophäe, in einem Mantel eingehüllt, aufbewahrt. Da der Fliehende erneut vortäuschte, in der Eile auch die Waffen vergessen zu haben, gab man ihm das Schwert.
Armer David! so müssen wir in tiefer Wehmut ausrufen. Glaubst du wirklich, daß dein Durchkommen an diese Waffe gebunden ist? Hältst du sie für sicherer als den Arm des Herrn, deines allmächtigen Gottes? Ach, wie schnell kann es doch abwärts gehen! Aber Geduld, der Herr hat immer Mittel und Wege, den Verirrten auf den Pfad der Wahrheit und Abhängigkeit zurückzubringen. Die schmerzhafte Belehrung war schon eingeleitet. Ein maßloser Schrecken befiel David plötzlich. Unter denen, die sich in die Stille vor Gott zurückgezogen hatten, befand sich — wie schon früher bemerkt — Doeg, der Aufseher der Hirten Sauls. Seine finstere Miene fiel dem Gejagten sofort auf. Nun wußte er: meine Sache mit allen Einzelheiten ist verraten. Dieser Edomiter, ein Nachkomme Esaus, erfüllt mit einer großen Abneigung gegen David, wird dem rachedürstenden Saul alles haarklein mitteilen. Große Unru-

he um seinen arglosen Gastgeber und Bangen für sich selbst erfüllten sein Herz.
Seine Sorge war nicht unbegründet. Schon zogen sich dunkle Wolken über seinem Haupt zusammen. Die Späher waren in der Nähe, und der weiter abwärtsführende Weg wird in unserem Kapitel mit den Worten bezeichnet: *»Und David machte sich auf und floh an selbigem Tag vor Saul, und er kam zu Achis, dem König von Gath.«* Alle Philisterkönige trugen den Beinamen »Abimelech«, wie auch viele andere heidnische Herrscher und Männer in Israel. Er bedeutet: Mein Vater ist König! Die heidnischen Könige trugen ihn, um das »Haupt des Herrscherhauses« herauszustellen. Gath, wo sich Achis aufhielt, war die Geburtsstadt des von David erschlagenen Goliaths. Was mag er dabei gedacht haben, gerade zu den Feinden seines Volkes zu fliehen? Ob der Ärmste völlig kopflos war und glaubte bei den Widersachern endlich in Sicherheit vor dem rasenden Saul zu sein? Wir wissen es nicht. Doch so viel verstehen wir: seine Flucht nach Gath gehörte mit zu den Irrwegen, die in der Lockerung der Gemeinschaft mit seinem Gott ihre Begründung hatte. Es geht nämlich noch weiter abwärts, und ganz klar stellen wir in seinem Verhalten das Gesetz der Abwärtsentwicklung fest. Ist einmal die schiefe Ebene erreicht, dann geht es stetig und immer schneller abwärts. Wie hätte der Ängstliche in Gottes Liebe und Verheißungen ruhen können! Doch der Verstand wird ihm zugeflüstert haben: mag kommen, was da will, in Gath bist du in keiner größeren Gefahr als in den Grenzen Judäas, wo der Tod in allen Winkeln droht. Weiter erfüllte den Flüchtenden die vage Hoffnung, daß man ihn in Gath nicht wiedererkennen würde, denn aus dem Hirtenknaben, der einst ihren Helden niederstreckte, war inzwischen ein starker, erwachsener Mann geworden.
Aber er täuschte sich! Zu seinem nicht geringen Schrecken wurde er sofort erkannt. War es das Schwert Goliaths, das er an seiner Seite trug, das ihn verriet, oder hatte sich sein Äußeres doch nicht verändert? Wir wissen es nicht! Jedenfalls hörte der Ankömmling schwerwiegende Worte aus dem Mund der Knechte Achis: *»Ist das nicht David, der König des Landes? Haben sie nicht von diesem in den Reigen gesungen und gesprochen: Saul hat seine Tausende erschlagen, und David seine Zehntausende?«*
Die Lage des Angekommenen wurde immer bedrohlicher. David

sah die Aufmerksamkeit gefahrdrohend auf sich gerichtet. Mit einem Unterton von Gehässigkeit nannte man seinen Namen, und die Stirn des Königs verfinsterte sich zusehends. »Armer, an der Führung Gottes Verzweifelter, wo bist du hingeraten! Mußt du noch tiefer sinken, ehe du völlig an dir zuschanden wirst? Muß es denn so weit kommen, daß du bei den Altären Dagons, des heidnischen Götzen, Asyl suchst? Hast du vergessen, daß der Hüter Israels nicht schlummert noch schläft? Siehe, der Allmächtige, der Seine Ehre keinem anderen gibt, und von der Mose geschrieben: *»Der Herr ist ein eifernder Gott,«* hat dir zu deiner Demütigung für diesen feigen Schritt ein wenig die Zügel schießen lassen. Die Ängste, in denen du dich befindest, die gewitterschwüle Luft, die du atmest, sind die Folgen deines unlauteren, ungläubigen Verhaltens in der Priesterstadt Nob,« so möchte man dem Unglücklichen zurufen.

David merkte, wie seine Lage immer auswegloser wurde. Nun konnte man Rache an dem Manne üben, der so viel Trauer und Tränen über die Nation der Philister gebracht hatte. Wo gab es einen Ausweg? Rief der Eingeengte nun zu seinem Retter, der immer die Lage ändern kann? Leider nicht! Ein neuer Irrweg des Kleinglaubens wird beschritten. In innerer Anteilnahme vernehmen wir die Worte: *»Und David verstellte seinen Verstand vor ihren Augen und tat unsinnig unter ihren Händen, und er kritzelte an die Flügel des Tores und ließ seinen Speichel auf seinen Bart fließen.«*

Was sollen wir sagen? Wollte David Mitleid bei den Feinden seines Volkes erwecken? Was bedeuten die rätselhaften Schriftzüge an dem Torflügel? Nun, seine wahnsinnigen und verzerrten Gebärden erreichen das gewünschte Ziel. Alle stehen entsetzt vor diesem Tobenden, und der König Achis rief: *»Siehe, ihr sehet einen wahnsinnigen Mann; warum bringt ihr ihn zu mir? Fehlt es mir an Wahnsinnigen, daß ihr diesen hergebracht habt, um sich bei mir wahnsinnig zu gebärden? Sollte der in mein Haus kommen?« (Vers 14-15).*

Man war überzeugt, daß dieser Mann den Philistern nie mehr zu einer Gefahr werden konnte und schaffte ihn wieder über die Grenze. Wir wollen aber, bevor wir den traurigen Zustand des Gestrauchelten verlassen, darauf hinweisen, wie David zur alten Glaubenshöhe zurückfand. Es ist anzuraten, nun den 56. Psalm zu lesen. In diesem Psalm, — der die Überschrift trägt: Dem Vorsänger, nach: »Die Taube der fernen Terebinthen«. — Von David ein Gedicht, als die Philister ihn zu Gath ergriffen, — sehen wir die tiefe Beugung und das erneute Ruhen in Gott, das der Gestrandete wiederfindet. Von den Reihen seiner Feinde, die ihn umringten, wendete er sich weg und blickte zu Gott seinem Helfer auf. Er verglich sich mit einer einsamen Taube, die fern von den heimatlichen Gefilden weilt, und suchte aus den verborgenen Ängsten der Seele herauszukommen in die Geborgenheit. Endlich war es soweit: Der Glaube hatte sich durchgerungen; seine Füße standen auf einem Felsen und in seinem Mund war ein neues Lied. Siegessicher kam es über seine Lippen: »Ich fürchte mich nicht«.

Herr, Dein Licht erhelle meinen Weg

Die in diesem Kapitel festgehaltenen Irrwege des Sohnes Isais gleichen einer Warntafel, die Gott aufgerichtet hat. Sie mahnt zur Vorsicht, denn das menschliche Herz ist trügerisch. Auf unserem Glaubensweg lauern dieselben Gefahren. Wie schnell sinkt der Mut, und ehe wir recht begreifen, daß der Glaubensblick verdunkelt ist, haben wir innerlich schon vor den Übungen kapituliert. Die Ängste vor der Zukunft zerstören die letzten Fäden des Gottvertrauens. Wir sehen nur noch Schwierigkeiten, und ein Durchkommen scheint unmöglich. Wir vergraben uns in Gram; hinzu gesellt sich Verdruß und Bitterkeit. Der Boden ist uns entzogen, auf dem der Glaube ruht. Allzugern wollen wir mit menschlichen, logischen Versuchen unsere Lage ändern. Mittel bietet der Feind in Fülle an. Kann man sich dann mit einer Notlüge helfen, sollte man nicht lange zögern! O, wer kennt sie nicht, diese gefährliche Einflüsterung von unten! Deshalb hat Gott uns alles niederschreiben lassen, damit wir lernen, vorsichtig zu wandeln wie am Tag, damit die Werke der Finsternis uns nicht schaden können.
Wird der Weg hinab nicht frühzeitig erkannt, ist es oft nur ein Schritt, und wir machen gemeinsame Sache mit denen, die dem Evangelium feindlich gegenüberstehen. Ja, es kann so weit kommen, daß der Gestrandete bei solchen Hilfe und Schutz sucht. Wie verständlich, daß der Herr nicht mitgehen kann. Er ist betrübt und sieht zu, wie der Verblendete sich abmüht. Er kann nicht früher eingreifen, bis Sein Geist die Seele ins Licht führt und zur

Umkehr bewegt. Sein heiliges Wort zeigt die tiefe Kluft auf, die durch den Kleinglauben entstanden ist. Man sieht die große Gefahr, in der man stand; man erkennt die Untreue, die die Hilfe Gottes mit der Selbsthilfe verwechselte. Die Torheit führt zur Buße, zum Bekenntnis, und dadurch zur neuen, beglückenden Gemeinschaft mit dem lebendigen Gott. In der selbstgewählten Misere mußte der Herr auch über uns klagen: *»Mich, den Born lebendigen Wassers, haben sie verlassen, um sich Zisternen auszuhauen, geborstene Zisternen, die kein Wasser halten« (Jer. 2,13).*

Wie gut, daß sich Gott in Seinem Erbarmen um uns kümmert. Seine wiederherstellende Gnade ist groß und stets bemüht, den Gestrauchelten zur Einsicht und Umkehr zu bewegen. Neben dem 56. Psalm spricht auch der 34. eine beredte Sprache von Davids Erfahrungen. Könnten seine Tränen reden, würde irgend ein verborgenes Kämmerlein uns Kunde von einer gottgemäßen Buße geben. Als er die beiden Psalmen schrieb, hatte das Erbarmen Gottes die Tränen bereits getrocknet. Der Grundton dieser Lieder ist tiefe Dankbarkeit für erfahrene Huld und Güte. Wer ein inneres Auge dafür hat, der erkennt, daß selbst die Jubelgesänge einen wehmütigen Unterton haben und die Blicke von Tränen feucht sind. Doch die Ursache der Dankbarkeit Davids beruhte auf dem Erlebnis: *»Dieser Elende — er meint sich — rief, und der Herr hörte, und aus allen seinen Bedrängnissen rettete er ihn«.*

Untreue, Kleinglauben und Sünden vergibt der Herr dem Bußfertigen, doch was wir erkennen müssen, sind die Narben, die zurückbleiben, der Schmerz, der immer wieder die Seele durchzieht, wenn Erinnerungen auftauchen an unsere Untreue. Es erfreut das Herz unseres Herrn, wenn Er Herzensdemut bei uns feststellt, denn dann war das traurige Erlebnis nicht vergeblich. Es hat uns zur Ein- und Umkehr — und vor allem zu größerer Wachsamkeit verholfen. Die Seele hat begriffen: »Ich kann allein nicht gehen, nicht einen Schritt; wo DU wirst geh'n und stehen, da nimm mich mit!«

1. Samuel 22
David in der Höhle Adullam

Über diesen Abschnitt könnten wir das Jubellied Mose über die Führung Israels setzen: *»Er (der Herr) fand ihn (Jakob, die Schnur seines Erbteils) im Land der Wüste und in der Öde, dem Geheul* *der Wildnis; er umgab ihn, gab acht auf ihn, er behütete ihn wie seinen Augapfel. Wie ein Adler sein Nest aufstört, über seinen Jungen schwebt, sie aufnimmt, sie trägt auf seinen Schwingen; so leitete ihn der Herr allein, und kein fremder Gott war mit ihm.« (5. Mose 32,10-12).*

Es ist die Güte Gottes, die Seinen Knecht, den Gesalbten Israels zur Einsicht brachte. Mittel und Wege besitzt Er in Fülle. Unter dem Segen Gottes ist es in einer Höhle gesegneter als bei dem Feind und an dessen vollgedecktem Tisch. David hatte den Herzensfrieden wiedererlangt, und das erste, was wir von ihm hören, lautet: *»Und David ging von dannen und entrann in die Höhle Adullam«.* Unser Flüchtling war glücklich einer großen Gefahr im Land der Philister entkommen. Nun befand er sich erneut im Land seiner Väter. Doch auch hier war er wieder den Nachstellungen Sauls ausgeliefert. Darum zog er es vor, in einer finsteren Höhle vorlieb zu nehmen. Als David die Grenze Judas, seines Heimatlandes, überschritt, war er nicht fern von seiner Geburtsstadt Bethlehem. Sein Herz schlug höher, als er die friedlichen Triften seiner Jugend erblickte. Wie glücklich war er damals als ein unbekannter Hirtenknabe. Wie leicht kommt es zu dem verhängnisvollen »Warum«! Warum läßt Gott mich zum König salben, da Er doch Saul noch auf dem Thron läßt? Warum werde ich mit glühendem Haß verfolgt, da ich doch Saul nur in Liebe gedient habe? Warum zeigt Gott mir keinen Ort, da ich sicher bin und in Ruhe leben kann wie auch andere Menschen? Warum? Warum? Das ist die bange und verhängnisvolle Frage, die der Glaube immer wieder niederringen muß. Hier, wo David einst friedlich seine Schafe leitete, war er nun selbst ein versprengtes und verfolgtes Schaf.

Die südlichen Gebirge des gelobten Landes, zwischen denen der Gejagte nun weilte, sind reich an großen geräumigen Höhlen. Sie sind trocken und bewohnbar. Heute wie früher dienen sie den Hirten und deren Herden zu Hürden. Eine solche Höhle war so groß, daß sie einem Kriegsheer zur Unterkunft ausreichen würde. Es ist die Höhle Adullam, wo später bei den Kreuzzügen einmal eine ganze Stadt mit ihrem Vieh vor den brandschatzenden Streifzügen sich versteckte. In ihr finden wir den Knecht Gottes, David, wieder. Hier fand er Schutz und Bergung, und wie wir in Psalm 142 lesen, diente die Höhle dem Bedrängten zur Gebetskammer. Es lohnt sich, einen Augenblick zu lauschen: *»Mit meiner Stimme schreie* *ich zu dem Herrn, mit meiner Stimme flehe ich zu dem Herrn. Ich schütte meine Klage vor ihm aus, meine Bedrängnis tue ich vor ihm kund. Als mein Geist in mir ermattete, da kanntest du meinen Pfad. Auf dem Weg, den ich wandelte, haben sie mir heimlich Schlingen gelegt. Schaue ich zur Rechten und sieh: ich habe ja niemanden, der mich kennt; verloren ist mir jede Zuflucht, niemand fragt nach meiner Seele.«* Glücklicher David! Wer freut sich nicht mit dir über deine traute Verbindung mit deinem Gott. Solche Gebete erreichen immer das Herz des Allmächtigen. Er beeilt sich gleichsam, das Gebet Seines Knechtes zu erhören und dessen Herz mit Freude zu erfüllen. Es trat ein, was später Paulus so rühmend erfuhr: *»Und als er die Brüder sah, dankte er Gott und faßte Mut«.* Gott weiß zur rechten Zeit den Bedrängten aufzurichten. David wird gestaunt haben, denn es heißt: *»Und als seine Brüder und das ganze Haus seines Vaters es hörten, kamen sie dorthin zu ihm hinab. Und es versammelten sich zu ihm jeder Bedrängte und jeder, der einen Gläubiger hatte, und jeder, der erbitterten Gemüts war, er wurde ihr Oberster; und es waren bei ihm vierhundert Mann«.*

Die Aufzählung der einzelnen sozialen Schichten zeigt, welche Ungerechtigkeit im Land unter der Herrschaft dieses verworfenen Königs Saul herrschte. Unterdrückung, Willkür, Wucher und Übervorteilen waren an der Tagesordnung. David wurde der Mittelpunkt, wo man nicht nur Anhörung, sondern auch Aufnahme, Verständnis und Hilfe erfuhr. Nun war der Gejagte nicht mehr allein, sondern besaß sogar ein stattliches Heer von treuen Ergebenen. Doch nie ist ihm der Gedanke gekommen, diese Macht zu mißbrauchen und sich an seinem Verfolger zu rächen. Nach wie vor wartete er auf seinen Gott, der ihm den Weg zum Thron ebnen mußte. Viele der Bedrückten ahnten, daß der Sohn Isais vom Herrn zur Wiederherstellung und Neubelebung der alten Gottesordnung berufen sei. Wenn sie es auch nicht auszusprechen wagten, sahen sie in David ihren zukünftigen König und Retter der zusammenbrechenden Theokratie (Gottesherrschaft). Ihre Selbsterhaltung und Selbstverteidigung trieb sie zu dem Mann ihrer Hoffnung.

Folgende Worte zeigen, daß die ganze Familie Isais unter Saul zu leiden hatte. In ihrer Not waren Eltern und Geschwister zu David in die Höhle geeilt. Besorgt um die alten Eltern, für die die Wild-

nis zu strapaziös war, eilte er nach Moab. Es heißt: *»Und David sprach zu dem König von Moab: Laß doch meinen Vater und meine Mutter ausziehen und bei euch sein, bis ich weiß, was Gott mir tun wird. Und er führte sie vor den König von Moab, und sie wohnten bei ihm alle Tage, die David auf der Bergfeste war«.*
Wenn auch die Gemeinschaft mit den Teuren köstlich war und ihre Gegenwart den Jüngsten ihrer Familie mit großer Freude erfüllte, so war doch die Gewißheit, sie nun in Sicherheit zu wissen, für David eine starke Beruhigung. Die Moabiter, die von dem Neffen Abrahams, von Lot abstammten, waren dem Heidentum verfallen und dienten dem Götzen Baal-Peor. Auch kam Ruth, die Urgroßmutter Davids aus diesem Land, und verwandtschaftliche Beziehungen mögen die Erfüllung der Bitte des Gesalbten begünstigt haben. Nun konnte David getrost und gelassen der weiteren Führung seines Gottes entgegensehen.

Ein willkommener Besuch

»Und Gad, der Prophet, sprach zu David: Bleibe nicht auf der Bergfeste; gehe hin und begib dich in das Land Juda, und David ging hin und kam in den Wald Hereth«.
Überraschend, aber höchst willkommen, stand plötzlich der von Gott gesandte Seher vor dem »Mann nach dem Herzen Gottes«. David konnte nicht ahnen, wie wertvoll ihm dieser Mann noch sein würde. In ganzer Treue stand er dem kommenden König zur Seite; sein Rat, sein Beistand überstieg alle Erwartungen des so schwer Geprüften auf seinen Fluchtwegen, wie auch später in seinem Königtum. Ein wahrer Freund, ein in den Wegen Gottes Unterwiesener, ist in Zeiten der Not und Trübsal ein wahres Juwel und Gottesgeschenk. Wir sehen: die Übungen werden nie über die Kraft des Geprüften gehen. Der Herr weiß den Gottseligen in den Übungen zu bewahren, zu stärken und zu Seiner Zeit die rechte Hilfe an den rechten Platz zu stellen. Gad war der Mann, der nicht das Seine suchte, sondern mit Hingabe und Unbestechlichkeit diente, weil er vor Gott stand. Ein »Mann Gottes«, der zur rechten Zeit das Gewicht des Wortes und Gebotes Gottes in die Waagschale wirft, gereicht zur inneren Bereicherung und Bewahrung vor eigenen Wegen. Darum dürfen wir ausrufen: »Glücklicher David, du stehst unter der Zuneigung deines Gottes, der dir ein solches Geschenk macht!«

Kunde einer großen Gefahr

David verließ auf den Rat des Propheten die Bergfeste und ging in das Land Juda. Hier, im Wald Hereth, erfuhr er die schwerwiegende Kunde, daß Saul, sein Verfolger, zu Gibea auf der Anhöhe mit seinen Knechten in Kriegsausrüstung saß. Die Späher hatten David ausfindig gemacht. Saul verstand es meisterhaft, die Leute seines Stammes Benjamin mit Phrasen zu ködern. Er versuchte ihnen vorzustellen, welche Vorzüge sie unter seiner Herrschaft genossen. Die Gegensätze zwischen ihm, der sich ja für einen idealen Führer hielt und dem Sohn Isais wollte er aufleuchten lassen. Seine Frage: *»Wird der euch auch Felder und Weinberge geben, euch alle zu Obersten über tausend und zu Obersten über hundert machen, daß ihr euch alle wider mich verschworen habt, und keiner es meinen Ohren eröffnet, wenn mein Sohn einen Bund mit dem Sohn Isais gemacht hat, und keiner von euch sich kränkt meinethalben und es meinem Ohr eröffnet, daß mein Sohn meinen Knecht als Laurer wider mich aufgewiegelt hat?«* Weiter erfuhr David, daß auf die klägliche Ansprache sich der Verräter Doeg, der Edomiter, ein Nachkomme Esaus, — von dem wir schon hörten — gemeldet hatte und seinen Aufenthalt in der Prophetenstadt, bei dem Priester Abimelech, Saul verriet. Welch ein Schrecken fuhr David bei dem Bericht in die Glieder. Besonders schwerwiegend war der Bericht, daß der Priester für David Gott befragte und ihm auch noch das Schwert Goliaths mitgegeben hatte. Nun mußte sich ein drohendes Gewitter zusammenziehen.

Sauls grausame Rache

Kaum hatte der Verräter geendet, da sandte der wutentbrannte König seine Bewaffneten aus, um den Priester und dessen ganzes Haus zu holen, alle Priester, die zu Nob wohnten. Saul erhob sofort Anklage: *»Warum habt ihr euch wider mich verschworen, du und der Sohn Isais, indem du ihm Brot und Schwert gegeben und Gott für ihn befragt hast, damit er als Laurer wider mich auftrete?«* Welche Beschuldigung! Ahimelech war völlig überrascht. Woher konnte er über die Zerwürfnisse im Hause Sauls wissen? Deshalb verteidigte er sich mit den Worten: *»Und wer unter all deinen Knechten ist wie David, treu, und des Königs Schwiegersohn, und*

der Zutritt hat zu deinem geheimen Rat und geehrt ist in deinem Hause? Habe ich heute angefangen, Gott für ihn zu befragen? Das sei fern von mir! Nicht lege der König seinem Knecht etwas zur Last, noch dem ganzen Haus meines Vaters; denn dein Knecht hat von allem diesem nichts gewußt, weder Kleines noch Großes.«
Doch der vom Haß Verblendete ließ keine vernünftigen Beweise zu. Sein Urteil war schnell gefällt. Alle Gegner — wer es auch sei — müssen vernichtet werden. Der Rasende befahl seinen Knechten, alle Priester zu erschlagen. Welch eine himmelschreiende Brutalität! Doch die Soldaten, die noch ein wenig Gottesfurcht hatten, weigerten sich, diese Morde zu begehen. Die Priester umzubringen, das war ihnen unmöglich. Nun forderte Saul den Verräter, Doeg auf, das blutige Rachewerk auszuführen. Der war natürlich sofort bereit. Kann man sich in der Gunst des Königs verbessern, ist jedes Mittel recht. Der Unhold erschlug fünfundachtzig Priester, die das Ephod trugen.
Damit noch nicht genug, schickte der Rasende den Mörder und Verräter aus, die ganze Priesterstadt niederzumachen. Nur einem Sohn Ahimelechs gelang die Flucht. Es war Abjathar, der zu David eilte und ihm alles berichtete.
Wie die Schreckensnachricht David erschütterte, läßt sich denken. *»Ich wußte an jenem Tag, weil Doeg, der Edomiter, da war, daß er es Saul berichten würde. Ich bin schuldig an den Seelen des Hauses deines Vaters. Bleibe bei mir, fürchte dich nicht; denn wer nach meiner Seele trachtet, trachtet nach deiner Seele; denn bei mir bist du wohl bewahrt.«*
Abjathar blieb! für David eine starke Bereicherung. Der treue Gott führte dem Flüchtling und heilsam geübten Knecht nun neben dem Propheten Gad auch noch den Priester zu, der ihm zeit seines Lebens ein treuer Gefährte war. Er versah den priesterlichen Dienst, und dadurch war David bestens versorgt. Wenn jemand das Wohlgefallen des Herrn besitzt, so läßt Er es ihm an Freunden nicht fehlen. Doch das Geschehen in der Priesterstadt grub tiefe Wunden in die zarte Seele Davids. Wer den 52. Psalm liest, den er nach der grauenvollen Tat Sauls schrieb, der findet die zurückgebliebenen Narben. Er schwört keine Rache, sondern legt alles in die Hand dessen, der gesagt hat: *»Mein ist die Rache!«* David kann warten; er schrieb in einer prophetischen Schau: *»Gott wird dich auch zerstören für immerdar; er wird dich fassen und herausreißen aus dem Zelt und auswurzeln aus dem Land der Lebendigen« (Ps. 52,5).*

Ich sehe ihn, aber nicht jetzt, ich schaue ihn, aber nicht nahe.
(4. Mose 24,17)

Diesen Ausspruch aus dem Munde Bileams können wir auch auf unsere Betrachtung anwenden. In allen Begebenheiten, die Gott uns aufzeichnen ließ, finden wir Hinweise auf den Herrn Jesus. Zunächst wollen wir einen Blick auf die Höhle Adullam werfen und erforschen, welche prophetische Schau wir finden. Als erstes stehen wir vor der Tatsache:

Ein verworfener König herrscht.

Wiederholt haben wir darauf hingewiesen, daß Saul seinen Anspruch auf den Thron durch seinen Ungehorsam verloren hat. Gott hat ihn verworfen. Das Urteil ist gesprochen aber noch nicht vollzogen. David, der rechtmäßige König, muß noch auf Gottes Stunde warten. In der Zwischenzeit reift unter der unheilvollen Regierung Sauls das Böse aus. Die Ratlosigkeit steigert sich, die Verbrechen werden immer schlimmer, und die Gottlosigkeit bricht alle Dämme. Drohend stehen die Gewitterwolken am Horizont, die auch den gottlosen Saul mit Anhang vernichten werden.

So gleicht unsere Zeit den Tagen Sauls. Auch heute herrscht ein grausamer Tyrann. Satan, der Fürst und Gott dieser Welt, behauptet seine Regentschaft. Auch er war ein gesalbter Fürst, bis Unrecht an ihm gefunden und er von Gott verworfen wurde. Seine hohe Berufung hat dieser Vasall verloren und ist zum größten Hasser und Gegenspieler Gottes geworden. So verdarb er die erste Schöpfung, so verdarb er auch die Wiederhergestellte und den Menschen, der rein aus der Hand Gottes hervorging. Zur Herrschaft wurde der Mensch bestimmt, doch unter dem Einfluß Satans, der wußte, was auf dem Spiel stand, versagte auch er Gott den Gehorsam und fiel in Übertretung. Das Wort aus Psalm 8,6: *»Du hast ihn zum Herrscher gemacht über die Werke deiner Hände; du hast alles seinen Füßen unterstellt«,* konnte sich nicht erfüllen und mußte aufgeschoben werden. Gottes Pläne können nie durch die Querschläge des Teufels aufgehoben werden, darum weist unsere Psalmstelle prophetisch auf den Herrn Jesus hin, der gekommen ist, um die Werke des Teufels zu vernichten. Daß Er die Zielscheibe des Hasses und der Verfolgung wurde, ist recht gut zu begreifen. Denn in Ihm sind alle Verheißungen Ja und Amen, Gott zur Herrlichkeit durch uns, sagt die Bibel.

Weil Satan wie Saul den Thron ungerecht einnimmt und die ganze Welt beherrscht, richtete sich sein grausamer Haß gegen den, der ihn stürzen wird, und dann den Thron Seiner Herrlichkeit aufrichtet hier auf der Erde. Jetzt ist der Herr Jesus schon mit allen Ehren gekrönt, und zwar in der Himmelswelt. Dort wartet Er, bis Ihm alle Feinde zu Füßen gelegt werden. Wie oft hat Satan in den Erdentagen Jesu versucht, seinen mörderischen Speer nach dem wahren David zu werfen. In der Wüste, in Nazareth, Seiner Vaterstadt, in Gethsemane hätte er Ihn gern an die Wand gespießt, doch nie konnte der Despot den Siegeszug Jesu beeinträchtigen. In Jesu, dem Sieger von Golgatha, kommt schließlich auch der erlöste Mensch zu der von Gott bestimmten Herrschaft. Mag Satan toben, mögen seine Ränken noch so raffiniert sein, nie wird es ihm gelingen, das verborgene Reich Christi auszurotten, obwohl er weiß, daß dadurch seine Herrschaft, sein Reich abgelöst wird, wenn er in den feurigen Pfuhl geworfen wird. Sauls Ende auf dem Gebirge Gilboa ist davon ein markantes Beispiel.
Als nächstes wollen wir festhalten:

Das Königreich Davids war verborgen.

In den Bergen Judäas, in der Höhle Adullam, in dem Felsengeklüft wohnte der gesalbte, rechtmäßige König Israels. Wer konnte schon — außer den Getreuen, die ihn umgaben, — in dem Gejagten und Verfolgten den kommenden König erkennen?
So war auch unser Herr ein großer Fremdling. Er kam in das Seine, doch die Seinigen nahmen ihn nicht auf. Sein Volk Israel erkannte in Ihm den rechtmäßigen König nicht. Sie verwarfen ihren Messias und riefen: *»Wir wollen nicht, daß dieser über uns herrsche; hinweg, hinweg mit Ihm; kreuzige, kreuzige Ihn!«* Bald wird sich das Prophetenwort erfüllen, bald wird die Decke von ihren Augen fallen, dann werden sie rufen: *»Als wir ihn sahen, da hatte er kein Ansehen, daß wir seiner begehrt hätten. Er war verachtet, und wir haben ihn für nichts geachtet.«*
Wie David, der Verworfene in der Höhle lebte, so mußte der Herr Jesus den bitteren Weg durch Tod und Grab zur Auferstehung nehmen. Das Weizenkorn sollte Frucht bringen, darum mußte es sterben. Gott wollte viele Söhne zur Herrlichkeit führen, darum ließ Er Seinen Sohn diesen verachteten, geheimnisvollen Weg gehen, und zwar zur Erlösung der Welt. Übers Kreuz führt nun der Weg zum Paradies. Der König und Sein kommendes Reich sind

verborgen, bis Gottes Stunde schlägt und der Herr kommen wird auf den Wolken des Himmels in großer Pracht und Herrlichkeit. Das Reich muß Ihm doch werden! Jetzt spricht die Bibel in bezug auf das noch offenbarwerdende Königreich vom Geheimnis des Reiches der Himmel, weil der König zur Rechten Gottes sitzt und wartet.

David und seine Getreuen in der Höhle

Wir lasen bereits von der seltsamen Schar, die sich zu David in der Höhle einfanden. Es waren Menschen, die am Rande lebten, die man übersah oder mit Lasten belegte. Also Ausgestoßene, die in den Augen der anderen verächtlich, arm und asozial waren. In der Obhut des Mannes, den sie zu ihrem Obersten gewählt hatten, fühlten sie sich wohl und geborgen. Bei David war der Platz, wo sie hingehörten, denn auch er war der Verachtete und Ausgestoßene. Darum liefen alle zu dem Flüchtling, weil der sie verstand, und alle waren bereit, dessen Fluchtleben zu teilen. Somit war eine scharfe Grenze gezogen, und das Panier hieß: David oder Saul! Jeder mußte die Entscheidung treffen. Alle, die eine bloße Form, den Namen und ein kraftloses Königtum liebten, wählten Saul. Die aber mit solch einem laschen Gebilde unzufrieden waren und die Ungerechtigkeit nicht weiter tragen mochten, eilten zu David. Hier war der König, der Priester und der Prophet; hier waren die Sympathien und die Gedanken Gottes zu finden. Menschlich gesehen war es eine Schar, die einen eigenartigen Anblick bot, doch sie erlangte großen Wert, weil ihr Los mit dem des verfolgten Königs verbunden war. Fern von Saul, fern von allem, was die Ungerechtigkeit seiner Herrschaft ausmachte, genossen sie die ungehinderte Gemeinschaft mit dem zukünftigen König und dem »Mann nach dem Herzen Gottes«. In Kürze würde er zur Verherrlichung Gottes und zur Freude Seines Volkes den Thron besteigen. Dann kam auch für sie, die mit ihm ausgeharrt hatten, die Stunde des Triumphes und der Anerkennung.

Es fällt nicht schwer, hier erneut Parallelen zu unserer Zeit und dem Herrn Jesus zu ziehen. Es ist die Zeit der Gnade, in der sich um Ihn eine von der Welt verachtete Schar sammelt. Unzufrieden mit der himmelschreienden Ungerechtigkeit in dieser Welt, unzufrieden mit ihrem persönlichen Sündenleben sind sie zu Jesus geeilt. Hier fanden sie Gnade und Vergebung. Unter dem Kreuz, dem Schandpfahl der Menschheit, fanden sie den ersehnten Herzensfrieden. Nun sind sie in der Gemeinschaft mit dem verstoßenen, kommenden König, dem wahren David. Mit Ihm dürfen sie das Los der Verachtung, des Spottes und der Verwerfung teilen. Die Höhle Adullam, fern vom Getriebe der Welt, ist der Ort, wo sie sich wohl fühlen. Wie ihre Vergangenheit war, ist völlig nebensächlich, ihr Adel besteht in der Verbindung mit ihrem Retter, und Knechte des wahren Davids zu sein, macht ihr ganzes Glück aus. Sie haben sich mit dem Verbannten Gottes einsgemacht. Seine und ihre Interessen sind dieselben, denn als glückliche Leute, die der Herrschaft Sauls (Satans) entflohen sind, stehen sie nun in trauter Gemeinschaft mit dem, der König, Priester und Prophet in einer Person ist.

Nun sei uns eine Frage gestattet: Schätzen wir über alles die Gemeinschaft mit dem Verachteten, Gekreuzigten und Auferstandenen? Lieben wir die Höhle Adullam, den Ort der Absonderung von allem Bösen, von allem, was die Welt, auch die religiöse Welt bejaht? Stimmt es: wie Er (Christus) so sind auch wir in dieser Welt? In Christus besitzt ja der schwächste Gläubige die ganze Schönheit und Vollkommenheit Seiner Person. In Seiner Gerechtigkeit sieht ihn der große Gott. Doch wie ist es in der Praxis? Ist unser Leben ein Dank für Golgatha? Sind wir die »Fremdlinge« auf Erden, die mit jeder Verbindung zur Welt fertig sind? Die himmlische Berufung und die mit ihr verbundenen Segnungen fordern die Absonderung und ganze Hingabe an den, der bis heute noch der Verachtete und Verworfene ist. Ihm, dem Herrn, folgen und dienen zu dürfen, ist ein Beweis der Dankbarkeit, der Anhänglichkeit und Liebe.

Wir sehen, Adullam will uns den Platz zeigen, der allein in der Nachfolge glücklich macht. Es ist der Platz der Verwerfung Christi, den wir mit Ihm teilen dürfen. Wenn Paulus auf diese Stellung zu sprechen kommt, wie im Epheserbrief, dann heißt es: *»Gott aber, der reich ist an Barmherzigkeit, wegen seiner vielen Liebe, womit er uns geliebt hat, hat uns mit dem Christus lebendig gemacht... hat uns mitauferweckt und mitsitzen lassen in den himmlischen Örtern in Christo Jesu.«* Im 5. Kapitel lesen wir: *»Christus hat die Gemeinde geliebt und sich selbst für sie hingegeben,... auf daß er die Gemeinde sich selbst verherrlicht darstellte, die nicht*

Flecken oder Runzeln oder etwas dergleichen habe, sondern daß sie heilig und tadellos sei.« Gott will, daß wir uns nicht nur über die Vergebung der Sünden freuen, sondern auch die Liebe Jesu zu Seinem Leib, von dem wir Glieder sind, erkennen. Denn die Stellung gibt Kraft zum gottseligen Wandel.

David harrt auf Gottes Stunde

Trotz aller Herausforderungen von Saul legte David keine Hand an, um mit seiner Macht das Königreich an sich zu reißen. Er konnte warten, bis der, welcher ihn zum König salben ließ, ihm den Weg frei machte. Seine Gesinnung wird in dem Psalmwort deutlich: *»Meine Seele harrt nur auf Gott, denn er ist meine Hoffnung«.* Wie wir noch sehen werden, prüfte Gott diese Einstellung Seines Knechtes wiederholt. Doch David bewies, daß er kein Theoretiker war und das Wort auslebte: *»Habe ich meine Seele nicht beschwichtigt und gestillt? Gleich einem entwöhnten Kind bei seiner Mutter, gleich einem entwöhnten Kind ist meine Seele in mir«.* Sein eigenes Verlangen und Wollen stellte er unter den Gehorsam zum Wort seines Gottes.

In dieser Einstellung weist David wieder auf den Herrn Jesus hin. Auch Er wartet auf Gottes Stunde, auf die Thronbesteigung. Noch ist Gnadenzeit, noch geht es um die Geduld, denn die Vollzahl der Herausgerufenen muß erreicht werden. Die Wahl: Christus oder Satan, das Reich der Liebe oder der Finsternis, besteht noch. Täglich finden Menschen unter dem Kreuz den ersehnten Frieden. Doch bald schließt Gott die Gnadenpforte. Dann ist es vorbei mit dem großen Angebot, dann trifft alle Säumigen das Gericht, der Unglaube empfängt die gerechte Vergeltung. Jeder sollte seine Lage überdenken. Es ist unmöglich, mit David und Saul, mit dem Herrn Jesus und der Welt gemeinsame Sache zu machen. Es heißt: entweder — oder, Leben oder Tod, jetzt oder nie! Jedem legt Gott die Würfel in die Hand; jeder entscheidet selbst über sein Los und Schicksal.

Die Zeit eilt: Ist der Letzte herausgerufen, dann holt der Herr Sein Volk heim ins Vaterhaus. Sie sollen bei Ihm sein, Seine Herrlichkeit schauen und genießen. Unvorstellbar ist ihr ewiges Glück, ihre Seligkeit in der Herrlichkeit. Ist die Leibesgemeinde am Ziel, wendet die Gnade Gottes sich um in Gericht. Die schaurigen Ereignisse werden in der Offenbarung beschrieben. Gott reinigt diese Erde, denn die Stunde des Triumphes Seines Sohnes ist gekommen. Die Feinde Jesu sind zum Schemel Seiner Füße gelegt, und mit dem durch tiefe Buße gegangenen Volk Israel gründet Jesus Sein Herrlichkeitsreich auf der Erde. Der Mittelpunkt Seines Reiches ist Palästina. Hier steht dann der Thron Davids, und der König aller Könige, der Herr aller Herren hält das Zepter in Seiner starken Hand. Eine nie dagewesenen Zeit in Herrlichkeit, Friede und Freude bricht an. Den Mittelpunkt bildet der Mann mit den Wundmalen, auf den dann alle Augen gerichtet sind.

Noch sitzt der Herr überhoch erhöht zur Rechten des Vaters. Noch wartet Er auf dessen Wink und Stunde. Voller Sehnsucht ruft der Glaube: ach, wenn es doch heute wär! Wenn endlich der Augenblick käme, wo die ganze Schöpfung das Lob dessen mehre, der am Kreuz für uns starb und nun in Geduld auf Seinen Triumph und die Auswirkung Seines Sieges wartet.

1. Samuel 23
Davids Kampf in Kehila und Zunahme an Verfolgung durch Saul

Im Wald Hereth, von seinen Männern umgeben, hörte David vom Einfall der Philister in Kehila, einem Städtchen in der Nähe ihrer Grenze, das zu Juda gehört. Die Ernte ist eingebracht, die Tennen sind gefüllt, also eine passende Gelegenheit für den Feind, sich ohne Mühe zu bereichern. Plündern und somit Israel schädigen, lag ständig im Vorhaben dieses Volkes.

David brauchte eigentlich sich nicht um diesen Einfall des Feindes zu kümmern. Saul war hier gefordert. Doch dem Sohn Isais lag solche Zurückhaltung fern. Das Wohl der bedrängten Menschen lag ihm am Herzen. Er sprang in die Bresche, doch nicht, ohne sich vorher der Zustimmung Gottes gewiß zu sein. Wie er diese bekam, geht aus dem Text nicht hervor. Wie es scheint, war der Priester Abjathar mit dem Ephod nicht bei David, als dieser den Herrn anrief und befragte. Wenn auch die äußeren Hilfsmittel fehlten, so ist der Zutritt zu dem Allmächtigen doch immer offen. David hatte in so mancher Lage auf seine Fragen Antwort bekommen. Gottes Antwort war auch jetzt klar und deutlich: *»Ziehe hin, und schlage die Philister und rette Kehila.«*

Zum ersten Mal mußte David erfahren, daß die Aufgabe als Führer einer großen Schar nicht immer leicht ist. Seine Mannen bringen berechtigte Gründe vor. Sie sind in ständiger Gefahr, von den Verfolgern Sauls aufgestöbert zu werden, und nun sollen sie sich eine zweite Front aufrichten? David wurde nicht unruhig und schon gar nicht verärgert. Zum zweiten Mal trat er vor den Herrn und wiederum lautete dessen Antwort: *»Mache dich auf, ziehe nach Kehila hinab; denn ich werde die Philister in deine Hand geben.«* Seine Männer waren nun beruhigt und folgten ihrem Feldherrn. Ihr erstes Eingreifen war von Erfolg gekrönt. Gott schenkte ihnen den Sieg, und die Niederlage des Feindes war groß. David rettete die Bewohner von Kehila und bewahrte sie vor Plünderung und Armut. Sein Triumph war eine neue Bestätigung, ein neues Unterpfand der göttlichen Huld und Gnade, die der Herr Seinem Knecht gewährte. Auch die kleine Freischar bekam Mut; in kurzer Zeit waren 200 neue streitbare Männer hinzugekommen.

Kaum war die Aufgabe erledigt, bahnte sich schon wieder eine Gefahr an. Saul hatte Kenntnis von Davids Aufenthalt in Kehila. In dieser festen Stadt mit Toren mußte es ihm gelingen, seinen Todfeind zu fassen. Wie traurig und welche Verblendung! Anstatt seinen Mut wider die Philister unter Beweis zu stellen, rief er alles Volk zum Streit auf gegen David und seine Männer. Anstatt den Mut und den Sieg seines Schwiegersohnes zu schätzen und seinen Dank ihm zu äußern, verfiel dieser Unglückliche in neue Mordgedanken. Immer hatte er noch nicht begriffen, daß David unter dem Schutz Gottes stand und er der Verworfene war. Seine Blindheit leuchtete aus seinem Ausruf: *»Gott hat ihn verworfen und in meine Hand überliefert; denn er hat sich eingeschlossen, indem er in eine Stadt mit Toren und Riegeln gekommen ist.«* Wohin kann doch die Eifersucht führen! Die dämonische Wut des verbissenen Monarchen hatte neue Nahrung bekommen, und deshalb erließ er den Tagesbefehl: *»Auf zum Kampf wider Kehila! Belagert die Stadt, brennt alles nieder, wenn sie meinen Feind samt seinen Spießgesellen nicht herausrücken!«*

Bestürzt erkannte David, daß es für ihn keine Friedenspause gab. Die neue Schreckensnachricht lautete: Saul ist im Anmarsch. Schnell rief er den Priester, um durch die Urim und Thummim den Herrn um Auskunft zu bitten. Die Antwort war bedrückend: Saul wird herabziehen und die Bewohner von Kehila werden dich

ihm ausliefern. Welch ein Undank! Anstatt dem Bedrängten jede Hilfe zu erweisen, war man bemüht, jeder Unannehmlichkeit aus dem Wege zu gehen und lieber den Wohltäter herauszugeben, als den Kampf wider das Unrecht aufzunehmen. So ist der Mensch, die Rettung begrüßt er, doch Dankbarkeit liegt ihm fern.
Sobald David die traurige Antwort durch Gott erfuhr, verließ er mit seinen 600 Männern die Stadt, und Saul unterließ seinen Feldzug. Warum wich David aus, wenn es darum ging, Saul die Stirn zu bieten? Nie und nimmer würde er die Hand gegen seinen Schwiegervater und den Gesalbten des Herrn erheben. Lieber fliehen, als sich auf diese Weise versündigen und Schuld auf das Gewissen laden. Wahrlich, eine edle Gesinnung! Sein Los und Schicksal lag in der Hand dessen, den er mit den Worten rühmte: *»Gepriesen sei der Herr! denn wunderbar hat er seine Güte an mir erwiesen in einer festen Stadt«.*

Ein Treffen von Freunden

Mit der Flucht aus Kehila war keineswegs die Verfolgung Sauls zu Ende. Im Gegenteil: wir lesen: *»Und Saul suchte David alle Tage, aber Gott gab ihn nicht in seine Hand. Und David sah, daß Saul ausgezogen war, um nach seinem Leben zu trachten; und David war in der Wüste Siph, im Wald«.*
Die Berichterstattung scheint an dieser Stelle einige Prüfungen des Gesalbten Gottes zu übergehen. Wie David in die Einöde von Siph gekommen ist, wird nicht berichtet. Dem Heiligen Geist geht es immer um das eigentliche Thema: Gott kommt mit Seinem Knecht zum Ziel. Mögen der Feinde und Umstände noch so viele sein, die dies verhindern wollen, sie werden kläglich zuschanden. Auch weiß der Herr am besten, wieviel Tragkraft der Geprüfte haben muß, um durchstehen zu können. Über Vermögen geht es nie. So empfing David in dieser öden, gebirgigen Landschaft eine besondere Freude und Erquickung. Er traute seinen Augen kaum, als plötzlich Jonathan vor ihm stand. Heimlich hatte er sich aus dem königlichen Heer fortgestohlen und war seinem Freund nachgespürt. Wer will die Rührung, die Freude und das Entzücken der Herzen beschreiben, das beide bei ihrer Umarmung verspürten! Sie priesen das Erbarmen Gottes, welches sie so freundlich zusammengeführt hatte. Gottes Güte und Gnade ist groß. Er wußte um die

Stärkung, die Sein Knecht so sehr benötigte. Gerade Jonathan war imstande, wie ein tröstender Engel diese Aufgabe zu übernehmen. Nach der Enttäuschung in Kehila war David durch den Undank dieser Menschen so bedrückt, daß er einer besonderen Stärkung bedurfte. Jonathan fand die rechten Worte, denn es heißt: *»Jonathan stärkte seine Hand in Gott und sprach zu ihm: Fürchte dich nicht! denn die Hand meines Vaters Saul wird dich nicht finden; und du wirst König werden über Israel, und ich werde der Zweite nach dir sein; und auch mein Vater Saul weiß es so«.*

Welch ein mutmachendes Zeugnis! Das ist echte Freundesliebe, sie beugt sich unter den Ratschluß Gottes und freut sich mit dem Beschenkten! Er, der Kronprinz des Reiches, sagte ohne Verdruß und Bitterkeit »Ja« zu dem Plan und Beschluß des Höchsten. *»Du bist der Erbe des Thrones Israels, und ich bin zufrieden, wenn ich neben dir der Zweite sein darf!«*

Selbstlos und edel zeigt sich der treue Freund, und David bekommt erneut einen mutmachenden Einblick in das Geheimnis der Salbung, die er durch Samuel empfing. Die beiden schlossen einen Bund vor dem Herrn und trennten sich. Keiner ahnte, daß es das letzte Treffen auf dieser Erde war. In den Worten: *»Und David blieb im Wald, und Jonathan ging nach seinem Hause«*, liegt eine ergreifende Tragik. Das Letzte fehlte in der großen Freundesliebe, nämlich die Bereitschaft, mit David Schmach und Verfolgung zu teilen. Jedesmal, wenn Jonathan seinen Freund traf, und sie über die Zukunft sprachen, ging er halbherzig wieder zu einem System zurück, das Gott beiseite stellen wollte. Jonathan wußte um alles, wußte um das Königtum Davids und tat doch den letzten Schritt nicht. Hätte er sich zu David gehalten, der entehrende Tod auf dem Gebirge Gilboa wäre ihm erspart geblieben. Wohl ermunterte er den kommenden König und überbrachte ihm das prophetische Wort, doch persönliche Folgen wollte er nicht auf sich nehmen, und das ist immer verhängnisvoll. Wie schon vorhin bemerkt, kann man nicht beides haben: David und die Bequemlichkeit des Hofes. Sich zu dem Verfehmten und den Heruntergekommenen, die diesen umgaben, zu halten, war schon mit einer Selbstverleugnung verbunden. Trotz aller Liebe zu dem kommenden König fehlte Jonathan die völlige Hingabe und Übergabe an an ihn. Die Nachfolge führt durch Leiden, Verachtung und Entbehrungen zum Thron. Als Zweiter im kommenden Königreich sein, heißt, noch einen gewissen Anspruch erheben. Echte Hingabe und Liebe sind zufrieden, wenn sie nur in Davids Nähe weilen dürfen. In ihm das volle Genüge zu haben und seine Gunst zu besitzen, muß alles andere in den Schatten stellen. Jonathan überwand die letzte Hürde nicht und ging. Wie schade, das letzte Wiedersehen mit dem Freund führte nicht zum Ergreifen der bereitliegenden Gnade.

Drei Männer — und ihre Einstellung zu David

Die Einstellung Jonathans, der David sehr liebte und sich doch nicht völlig auf seine Seite stellte, läßt uns nachdenklich werden. Wir möchten deshalb durch das Verhalten dreier Männer aufzeigen, was rechte, ganze Hingabe und Liebe in sich birgt.
Das Leben Sauls und seine Einstellung zu David ist uns durch dessen Verhalten schon ausführlich geschildert worden. Über Sauls Dasein können wir die Überschrift setzen: alles restlos für mich, nichts, aber auch gar nichts für David! Egoismus und Selbstherrlichkeit verdrängen bei Saul jegliche Anerkennung des anderen. Wer sich neben ihn stellen will, muß beseitigt werden. Für den König nach den Gedanken Gottes hatte der Mann weder Auge noch Gespür. Gott mußte ihn auf unrühmliche Weise beseitigen.
Jonathan muß man zu den Halbherzigen zählen. Er hing an David, und gleichzeitig liebte er die Art und Bequemlichkeit der Welt. Das letzte um Davids willen aufzugeben, vermochte er nicht. Es war ein Hinken auf beiden Seiten, und das ist immer gefährlich. Aus dieser Einstellung verstehen wir seine Forderung: *»Du (David) der Erste und ich der Zweite!«* Jonathan, dessen Name, »der Herr hat gegeben« bedeutet, war mit sich nicht fertig. Er wollte neben David eine wichtige Rolle spielen. Für den Sohn Isais alles auf- und preiszugeben, brachte er nicht über sich. Die Forderung, die er stellte, bewies, daß der Sohn Sauls nicht auf die Gunst des von Gott gesalbten Königs warten wollte; er forderte seinen Anteil und war doch nicht gewillt, mit David in Klüften und Höhlen zu leben. Er wollte beides: im alten System leben und gleichzeitig sich die Vorzüge des kommenden Königreiches sichern. Zu solchen Kompromissen gibt Gott Seine Einwilligung nicht. Jonathan kam durch die Hand der Feinde Israels um und starb neben seinem verblendeten Vater.

Der dritte Mann, den uns die Bibel beschreibt und der eine Liebe zu David offenbart, die beispielhaft für uns ist, ist der Sohn Jonathans, Mephiboseth. Seine Amme hatte ihn bei einer Flucht fallen lassen; er war gelähmt. David rief, nachdem er die Herrschaft übernommen hatte: *»Ist noch jemand da vom Haus Sauls, damit ich Güte Gottes an ihm erweise um Jonathans willen?« (2. Sam. 9,1).* Darauf wurde ihm der arme Knabe genannt. Sofort ließ er ihn holen und gab folgende Anweisung: *»Mephiboseth wird an meinem Tisch essen, wie einer von den Königssöhnen«.* David löste damit sein Versprechen ein, das er Jonathan gegben hatte. Als später der König vor seinem eigenen Sohn fliehen mußte und mit einigen Getreuen den Bach Kidron überschritt, fehlte Mephiboseth im Gefolge Davids. Als der König nach der Niederwerfung der Rebellion wieder in Jerusalem einzog, kam der Gelähmte David froh entgegen, um ihn zu begrüßen. Der Sohn Isais war sehr verwundert und erkundigte sich, warum er sich nicht den Flüchtenden angeschlossen habe. Einer seiner Knechte, Ziba, hatte nämlich David gegenüber seinen Herrn schwer verleumdet und behauptet, Mephiboseth wäre in Jerusalem geblieben, da sich jetzt die Gelegenheit böte, das Königtum als Nachkomme Sauls zu empfangen. Nun stellte sich die Unschuld des Verdächtigten heraus, und als David befahl, alle Ländereien des Mannes herauszurücken, wurde die innere Haltung und Einstellung des Gelähmten in den Worten sichtbar: *»Mein Herr König! mein Knecht hat mich betrogen; denn dein Knecht sprach: Ich will mir den Esel satteln und darauf reiten und mit dem König ziehen, denn dein Knecht ist lahm; und er hat deinen Knecht bei meinem Herrn, dem König verleumdet. Aber mein Herr, der König, ist wie ein Engel Gottes; so tue was gut ist in deinen Augen. Denn das ganze Haus meines Vaters war nichts anderes als Männer des Todes vor meinem Herrn, dem König; und doch hast du deinen Knecht unter die gesetzt, welche an deinem Tisch essen. Und was für ein Recht habe ich noch? und um was hätte ich noch zu meinem König zu schreien?«* Als dann der Befehl kam, daß Ziba mit ihm die Felder teilen müsse, rief der Behinderte aus: *»Er mag auch das Ganze nehmen, nachdem mein Herr, der König, in Frieden in sein Haus gekommen ist« (2. Sam. 19,25-30).*

Das ist die edle Gesinnung, die einen wahren Anhänger Davids auszeichnet: nichts für mich, der König bedeutet mir alles! Wenn

ich ihn nur habe, wenn ich sein nur bin! Das ist die Haltung einer reinen, uneigennützigen Seele!
Drei Einstellungen, und jede gibt uns zu denken! Saul: Alles für mich, nichts für David! Jonathan: Zuerst David, dann aber ich! Mephiboseth: Alles für David, nichts für mich!

Volles Genüge in Jesus

Aus diesen Hinweisen können wir Nutzen ziehen, wenn wir die wichtige Frage stellen: wie ist mein persönliches Verhältnis zu dem Herrn Jesus? Wie wir sahen, gibt es drei Antworten. Leider gleichen viele Saul, der sich für das Maß aller Dinge hielt. Sie können mit dem Herrn Jesus nichts anfangen. Im Gegenteil, sie verachten Ihn, spotten über Seine Person, lehnen die persönliche Schuld Gott gegenüber ab und brauchen keine Erlösung. Wie könnten sie in dieser Einstellung zu einem Opfer, zu einem Verzicht oder auch zu einer Zurücksetzung bereit sein? Christentum gut, aber dadurch darf ich in meinem Streben nicht gehindert werden! Meine Persönlichkeit möchte ich voll entfalten, und wer kann mir verwehren, die erste Geige zu spielen?
Der Hochmut, der Stolz und das Geltungsbedürfnis regieren. Wer dies angreift oder beschneiden will, stößt auf erbitterte Gegenwehr. Ehre, Ruhm und Bewunderung gelten etwas in dieser Welt. Wer im Rampenlicht stehen will, der muß mit den Ellenbogen arbeiten. In diesem Existenzkampf kann man mit Jesus nichts anfangen, anderenfalls stiehlt mir ein anderer die Schau! Das Motto heißt: Alles für mich, für mein Fortkommen, mein Wohlergehen und meine Ehre, aber nichts, keine Zeit und keine Entbehrung für Jesus!
Eine Einstellung, die todsicher ins Gericht führt! Von solchen sagt die Bibel: *»Sie lieben die Ehre bei den Menschen mehr als die Ehre bei Gott. Darum hat Gott sie auch dahingegeben...«*
Viele Nachkommen hat auch Jonathan. Deren Einstellung ist für den Herrn Jesus sehr schmerzlich. Sie lieben Ihn, sie sind dankbar für die vollkommene Erlösung, sie freuen sich über alle Segnungen, doch das letzte, die ganze Über- und Hingabe, die fehlt. Man hinkt auf beiden Seiten und vergißt den Anspruch des Herrn, der sagt: *»Wer Vater oder Mutter, Frau oder Kind mehr liebt als mich, ist meiner nicht wert. Wer nicht allem absagt, kann nicht*

mein Jünger sein.« Die Halben haben keine Verheißung, und die Lauen will der Herr ausspeien aus Seinem Mund. Es geht immer um die ganze Hingabe, um das Einsmachen mit dem verworfenen Gottessohn. Jeder, der vorgibt, den Herrn Jesus zu lieben, sollte danach trachten, dies im Alltag unter Beweis zu stellen. Wer wollte sich schon mit den Bürgern jenes Landes identifizieren, die Ihm sagen ließen: Wir wollen nicht, daß dieser über uns herrsche! Wie schnell aber gleichen wir solchen, denn wenn Jesus nicht Herr unseres Lebens ist, verweigern wir Ihm die Gefolgschaft und den strikten Gehorsam. Wir wollen Sorge tragen, daß unsere Herzen mit dem Verworfenen verbunden bleiben und ständig auf den gerichtet sind, der zur Rechten Gottes thront und bald wiederkommt. Wenn die herrliche Person, die uns geliebt und uns gewaschen hat von allen unseren Sünden in Seinem kostbaren Blut, vor unserem inneren Auge steht, kann es nicht ausbleiben, daß unser Herz nichts mehr neben Ihm begehrt. Dann haben wir das volle und ganze Genüge in Ihm.

Die Getreuen werden belohnt. Jonathan suchen wir vergebens bei der Heldenehrung. Als David endlich nach der langen Zeit der Verwerfung auf dem Thron Israels saß, waren seine Getreuen, die mit ihm ausgeharrt hatten, alle um ihn versammelt und hatten Teil an seiner Herrlichkeit. Jonathan, der den letzten Schritt nicht wagte, lag unrühmlich gefallen im Staub der Erde.

So werden einst alle, die dem Herrn in Treue gefolgt sind und die Schmach mit Ihm geteilt haben, fürstlich belohnt und geehrt werden in Seiner Herrschaft. Darum: Aufgeschaut! Das Herz nach oben!

Hier auf Erden such' es nicht!
Wahres Leben, Lieben, Loben
kennt man droben nur im Licht.
Dieser Erde eitler Schein
Kann die Seele nicht erfreu'n.

Wieder ein Verrat

David war aus Kehila — wie wir bereits sahen — in die Wüste Siph geflohen, wo das Treffen mit Jonathan stattfand. Um sich bei Saul in Gunst zu setzen, eilten die Siphiter zu ihm und sprachen: *»David hält sich bei uns verborgen auf den Bergfesten im*

Wald, auf dem Hügel Hakila... Und nun, o König, wenn irgend deine Seele es begehrt, herabzukommen, so komm herab; und an uns ist es, ihn der Hand des Königs auszuliefern« (1. Sam. 23,19-20).

Diese Nachricht vom Verrat der Siphiter traf den Gejagten, als er noch tief ergriffen vom überraschenden Besuch seines Freundes Jonathan war. Wahrscheinlich entstand der Verrat aus der Angst vor Vergeltung. Die grausame Tat Sauls in der Priesterstadt hatte die Menschen in Schrecken versetzt. Saul würde auch bei ihnen kein Federlesen machen, wenn sie David Asyl gewährten. Dieser blinde Fanatiker scheute sich nicht, in sein gottwidriges Tun den Namen des Herrn hineinzuziehen. Heuchlerisch sagte er zu den Verrätern: *»Gesegnet seid ihr vom Herrn, daß ihr euch meiner erbarmt habt! Gehet nun hin und vergewissert euch noch mehr, und erkundet und sehet seinen Ort, wo sein Fuß weilt, und wer ihn daselbst gesehen hat; denn man hat mir gesagt, er sei sehr listig... Und es soll geschehen, wenn er im Lande ist, so will ich ihn aufspüren unter allen Tausenden Judas.«*

Armer Saul! Hast du immer noch nicht eingesehen, daß dein Schwiegersohn unter dem Schutz des Höchsten steht? Warum schlägst du wider den Stachel aus? Du verwundest dich selbst, Du versinkst immer mehr in Fanatismus und geistliche Blindheit! Wie spielst du mit dem Namen Gottes, zu dem du überhaupt keine Beziehung hast! Bist du berechtigt, den Segen des Herrn den Siphitern zu wünschen, den du selbst nicht kennst noch besitzest? Merkst du überhaupt nicht mehr, wie du den Höchsten beleidigst, indem du Davids Verhalten und seine Flucht als »sehr listig« bezeichnest? Bist du so verdunkelt, daß du den Schutz Gottes mit List verwechselst? So möchte man den Rasenden fragen. Aus seinen Reden spricht große Vermessenheit. Der Herr war es, der Seinem Knecht auf dessen Befragen antwortete und ihm Weisung erteilte; doch über die Beleidigung Gottes sich Rechenschaft zu geben, war Saul außerstande.

Was David bei der Nachricht des Verrats der Siphiter empfand und unternahm, schildert der 54. Psalm. Je größer die Gefahr und die Not war, desto inniger klammerte er sich an seinen Gott. Ergeben in dessen Führung betet er: *»Gott, durch deinen Namen rette mich, und schaffe mir Recht durch deine Macht! Gott, höre mein Gebet, nimm zu Ohren die Reden meines Mundes! Denn Fremde* *sind wider mich aufgestanden, und Gewalttätige trachten nach meinem Leben; die haben Gott nicht vor sich gestellt. Siehe, Gott ist mein Helfer; der Herr ist unter denen, die meine Seele stützen.«* Kindliches Vertrauen ist einfach herrlich! Gott kann nicht stärker geehrt werden, als durch Glaubensgehorsam. Dem Vertrauen begegnet Er immer durch Hilfe und Antwort. Der folgende Abschnitt gibt ein beredtes Zeugnis davon.

David in höchster Gefahr

Sobald David vom Anmarsch des königlichen Heeres hörte, floh er mit seinen Männern in die Wüste Maon. Saul jagte ihm nach und holte sein Opfer ein. Beide Gruppen waren nur durch eine Hügelkette voneinander getrennt. Saul wollte durch seine Übermacht die kleine Schar seines Eidams umgehen und ihnen überraschend in den Rücken fallen. Die Gefahr wuchs mit jedem Augenblick. David schien in der Tat verloren zu sein. Was nun? Ließ Gott Seinen Knecht im Stich? Unmöglich! Es handelte sich nur um einen neuen Beweis dessen, was ein Dichter mit den Worten beschreibt: Weg hat Er allerwegen, an Mitteln fehlt's Ihm nicht! In dem Augenblick, da menschlich gesehen alles verloren war, sprengte ein Eilbote heran und rief: *»Eile und komm, denn die Philister sind ins Land eingefallen! Da kehrte Saul von der Verfolgung Davids um und zog den Philistern entgegen.«* Diese Rettung Davids war so tiefgreifend, daß man dem Ort zur Erinnerung den Namen »Fels der Trennung« oder »des Entschlüpfens« gab. Gott kommt nie zu spät! Wenn die Stunden sich gefunden, bricht die Hilf' mit Macht herein! Ach, daß wir könnten glauben, wir würden Wunder seh'n! Es würde uns der Heiland, allzeit zur Seite steh'n!

Gott führt in die Wüste, damit wir Erfahrungen machen. David verstand das und schrieb seine Erfahrungen nieder, die er »in der Wüste Juda« machte. Er besang seinen Aufenthalt als eine Wüste, weil er sich an das Heiligtum erinnerte, wo er Gott angeschaut und Seine Nähe genossen hatte. Der Durst in der Öde war der Durst nach Gott, aber er begehrte die Macht und Herrlichkeit Seines Gottes auch in der Wüste zu genießen. Reichlich wurde sein Verlangen belohnt, und seine Seele jubelte: *»Wie von Mark und Fett wird gesättigt werden meine Seele, und mit jubelnden Lippen wird dich loben mein Mund!« (Ps. 63,5).*

Buch Nr. 1 Ein Mann nach Gottes Herz 9527 Bg 10 W

Wir sehen, durch die Erfahrungen in der Wüste wurde Davids Herz inniger, fester an seinen Gott gebunden. Im Glauben sah David die Zukunft im herrlichsten Licht erstehen, und in der Wüste, in den dürren Örtern, besang der in Gott Getröstete sein zukünftiges Königtum: *»Und der König wird sich freuen in Gott; es wird sich rühmen ein jeder, der bei ihm schwört; denn der Mund der Lügenredner wird verstopft werden« (Vers 11).*

Glaube und Hoffnung

Wie manches können wir von David lernen! Wer von uns würde in solchen jahrelangen Verfolgungen, Entbehrungen und Todesgefahren einen solchen Glauben offenbaren? Wie schnell sind wir müde, verzagt und verbittert, wenn die Umstände sich nicht ändern und unsere Lage sich nicht normalisiert. Wer denkt in Zeiten der Not und der Gefahren an die Gnade, die Güte und das Erbarmen Gottes? Sind wir uns bewußt, daß es überhaupt keine Situation in unserem Leben gibt, die der Herr nicht kennt, nicht zuläßt und als Probe für uns für gut befindet? Wie glücklich würde unser Leben verlaufen, wenn wir mit allen eigenen Wünschen und Plänen zur Ruhe kämen und den Herrn handeln ließen! Das ist es, was uns im Hinblick auf die Männer und Frauen des Alten Bundes die Schamröte ins Gesicht treibt. Über großes Wissen der Führungen Gottes bei anderen verfügen wir, doch wo ist die persönliche Praxis, das völlige Ruhen in Seiner Liebe?
David vertraute. Er überwand die Anfechtungen, indem er sich in Gottes Erbarmen fallen ließ und sich tröstete in der Hoffnung, daß die Zusagen Gottes unbereubar sind. So konnte der Glückliche schon die Tage der Zukunft besingen. *»Die Hoffnung beschämt nicht«,* schreibt Paulus, *»denn die Liebe Gottes ist ausgegossen in unsere Herzen.«* Laßt uns die Zukunft in den Alltag herabholen, dann verlieren die Übungen ihren Druck. Auf uns wartet die Herrlichkeit Gottes, das Schauen der Schönheit Jesu! Deshalb wollen wir die Wüste in dieser Hoffnung durchlaufen und uns gegenseitig ermuntern: Schon erglänzt der Morgenstern, Jesu Kommen ist nicht fern!

1. Samuel 24
Eine gefährliche Glaubensprobe

Für David, den Flüchtigen, gab es kaum einige Tage Ruhe. Kaum hatte Saul die Philister über die Grenze zurückgeworfen, machte er sich mit seiner Heeresmacht schon wieder auf, um den armen Gejagten ausfindig zu machen. Dieser hatte sich mittlerweile in den äußersten Süden des Landes, in die Wüste Engedi, die an das Tote Meer grenzt, zurückgezogen. Hier befanden sich auf den Bergfesten große geräumige Höhlen, Bergungsorte, wo ganze Heerscharen Unterschlupf finden konnten. Eine davon nannte man Steinbockfelsen oder auch Feste der wilden Ziege. Die Späher, die David auf den Fersen blieben, hatten Saul schon diesen Aufenthalt verraten. Mit dreitausend Mann eilte der im Haß Verblendete dorthin, um David zu suchen. In allen Schlupfwinkeln ließ er seinen zu Unrecht so genannten Feind aufstöbern. Bis auf die höchsten Bergspitzen drangen die Männer vor, um zu erkunden, ob der von Angst Getriebene sich dort versteckte. Doch die Mühe blieb erfolglos. Der Tag neigte sich, und Saul, von den Strapazen ermüdet, suchte im Talgrund, bei den Schafhürden, in einer Höhle sich zur Ruhe zu legen. In seinen Mantel gehüllt streckte er sich am Höhleneingang nieder und schlief ein. Der Schläfer konnte nicht ahnen, daß am anderen Ende der Höhle David mit seinem Gefolge sich befand. Hier hatte er Sicherheit vor dem Verfolger gesucht, und nun führte Gott es, daß diese Begegnung stattfand. Derjenige, der David Tag und Nacht verfolgte, befand sich nun in dessen Hand.

Diese Höhlen, so erzählt ein Kenner, sind so dunkel wie die Mitternacht, so daß selbst das schärfste Auge keine fünf Schritte weit sehen kann. Wer sich an die Dunkelheit gewöhnt hat, kann alles, was in Richtung des Ausganges hin vor sich geht, gut erkennen und überblicken. Vom grellen Licht des Tages geblendet, konnte Saul die Gestalten am anderen Ende der Grotte nicht erkennen. Zwölfhundert Augen waren gespannt auf den Schläfer gerichtet, und die Schar um David zitterte vor Erregung und Ungeduld. Was nun? Die Männer Davids waren überzeugt, daß jetzt die Stunde der Abrechnung gekommen war. Konnte David nicht endlich dem Ungemach ein Ende bereiten? Den Speer hatte er in der Hand, und wenn er selbst nicht zustoßen wollte, brauchte er nur einem anderen die Erlaubnis zu geben. War das nicht die Stunde Gottes? Die Männer waren der Überzeugung, deshalb sagten sie: *»Siehe, das ist der Tag, von welchem der Herr zu dir gesagt hat: Siehe, ich werde deinen Feind in deine Hand geben, und tue ihm, wie es gut ist in deinen Augen.«* Saul ist gekommen, dich zu töten, Gott hat es nun so geführt, daß du das Unrecht rächst und weiteres Unheil verhinderst.

David brauchte seine ganze Autorität, um die Männer zurückzuhalten. Auch zügelte er das Echo der so vernünftig klingenden Worte in seinem Herzen, stand leise auf und schnitt einen Zipfel vom Gewand des ahnungslosen Schläfers. Nun hatte er den Beweis in der Hand, daß er seinen Todfeind verschonte, der ihm völlig ausgeliefert war. Seinen mit Vorwürfen erfüllten Männern rief er zu: *»Der Herr lasse es fern von mir sein, daß ich so etwas an meinem Herrn, dem Gesalbten des Herrn, tun sollte, meine Hand gegen ihn auszustrecken! denn er ist der Gesalbte des Herrn.«*

Wunderbar, wie die Gottesfurcht in David siegte! Er hatte sogar Gewissensbisse wegen des Zipfels, den er abgeschnitten hatte. Für ihn blieb Saul der Gesalbte Gottes; auch war er der Vater seiner Gemahlin, den er trotz allem ehrte und respektierte.

Erholt wachte Saul auf und ging seines Weges. Von seinen Soldaten umringt, sollte die Suche nach dem Verhaßten weitergehen. Von einem plötzlichen inneren Drang erfüllt und ohne die Gefahr zu beachten, eilte David aus der Höhle hinter Saul her und rief dem Abgezogenen nach: *»Mein Herr König! Und Saul blickte hinter sich, und David neigte sein Antlitz zur Erde und beugte sich nieder. Und David sprach zu Saul: Warum hörst du auf die Worte der Menschen, welche sagen: Siehe, David sucht dein Unglück? Siehe, an diesem Tag haben deine Augen gesehen, daß der Herr dich heute in meine Hand gegeben hat in der Höhle. Und man sagte mir, ich solle dich töten; aber mein Auge schonte deiner, und ich sprach: Ich will meine Hand nicht wider meinen Herrn ausstrecken, denn er ist der Gesalbte des Herrn! Und siehe, mein Vater, ja, sieh den Zipfel deines Oberkleides in meiner Hand! Denn daß ich einen Zipfel deines Oberkleides abgeschnitten und dich nicht getötet habe, daran erkenne und sieh, daß nichts Böses in meiner Hand ist, noch ein Vergehen, und daß ich nicht an dir gesündigt habe; aber du stellst meinem Leben nach, um es zu nehmen. Der Herr richte zwischen dir und mir, und der Herr räche* *mich an dir; aber meine Hand soll nicht wider dich sein... Hinter wem zieht der König her? Wem jagst du nach? Einem toten Hund, einem Floh! So sei der Herr Richter und richte zwischen mir und dir; und er sehe darein und führe meine Streitsache und verschaffe mir Recht aus deiner Hand.«*

Welch ein Beispiel an Demut und Aufrichtigkeit! Es war keine kriechende Entwürdigung seiner Person, als David sich in den Staub beugte und seine Worte mit dem Ausruf: *»mein Vater«* verband, und sich einen toten Hund und einen Floh nannte. Er wollte das zum Ausdruck bringen, was er in der gegenwärtigen Lage wirklich war: ein Geächteter, einer der ehrlos und vogelfrei von jedem verraten und getötet werden konnte. Im Vergleich zu der königlichen Pracht Sauls war er in den Augen der vielen machtlos und konnte keinem Vergleich standhalten. Seine Ehre, seine Achtung lag allein in der Anerkennung Gottes, denn das, was nichts ist, das erwählt Er sich zu Seiner Verherrlichung.

Demut überwindet Haß und Feindschaft, und Liebe zerbricht Knochen. Die Haltung des Gejagten konnte nicht ohne Wirkung bleiben. Saul ist von der Einstellung seines Feindes überrascht, ja, sogar entwaffnet. Innerlich bewegt ruft er: *»Ist das deine Stimme, mein Sohn David? Und Saul erhob seine Stimme und weinte. Und er sprach zu David: Du bist gerechter als ich. Denn du hast mir Gutes erzeigt, ich aber habe dir Böses erzeigt; und du hast heute bewiesen, daß du Gutes an mir getan hast, da der Herr mich in deine Hand geliefert, und du mich nicht getötet hast. Denn wenn jemand seinen Feind findet, wird er ihn auf gutem Weg ziehen lassen? So möge der Herr dir Gutes vergelten für das, was du an diesem Tag an mir getan hast! Und nun siehe, ich weiß, daß du gewißlich König werden wirst, und daß in deiner Hand das Königtum Israels bestehen wird; so schwöre mir nun bei dem Herrn, daß du meinen Samen nach mir nicht ausrotten und meinen Namen nicht vertilgen willst aus dem Haus meines Vaters! Und David schwur Saul. Und Saul ging nach seinem Hause.«*

Mit Verwunderung nehmen wir den plötzlichen Sinneswandel dieses verbitterten und finsteren Mannes zur Kenntnis. Zu Tränen gerührt, in einer Stimmung, die wir bisher noch nicht an Saul gesehen haben, macht er ein Eingeständnis, über das wir staunen. Seine frommen Redensarten über Gott sind wir ja gewöhnt, doch, daß er überzeugt ist von Davids Königtum, läßt uns aufhorchen.

Nun muß jegliche Feindschaft ja verschwunden sein. Mit dem Schwur Davids, die Familie des von Gott Verworfenen zu schonen, mußte die Einladung zur Heimkehr des Schwiegersohnes erfolgen. Weiter müßte man annehmen, daß die Worte: Du bist gerechter als ich; du hast mir Gutes für Böses erwiesen, denn wer läßt seinen Feind ungeschoren ziehen? den Mann zur inneren Einkehr, zur Buße und Umkehr veranlaßt hätten.
Leider war die Rührung von kurzer Dauer. In obigen Worten lag sogar eine eigennützige, egoistische Freude über die entgangene Todesgefahr, in der Saul schwebte. Erneut möchten wir dem Mann zurufen: Erkennst du nicht die Gnade Gottes, die in dieser Begegnung dir angeboten wird? Diese starke, heimsuchende Gunst des Allmächtigen will dein verfinstertes Herz erreichen. Bleibe nicht bei der äußeren Rührung stehen, sondern laß dich in den Strom der göttlichen Liebe ziehen, dann wird dein Lebensabend dir noch Blüten der Geruhsamkeit, der Freude und des Familienglücks bescheren!
Wie traurig! Die biblische Geschichte berichtet nichts dergleichen. Saul wurde sich des gottvergessenen Lebens nicht bewußt. Nie hat er vor Gottes Angesicht den Stab über sich und sein sündiges Treiben gebrochen. Gnade und Vergebung hat der Tor nicht gesucht. Wie es scheint, war ihm schon genug, ein offenes Geständnis über den gerechteren David abgelegt zu haben. Vor Gott und Menschen mußte dieser Akt des Eingestehens doch genügen. Der arme Mann verstand es meisterhaft, aufbrechende menschliche Gefühle schnell wieder zu unterdrücken.
Der Unglückliche hat viele Nachfolger. Bei den verwerflichsten Charakteren kann man beobachten, daß sie zu Tränen gerührt werden können, wenn sie von irgend einer Veranstaltung oder einer Begebenheit innerlich erfaßt werden, und gleichzeitig beim Verfliegen der Rührung, sich zu Hause an Frau und Kind vergreifen. Schon schnell wird Saul sich der Erniedrigung vor David geschämt haben. Er hatte seinem Feind gegenüber eine Schwäche gezeigt, die bei nächster Gelegenheit aufgewogen werden mußte.
In Engedi trennten sich die beiden. Davids Los als Flüchtling dauerte weiter an. Er stieg mit seinen Männern auf die Bergfeste. Hier, in einer der Felsenburgen der Wüste, konnte er den Wert der nun eingetretenen Freundschaft mit dem Königshaus am besten testen. Aus den vielen Erfahrungen wußte er um die Unbeständigkeit die

ses Mannes. Er hatte gelernt, sein ganzes Vertrauen auf Gott zu setzen. Wenn wir den 57. Psalm lesen, den er dichtete, als er vor Saul in die Höhle floh, bekommen wir Einblick in seine Gottesfurcht. Als Überschrift über diesen Psalm wählte er das Wort Mose, das wir in seinem 5. Buch, Kapitel 9,26 finden: *»Verdirb nicht!«* nämlich: dein Volk und dein Erbteil.

Während Saul draußen tobte und schnaubte, betete der treue David in seinem dunklen Verließ: *»Sei mir gnädig, o Gott, sei mir gnädig! denn zu dir nimmt Zuflucht meine Seele, und ich will Zuflucht nehmen zu dem Schatten deiner Flügel, bis vorübergezogen das Verderben. Zu Gott, dem Höchsten, will ich rufen, zu dem Gott, der es für mich vollendet (d.h. der meinem Jammer ein Ende macht).«*

In seinem Gebet dachte David nicht nur an Saul, sondern auch an die Schmeichler, die den König umgaben und das Feuer des Hasses ständig im Herzen Sauls schürten. David stärkte sich immer wieder in seinem Gott, und deshalb konnte er in seiner gefahrvollen Lage immer wieder loben und das Erbarmen Gottes rühmen. So endet dieser Psalm auch mit einer Lobeshymne: *»Ich will dich preisen, Herr, unter den Völkern, will dich besingen unter den Völkerschaften. Denn groß bis zu den Himmeln ist deine Güte, und bis zu den Wolken deine Wahrheit. Erhebe dich über die Himmel, o Gott! Über der ganzen Erde sei deine Herrlichkeit!«*

Harre auf den Herrn und Er wird handeln

Glaubensproben dürfen in unserem Leben nicht fehlen. Gott sorgt in Seiner Weisheit dafür, daß unser Leben in der Nachfolge Jesu nicht in einen gewohnheitsmäßigen Trott ausartet. Eine große Gefahr bildet die Selbsthilfe, das Ausschauen nach Beseitigung der bestehenden Schwierigkeiten. Gott führt es so, daß »unser Saul« in unsere Hand gerät. Was liegt näher, als ihn mit einer Handbewegung zu beseitigen. Es ist doch so normal, so einleuchtend, bestehende Übungen zu beenden. Hier kann man sogar die Ausrede finden: Gott hat die Situation ja zugelassen, wenn nicht gar herbeigeführt.

Wie gut, daß uns auch diese Begebenheit zur Lehre und Warnung gereicht. Hätte David seinem Naturell Raum gegeben und den Widersacher beseitigt, wären seine Lobgesänge verstummt. Nie hätte er von der Hilfe, dem Beistand Gottes singen können. In fortwährender Selbstanklage und unter dem Schmerz des Gewissens wären seine Tage verblichen.

Wie sein so soll auch unser Panier lauten: *»Vertraue still dem Herrn, und er wird handeln!«* Das bewahrt uns vor Unrecht. Wenn der Herr uns erlaubt ein Pfand zu nehmen (einen Zipfel des Gewandes abzuschneiden), darf das nur die eine Begründung zeigen, daß wir die Gesinnung Jesu offenbaren. Es geht immer um die Überführung des anderen und um den Beweis der wirkenden Gnade Gottes. Ist diese wirksam, kommt ein Mensch ins Licht Gottes und lernt verstehen: Trotzdem ich das Gericht verdient habe, hat die Gnade mich verschont! Nur die Gnade, die die Gesinnung Jesu offenbart, kann überführen, kann Zorn, Haß und Neid überwinden.

David zeigte diese Gnade. Seine Demut will uns Mut machen, denn die »nichts sind« in ihren Augen, sind groß in den Augen Gottes. Er nannte sich einen toten Hund, einen Floh. Ach, wie beschämend, daß wir so viel von uns halten, so hoch von uns denken! Gottes Geist, der das Wesen des Erlösers durch uns offenbaren will, wohnt in uns, den Erlösten, und doch: Wie wenig können wir ertragen, wie wenig Unrecht erdulden! Hat man uns nur ein wenig korrigiert, widersprochen, schon bäumt sich alles in uns auf; es frißt und nagt die Wurzel der Bitterkeit in uns. Wo ist die Gesinnung Jesu, wenn wir gefordert werden? Können wir überhaupt noch eine Zurechtweisung ertragen? David stand über der gekränkten Natur und sagte: *»Der Herr richte zwischen dir und mir; und er sehe darein und führe meine Streitsache und verschaffe mir Recht aus deiner Hand!«* Auch Paulus, wenn er von sich sprach, sagte: *»Der da pflanzt ist nichts, sondern Gott, der das Wachstum gibt!«* Angesichts unserer auftretenden Schwachheit müssen wir uns beugen und mit dem Dichter beten: Bilde unsre Herzen durch den Geist der Liebe, daß wir, Herr, dich lieben inniglich. *»Wenn Gott für uns ist, wer wider uns?«* Ist Seine in uns *»ausgegossene Liebe«* wirksam, sind wir imstande, Ihn zu verherrlichen! Wie verhängnisvoll es ist, die Gnade wirksam zu sehen und doch im alten Gleise weiter zu fahren, zeigt uns Saul. Wir sahen, wie er beim Anblick seiner Bewahrung weinte. Gnade und Gerechtigkeit, beides hatte er aus dem Mund Davids vernommen, doch wo blieb der innere Zusammenbruch? Man kann durch die Gnade er-

faßt und erweicht werden, ohne daß eine Änderung eintritt. Der Herr fordert keine weichen Gefühle — so wichtig diese bei passenden Gelegenheiten sein mögen —, sondern den Glauben, der ein Herz verändert, umgestaltet und einen Sünder errettet.
Saul nutzte die angebotene Gnade nicht: *»Er ging nach seinem Hause«.* Unsere Natur, wie auch der natürliche Mensch, kann die Wahrheit erkennen, ohne sie wirksam werden zu lassen. Immer kommt das angeborene Wesen an den Punkt, wo es Halt machen muß, nämlich dann, wenn der Glaube allein handeln muß. Nur die innere Erneuerung kann zum Anruf Gottes »Ja« sagen. Der Jüngling, dem Jesus zurief: Verlaß alles und folge mir nach! wandte sich traurig ab, trotzdem er aufrichtig fragte und suchte. Die vielen Güter seines Hauses zog er der Schmach dessen vor, der in der Welt nichts hatte, worauf Er Sein Haupt legte. Die Gesinnung Jesu, die uns in allem zieren soll, kann ein Kind Gottes von Sieg zu Sieg führen.

Jesus hat uns ein Beispiel gegeben

Auch in dem vorliegenden Kapitel finden wir die Spuren des Herrn. Er übertrifft bei weitem in Seinem Verhalten den Menschen David. Wenn der schon unsere Bewunderung auslöste, wie werden wir erst hingerissen, wenn wir den heiligen, vollkommenen Menschen- und Gottessohn anschauen. In jeder Lage leitete Ihn die Liebe, und in welcher Langmut und Güte begegnete Er Seinen Feinden. Er bot Seinen Rücken den Schlagenden, und Sein Antlitz verbarg Er nicht vor Schmach und Speichel. Weinend stand Er vor Jerusalem und rief: *»Wenn auch du erkannt hättest, und selbst an diesem Tag, was zu deinem Frieden dient! Jetzt aber ist es vor deinen Augen verborgen.«* Drei Jahre hatte der Herr Jesus unter ihnen gewirkt, geliebt und gelitten. Unverstanden, geschmäht und verachtet, bot Er Seinem Volk immer wieder die Gnade und die Erlösung an. Doch sie belohnten Seine Liebe mit Haß, Seine Zuneigung mit Ablehnung. Klagend mußte der Prophet über den Herrn ausrufen: *»Für meine Liebe feinden sie mich an, sie vergelten mir Böses für Gutes.«* Einen Judas duldete Er drei Jahre in Seiner Umgebung und betraute ihn mit der Kasse, trotzdem Er um seinen inneren Zustand wußte. Selbst beim Verrat in Gethsemane nannte Er den Verräter noch »Freund«! Selbst am Kreuz, als Er zwischen zwei Verbrechern gehängt wurde und alle ihn verspotteten, betete er für sie: *»Vater, vergib ihnen, denn sie wissen nicht, was sie tun!«* Er, dem alles zur Verfügung stand, der mit einem Wink Seine Feinde beseitigen konnte, liebte sich zu Tode und ließ sich in keiner Weise auf dem Siegeszug Seiner Liebe aufhalten. Nur so konnte Er alles überwinden und unser Erlöser werden.

Wenn Saul schon David zurief: *»Du bist gerechter als ich. Du hast mir Gutes erzeigt, ich aber Böses!«* wie müßten doch die Menschen dem Herrn Jesus zujubeln und allesamt rufen: *»Du hast uns nicht getan nach unseren Sünden, und nach unseren Ungerechtigkeiten nicht vergolten... So weit der Osten vom Westen entfernt, hast Du von uns entfernt unsere Übertretungen«.* Du hast mich geliebt, trotzdem ich Dich haßte; Du bist für mich gestorben und sühntest meine Sünden mit Deinem Blut und Leben, trotzdem ich Dich nicht wollte! So müßte das Echo auf Jesu Liebe lauten, das jeder äußerte. Doch wie traurig muß Er über die Verstockheit des Sünders sein.

1. Samuel 25
Samuels Tod — ein Großer in Israel stirbt

Das Jahr 1026 vor Christi Geburt hat seinen Einzug gehalten. Ein Mann von höchstem Ansehen beim ganzen Volk Israel ist vom Schauplatz dieser Erde abgetreten. Wir wundern uns, daß die Bibel von einem Mann Gottes, der von allen geliebt und geehrt war, nur so kurz seinen Tod erwähnt. Ein einziger Satz räumt unser Kapitel diesem Ereignis ein: *»Und Samuel starb; und ganz Israel versammelte sich und klagte um ihn und begrub ihn in seinem Haus zu Rama«.* Denselben Vers finden wir nochmals in Kapitel 28. In den letzten Jahren war es still um den ergrauten Kämpfer für die Sache Gottes geworden. In Treue hatte er von Kindheit an dem Herrn gedient. Wie mancher Sturm hatte die Wellen an seinem Lebensschifflein hochschlagen lassen. Vieles war ihm begegnet, denn jahrelang hatte dieser Mann Israel richten müssen und die Belange des Volkes Gottes vor Gott im Gebet ausgebreitet. Zu dessen Gunsten übte der treue Knecht auch den Priesterdienst aus; den Verfall des Priestertums hatte er mit Schmerz zur Kenntnis nehmen müssen, Gott erwählte ihn, um das Königtum nach dem

Willen des Volkes und dann das Königtum der Gnade zu salben. Nun war der erste Prophet Israels nicht mehr. Alle wichtigen Handlungen Sauls wurden von diesem Gottesknecht überwacht; er kam immer wieder, um ihm die Pläne, die Gedanken und Befehle, so wie auch die Urteilssprüche Gottes kundzutun. Wenn Saul sie auch nicht befolgte, so mußte er sie doch vernehmen. Das göttliche Wort, die Unterweisungen und Hinweise Gottes empfangen zu können, ist ein großes Vorrecht, allerdings auch mit großer Verantwortung verbunden. Samuel hatte zu Lebzeiten das Wort Gottes an andere Propheten weitergegeben. Eine Prophetenschule war zu Rama entstanden, doch mit welchem Schmerz muß der treue Mann das Ende alles dessen wahrgenommen haben, als Saul alle Priester umbrachte und der letzte seine Zuflucht bei David, diesem Mann in der Verfolgung suchte. Wie wir schon früher erwähnten, waren Abjathar, der Priester, und Gad, der Prophet, zu David, dem wahren König in die Wüste geflüchtet. Jemand schrieb hierzu: *»Israel und sein König waren wie ein aller Hilfsmittel beraubtes Schiff, ohne Führer und ohne Kompaß, in die Finsternis hinausgestoßen, dem Abgrund entgegeneilend, während für die Treuen bald ein neuer Tag anbrechen sollte.«* Man kann deshalb gut verstehen, daß dieses verstörte Volk über Samuel weinte und trauerte. War er es doch, der ständig für sie als Mittler eintrat und betete. Saul hatte ständig die Beweise der Gnade Gottes zurückgewiesen; was übrig blieb, war ein furchtbares Gericht. Die Verstockung dieses Verblendeten nahm nun ständig zu, bis er — wie wir später noch sehen werden — zu dem zurückkehrte, was er mit der Todesstrafe belegt hatte: zur Befragung der Toten.

Gottes bewahrende Gnade für David

Wie einst der Herr Jesus bei der Nachricht von der Ermordung Seines Vorläufers Johannes sich in eine einsame Gegend zurückzog, so begab sich auch David, als er die Nachricht vom Entschlafen Samuels erhielt, mit seinem Gefolge in die Wüste Paran. Hier, in dieser menschenleeren Einöde, in dieser traurigen Wildnis, wo kein Baum noch Strauch, kein grüner Grashalm das Auge erfreute, fand er Muße, den trefflichsten Mann seiner Tage zu betrauern. Dankbar konnte er hier über die Fülle der großen Verdienste Samuels nachsinnen, die dieser sich um Israel erworben hatte.

Doch die stille Abgeschiedenheit währte nicht lange. Schon bald wurde David erneut auf den Kampfplatz gerufen. Doch diesmal waren keine Waffen aus Stahl und Eisen gefordert, sondern die Ausrüstung des Geistes. Der Fürst dieser Welt lockte den Gottesmann in die Arena. Eine schwere Versuchung stand bevor. An der äußersten Grenze der Wüste Paran lag der Ort Maon, zwei Kilometer von Karmel entfernt. Es ist der Ort Karmel in Juda (Jos. 15,55). In Maon, das im Deutschen »Wohnung« und »Zuflucht« bedeutet, wohnte ein sehr reicher Herdenbesitzer mit Namen Nabal, ein Nachkomme Kalebs. Dreitausend Schafe und tausend Ziegen weideten auf seinen Triften. Der Reichtum hatte diesen Mann hart und gefühllos gemacht. Da David mit seinen Männern den Hirten Nabals oft in den Gefahren beigestanden hatte, sandte er zehn seiner Knaben zu Nabal, der sich bei der Schafschur in Karmel aufhielt, um ihn in seinem Namen zu grüßen und um etwas Nahrungsmittel zu bitten. Wie immer, so war auch hier Undank der Welt Lohn. Auf die freundliche Begrüßung der Gesandten Davids: *»Lebe lang! und Friede dir, und Friede deinem Haus und Friede allem was dein ist!«* hatte Nabal nur eine ironische Bemerkung. Als aber die Knaben kundtaten, worum David bat, kam die egoistische Gesinnung des Mannes zum Vorschein. Wir lesen: *»Und jetzt habe ich gehört, daß du die Schafscherer hast; nun, deine Hirten sind bei uns gewesen, wir haben ihnen nichts zuleide getan, und nicht das Geringste ist von ihnen vermißt worden alle die Tage, die sie zu Karmel gewesen sind. Frage deine Knaben und sie werden es dir kundtun. Mögen denn die Knaben Gnade finden in deinen Augen, denn an einem guten Tag sind wir gekommen; gib doch deinen Knechten und deinem Sohn David was deine Hand findet!«* Die Antwort Nabals lautete: *»Wer ist David, und wer der Sohn Isais? Heutzutage sind der Knechte viele, die davonlaufen, ein jeder seinem Herrn. Und ich sollte mein Brot und mein Wasser nehmen und mein Geschlachtetes, das ich für meine Scherer geschlachtet habe, und es Männern geben, von denen ich nicht weiß, woher sie sind?«*
Diese Verletzung der Gastfreundschaft steht in Israel fast einzig da. Ob in der Grobheit, mit der Nabal die Knechte Davids behandelte auch eine Anhänglichkeit an den König Saul mitspielte, ist nicht festzustellen. Möglich wäre es. Weiter befremdet es, daß sich David so weit herabläßt und sich »Sohn Nabals« und seine Waf-

fengefährten »Knechte Nabals« nennt. Diese Redensarten, wie auch die Hervorhebung des Schutzes, den er den Hirten Nabals bescherte, sind Zeichen der inneren Verfassung des Flüchtenden. Es war nur noch ein Schritt, und David hätte sich zu einer grausamen Rache hinreißen lassen. Nur die Gnade Gottes, die ihm in der Gestalt der gottesfürchtigen Abigail, der Frau des törichten Nabal entgegentrat, bewahrte den Gereizten vor Blutschuld.

Ein Juwel der Gottesfurcht

Als die Abgesandten mit leeren Händen zu David zurückkamen und erzählten, mit welchen Worten Nabal sie abgefertigt hatte, geriet er in Zorn und sprach zu seinen Männern: *»Gürte ein jeder sein Schwert um! Und sie gürteten ein jeder sein Schwert um, und auch David gürtete sein Schwert um; und sie zogen hinauf, hinter David her, bei vierhundert Mann, und zweihundert blieben beim Gerät.«*

Armer David! Was hast du vor? So möchte man ihm warnend zurufen. Demütige dich doch und befiel deine Sache weiter dem an, der dir bisher den Weg gebahnt hat. Gib doch deiner Leidenschaft keinen Raum! Laß dich von deinem Naturell nicht bestimmen; laß deiner flammenden Entrüstung nicht die Zügel schießen!

Wir staunen, wozu auch ein Gottesfürchtiger fähig ist, wenn er für einen Augenblick die Abhängigkeit von oben preisgibt. Ob sich bei ihm schon ein Gefühl der kommenden Herrscherwürde meldete, daß er einen solchen Tagesbefehl seinen Männern erteilte? Er stand jedenfalls in derselben Gefahr, in der einst Mose handelte und den Ägypter erschlug. Erfüllt von Rachedurst, war der Aufgebrachte bereit, den Landfrieden zu brechen und sich an fremdem Eigentum zu vergreifen. In seiner geistlichen Blindheit schreckte er nicht davor zurück, seine Hände mit dem Blut friedlicher Bürger und Volksgenossen zu beflecken. Anstatt Gott zu befragen, vollführte er, was der Grimm ihm eingab. Hätte Gott nicht durch Abigail eingegriffen, es ist nicht auszudenken, was geschehen wäre. Vor Gott und aller Welt hätte er als Geächteter gestanden. Über ihn hätten nicht nur seine Feinde gespottet, sondern der mit dem Kainsmal Behaftete wäre der Krone Israels unwürdig geworden. Welch ein Abgrund, dem David entgegeneilte! Wir zittern um ihn, dessen ganze Zukunft auf dem Spiel stand.

Wie gut, daß Gott die Veranlagungen der Seinen kennt. Immer ist Sein gnädiges Auge über solchen geöffnet, die in Anfechtung durch die Mächte der Finsternis geraten. Der Gegenspieler Gottes wollte David stürzen, doch die Gnade Gottes führte die Gefahr zu einer erfreulichen Wende.

Sobald die Knaben Davids leer abgezogen waren, eilte ein Knecht Nabals zu dessen Frau und erzählte, was vorgefallen war. *»Abigail war eine Frau von guter Einsicht und schön von Gestalt«*, sagt unser Abschnitt. Diese gottesfürchtige Frau hörte sich das Vorgefallene und die daraus erwachsene Gefahr genau an, und als der Knecht mit den Worten schloß: *»Und nun wisse und sieh zu, was du tun willst; denn das Unglück ist beschlossen gegen unseren Herrn und über sein ganzes Haus, und er ist ein solcher Sohn Belials (=Nabal), daß man nicht zu ihm reden kann«*, bewies Abigail ihre gute Einsicht. Es heißt: *»Da eilte Abigail und nahm zweihundert Brote und zwei Schläuche Wein und fünf zubereitete Schafe und fünf Maß geröstete Körner und hundert Rosinenkuchen und zweihundert Feigenkuchen, und lud sie auf Esel; und sie sprach zu ihren Knaben: Ziehet vor mir hin; siehe, ich komme hinter euch her. Aber ihrem Mann Nabal sagte sie nichts davon.«* Der weilte draußen bei seinen Herden.

Die Knechte zogen von dannen, und Abigail ritt auf ihrem Esel der Karawane nach. Kaum hatte sie diese eingeholt, da kam David mit seinen Bewaffneten an einer verdeckten Stelle den Berg hinunter. Wie erbost er noch immer in seinem Herzen über die Behandlung von Nabal war, geht aus seinen Worten hervor: *»Fürwahr, umsonst habe ich alles behütet, was diesem Menschen in der Wüste gehörte, so daß nicht das Geringste vermißt wurde von allem was sein ist; und er hat mir Böses für Gutes vergolten! So tue Gott den Feinden Davids, und so füge er hinzu, wenn ich von allem was sein ist bis zum Morgenlicht übriglasse was männlich ist!«*

Ob er mit diesen Worten sein Gewissen beruhigen wollte, das bei solchem Vorhaben sich sicher in voller Stärke meldete? Doch in dem Augenblick, da er diese Worte aussprach, erschien Abigail, sprang von ihrem Esel und neigte nach morgenländischer Sitte ihr Antlitz zur Erde. Mit zu Herzen gehenden Worten sprach sie den Entrüsteten an: *»Auf mir, mir, mein Herr, sei die Schuld! und laß doch deine Magd zu deinen Ohren reden... Mein Herr küm-*

mere sich doch nicht um diesen Mann Belias, um Nabal; denn wie sein Name, so ist er: Nabal ist sein Name, und Torheit (zugleich: Schlechtigkeit, Gemeinheit) ist in ihm. Und ich, deine Magd, habe die Knaben meines Herrn nicht gesehen, die du gesandt hast. Und nun, mein Herr, so wahr der Herr lebt und deine Seele lebt, der Herr hat dich verhindert in Blutschuld zu kommen, und daß deine Hand dir Hilfe schaffe! Und nun, mögen wie Nabal deine Feinde sein und die Böses suchen wider meinen Herrn! Und nun, dieses Geschenk, das deine Magd meinem Herrn gebracht hat, es werde den Knaben gegeben, die im Gefolge meines Herrn ziehen. Vergib doch das Vergehen deiner Magd! denn gewißlich wird der Herr meinem Herrn ein beständiges Haus machen, weil mein Herr die Streite Gottes streitet, und kein Böses an dir gefunden wurde, seitdem du lebst. Und ein Mensch ist aufgestanden, dich zu verfolgen und nach deiner Seele zu trachten; aber die Seele meines Herrn wird eingebunden sein in das Bündel der Lebendigen bei dem Herrn, deinem Gott; und die Seele deiner Feinde, die wird er wegschleudern. Und es wird geschehen, wenn der Herr meinem Herrn tun wird nach all dem Guten, das er über dich geredet hat, und dich bestellen wird zum Fürsten über Israel, so wird dir dieses nicht zum Anstoß sein, noch zum Herzensvorwurf für meinen Herrn, daß du Blut vergossen hast ohne Ursache, und daß mein Herr sich selbst Hilfe geschafft habe. Und wenn der Herr meinem Herrn wohltun wird, so gedenke deiner Magd.«

Staunend stehen wir vor den Aussprüchen dieser weisen, gottesfürchtigen Frau. Ihr Herzenserguß zeugt von heiligem Takt und einer inneren Erleuchtung. Die Übungen ihres schweren Daseins haben sie für göttliche Offenbarungen zubereitet. Der ständige Druck, unter der Knute ihres tyrannischen Mannes, hat sie in die Hände Gottes getrieben, an dem sie in kindlichem Vertrauen hing. Ihr Haus war trotz des irdischen Reichtums eine Stätte der Tränen. Einen dem Mammon verfallenen Mann, den sie großer Torheit beschuldigen muß, ständig zu ertragen, erforderte viel Gnade und Kraft von oben. Sie war eine Dulderin, die in hoffender Liebe und Treue an der Seite dieses Toren ausharrte. In großer Besorgnis tritt sie für ihren Gemahl bei David ein, ja, sie gleicht einem Opferlamm, das die Sünde und Missetat Nabals auf sich nimmt. Weiter stellt sie mit viel Zartgefühl und Einsicht dem von Rachegefühlen Besessenen die Sünde und Verschuldung vor, die David auf sich laden wollte. Sie weist ihn auf die Güte Gottes hin, dem er zu Dank verpflichtet sei, daß Er ihn vor Blutschuld bewahrt hatte. Eindringlich aber respektvoll zeigte sie dem Sohn Isais, daß er noch kein Herrscher und somit auch kein Richter über Israel sei. Als die kluge Frau ihm dann das höchste Glück auf Erden vorstellte, daß seine Seele im Bündel der Lebendigen eingebunden sein möge, hatte sie David überwunden. Er konnte der Bitte um Schonung ihres Mannes nicht länger widerstehen. Wir sehen: *»Die Furcht Gottes ist der Weisheit Anfang.«* Ein *»Eingebundener im Bündel der Lebendigen«*, das heißt: ein vom Herrn zum ewigen Leben Berufener kann doch unmöglich sich selbst Hilfe verschaffen, sich selbst rächen und seine Hände mit Blut beflecken. *»Mein ist die Rache, spricht der Herr!«* In der Tat, diese mit Wahrheit und Innigkeit, gepaart mit Einfalt und kindlicher Frömmigkeit erfüllte Abigail ist ein leuchtendes, mutmachendes Vorbild für alle Zeiten; besonders für solche Frauen, die meinen, von ihren Männern nicht verstanden und hart behandelt zu werden. Wer Himmelsluft atmet, legt still die Beschwernisse des Lebens in die starke Hand dessen, der immer einen Trost und eine Aufrichtung weiß. Die Bitte der Frau *»Gedenke deiner Magd!«* war jetzt selbstverständlich. David war von den Worten Abigails stark beeindruckt und überwältigt. In dankbarer, innerer Rührung, daß Gott ihn vor der Bluttat durch diese Frau bewahrt hatte, rief er bewegt aus: *»Gepriesen sei der Herr, der Gott Israels, der dich an diesem Tag mir entgegengesandt hat! Und gesegnet sei dein Verstand, und gesegnet seiest du, daß du mich heute zurückgehalten hast, in Blutschuld zu kommen und mir mit meiner Hand Hilfe zu schaffen!«*

Wie ein Nachtwandler, der auf den Ruf seines Namens erwacht, sich urplötzlich am Rand eines Abgrundes erblickt und dankbar gegen seinen Retter sich in die sichere Bergung zurückzieht, so ist es David zumute. Was war in mir vorgegangen, wohin wäre ich geeilt, und was wäre die Folge des Handelns meines unüberlegten Temperaments gewesen? Diese Fragen bestürmten den zur Einsicht Gekommenen. Das Erlebte hatte ihm eine Seite seines Naturells gezeigt, das er in diesem Maß noch nicht kannte. Der Vorfall in Karmel wird ihn wohl zeitlebens begleitet haben.

Mit dankbarem Herzen nahm David die Geschenke aus der Hand Abigails, die der Herr ihm als schützenden Engel entgegengesandt hatte, und entließ sie mit den Worten: *»Ziehe in Frieden hinauf* *nach deinem Haus. Siehe, ich habe auf deine Stimme gehört und deine Person angesehen.«*

Gottes Gericht an Nabal

Als Abigail, die Getreue, nach Hause kam, trat ihr erneut die ganze Schwere ihrer Lebenslage entgegen. Ihr Mann saß mit seinen Freunden schwelgend bei einem üppigen Festmahl. Es heißt: *»Sein Herz war fröhlich in ihm und er war über die Maßen betrunken.«* In ihrer Klugheit berichtete sie diesem Unberechenbaren nichts von ihrer Begegnung mit David, und in welche Gefahr sein Geiz das ganze Haus gebracht hatte. Erst am nächsten Morgen, als der Rausch von Nabal gewichen war, erzählte sie ihrem Mann die ganze Begebenheit, und wie es ihr gelungen war, David versöhnlich zu stimmen. Die Frau, die sich von dem Vorgetragenen eine gesegnete Wirkung erhoffte, wurde schwer enttäuscht. Statt in der Mitteilung die gütige Hand Gottes zu erblicken, der die Klugheit seiner Gattin, ihn vor dem sicheren Tod zu bewahren, benutzte, geriet der Unhold in eine solche innere Erregung, daß sein Herz in ihm erstarrte und zu Stein wurde, sagt die Bibel. Vermeintlich in seiner Ehre durch die Tat seiner Frau gekränkt, wurde er mit solcher Wut und solchem Ärger erfüllt, daß ihn wohl ein Herzschlag traf. Zehn Tage lag er besinnungslos, da schlug ihn Gott erneut, und er starb. Irret euch nicht, Gott läßt Seiner nicht spotten! Was der Mensch sät, das muß er auch ernten! So dürfen wir wohl über diese Geschichte schreiben.
Wie erschütternd für diese so hart bedrängte Frau! Wie wird sie gebangt und betend die zehn Tage durchwacht haben! Nun erwartete den Unhold der Richter der Lebendigen und der Toten.

Abigail wird Davids Gemahlin

Schon schnell erfuhr David von dem plötzlichen Tod Nabals. Diese Kunde erfüllte erneut sein Herz mit großer Dankbarkeit. Hatte doch Abigail, Nabals Frau, ihn vor einer schweren Blutschuld bewahrt. Deshalb erhob der Bewahrte seine Stimme zu Gott, um dem den Dank zu bringen, der die Rechtssache seiner Knechte führt. Er betete: *»Gepriesen sei der Herr, der den Rechtsstreit meiner Schmach von seiten Nabals geführt und seinen Knecht vom Bö-*

sen abgehalten hat! Und die Bosheit Nabals hat der Herr auf seinen Kopf zurückkehren lassen.« Im Rückblick gereichte David die edle Tat der Frau dieses Unholds zu einer bleibenden Erinnerung. Immer wieder kommt es in seinen Liedern zum Ausdruck: *»Vertraue still dem Herrn, und er wird handeln. Er wird deine Gerechtigkeit hervorkommen lassen wie das Licht, und dein Recht wie den Mittag.«*
Als eine gewisse Zeit vergangen war, sandte David seine Boten, um Abigail zu fragen, ob sie seine Frau werden wolle. Rührend sind die Worte, die sie den Abgesandten zur Antwort gibt: *»Da stand Abigail auf und beugte sich nieder, das Antlitz zur Erde und sprach: Siehe, deine Magd als Dienerin, um die Füße der Knechte meines Herrn zu waschen. Und Abigail machte sich eilends auf und bestieg einen Esel, und ihre fünf Mädchen, die ihrem Fuß folgten; und sie zog den Boten Davids nach, und sie wurde seine Frau.«*
Ihre Worte waren der Ausdruck einer tiefen Demut, die ihre Wurzel in dem Gefühl ihrer Unwürdigkeit hatte, die Gemahlin des kommenden Königs von Israel zu werden. Ihren leuchtenden Glauben an die Zusagen Gottes an den Mann »nach seinem Herzen«, haben wir bereits aufgezeigt. Sie zögerte nicht lange, ließ alles bisherige im Stich und folgte den Brautwerbern in die Wüste Paran. Hier wurde sie die Frau Davids und teilte mit ihm die Entbehrungen, die Prüfungen und alle Schwierigkeiten, die mit der Flucht des nun Angetrauten verbunden waren. Wie schön! bei ihr gibt es kein Zaudern, kein Aufschieben auf bessere Zeiten; sie eilt dem entgegen, den sie liebt, dem späteren, gnadenreichen König. Der Ruf Davids kann sie nicht hochmütig machen. Sie versteht recht gut, daß der Weg zum Thron durch Leiden und Entbehrungen führt und ihr Platz an der Seite des Königs der einer Dienerin am Volk ist. Ihre Worte zeugen von der Frucht ihrer Gemeinschaft mit Gott und Seinen Gedanken. Sie weiß, was Gott über David denkt und wie zuverlässig Seine Zusagen sind.
Das Wort Abigails: »Gedenke deiner Magd, wenn der Herr dir wohltun wird« hatte ihre Erhörung gefunden. Als David sie in Frieden nach Hause entließ, wartete sie geduldig auf den Ruf dessen, den sie ehrte und liebte. Nun war ihr Sehnen gestillt, und beide, David und Abigail waren glücklich, wenn auch der Thron noch in weiter Ferne lag.

Abigail, ein Bild der Gemeinde Jesu

Köstlich sind die Hinweise der Bibel auf die Prophetie. Lehrreich und interessant auch die verschiedenen Personen, wie sie sich bei der Begegnung mit David verhalten. Für jeden, mit dem der kommende König in Berührung trat, wurde er das große Fanal: Für oder wider ihn! Es erforderte schon eine gewisse Glaubenskraft, in dem Flüchtling den kommenden König zu erblicken. Nach menschlichen Grundsätzen war das Verhalten Davids zu verurteilen, unschicklich und ungerechtfertigt, nur der Glaube urteilte anders.

In unserem Abschnitt haben wir erneut zwei Menschen in entgegengesetzter Einstellung zu ihm. Nabal verkörpert eine Art Menschen, denen David nichts bedeutet, die sich selbst leben, die seine Boten hart behandeln, den Freuden der Welt frönen und ein furchtbares Ende nehmen.

Abigail ist genau anders eingestellt. Sie ist offen für die Botschaft, hängt in Liebe an dem verworfenen und zukünftigen König und wird von ihm geehrt und zu höchsten Ehren gebracht.

Wie sie, so sind alle, die sich zum Herrn Jesus bekennen, unter der Herrschaft eines grausamen Despoten gewesen. Satan, der Fürst dieser Welt, hielt sie alle in der Knechtschaft der Sünde und des Todes. Als sie die Botschaft und den Ruf Jesu hörten, eilten sie zu dem Erlöser, fanden Frieden, Vergebung und das ewige Leben. Die Sklaverei war vorbei, und mit Ihm, dem kommenden König, erwarten sie Krone und Zepter. Noch ist es nicht soweit, noch teilen sie die Verwerfung und Verachtung mit ihrem Erlöser. Doch, wie Abigail, sind sie aufs Innigste mit dem verbunden, dessen Liebe ihnen unbeschränkt gehört. Wie der Weg dieser Frau schwer und prüfungsreich war, ist auch der Gemeinde des Herrn in der Nachfolge derselbe Kampf verordnet. Wenige hatten das stille, geduldige Zeugnis der Dulderin beobachtet, aber viele sollten die große Stunde ihrer Erhebung erfahren. Die Gnade, die in ihr wirkte, mußte alles Dunkel durchbrechen und im herrlichsten Licht erscheinen. Sie, die im Verborgenen gelitten, im Stillesein Kraft gewann, stand nun im Begriff, einen ungewöhnlich hohen Platz einzunehmen. Wie Abigail mit David die Strapazen der Wüste und der Flucht teilte, führt der Weg der Gemeinde durch ein Tränental. Als Verkannte, Verlachte und oft Ausgestoßene zeugen sie von der wunderbaren Erlösung. Die lebendige Hoffnung beflügelt sie, denn ihre Parole lautet: Ein wenig Leiden noch, ein wenig Tränen noch, dann kommt die Ruhe am kristallnen Meer, dann kommt der schönste Augenblick, den es geben kann, dann werden sie Jesum, ihren Erlöser sehen, wie Er ist. Dann werden sie im festlich geschmückten Vaterhaus sich an der Schönheit ihres Herrn sättigen und Ihm die Ehre und die Anbetung bringen.

Michal und Abigail

Diese beiden Frauen spielten eine große Rolle im Leben Davids. Sie sind von seinem Los und Schicksal nicht wegzudenken. Beide vermitteln uns einen bildlichen Einblick in die Reichsgottesgeschichte. Michal ist ein Bild von Israel. Sie war nur eine Zeitlang mit David in Verbindung. Nie nahm sie teil an dessen Verfolgungen, Leiden, Trübsalen und Ängsten. In der Zeit seiner Drangsal saß sie fern von dem Angetrauten in der Geborgenheit, ja, sie folgte sogar der Aufforderung ihres Vaters, David zu verlassen und sich mit Palti aus Gallim zu vermählen.
Später, nachdem David den Thron Israels bestiegen hatte, verlangte er seine Frau Michal zurück, die auch seinem Verlangen nachkam. Die Begebenheit zeigt uns die Geschichte Israels. Zu diesem Volk kam der Verheißene, der wahre Sohn Davids, um den Thron einzunehmen und Israel das Reich anzubieten. Anfangs wurde Er um Seiner vielen Wunderwerke willen von vielen begrüßt und angenommen. Doch schon schnell lesen wir, daß ihnen Seine Rede zu hart war, und die meisten von Ihm weggingen. Als die Führer sich öffentlich gegen Ihn wandten, wurde die Spannung immer größer. Am Schluß hieß es einmütig: Wir wollen nicht, daß dieser über uns herrsche; hinweg, hinweg mit ihm, kreuzige, kreuzige ihn! Israel war nicht bereit, sich der Herrschaft dessen zu unterwerfen, der keine Gestalt und keine Pracht hatte. Einen solchen Messias, der sich selbst dem römischen Joch unterwarf, konnten sie nicht gebrauchen.
Israel, über das die Propheten schon geklagt hatten, machte das Maß der Untreue voll. Maleachi rief schon aus: *»Juda hat treulos gehandelt, und ein Greuel verübt... denn Juda hat das Heiligtum entweiht, welches der Herr liebte, und ist mit der Tochter eines fremden Gottes vermählt.«* Wie Michal, hat Israel den Sohn Da-

vids verlassen und verworfen. Bis zur heutigen Stunde liegt eine Decke auf ihrem Angesicht, sie sind blind über ihr Verhalten ihrem Messias gegenüber. Sie gleichen der Michal, die fern von ihrem Angetrauten in falscher Verbindung lebt. Doch bald wird die Decke weggenommen, dann kehren sie zurück zu ihrem Gott, wie Michal zu ihrem rechten Mann gelangte. Dann erfüllt sich das Wort der Propheten: *»Denn wie eine verlassene und im Geist betrübte Frau ruft dich der Herr, und wie eine Frau der Jugend, wenn sie verstoßen ist, spricht dein Gott. Einen kleinen Augenblick habe ich dich verlassen, aber mit großem Erbarmen will ich dich sammeln; im Zorneserguß habe ich einen Augenblick mein Angesicht vor dir verborgen, aber mit ewiger Güte werde ich mich deiner erbarmen, spricht der Herr, dein Erlöser. Fürchte dich nicht, denn du wirst nicht beschämt werden, und schäme dich nicht, denn du wirst nicht zu Schanden werden; sondern du wirst der Schmach deiner Jugend vergessen und der Schande deiner Witwenschaft nicht mehr gedenken. Denn der dich gemacht hat ist dein Mann, — der Herr der Heerscharen ist sein Name« (Jes. 54).*
Das ist die Stunde, da Israel erkennen wird, daß sie ihren König gekreuzigt haben. Eine tiefgehende Buße, ein erschütterndes Bekenntnis, wird dieses Volk zu den größten Segnungen führen, denn sie werden mit dem König aller Könige in innigster Gemeinschaft leben und mit Ihm die Herrschaft teilen. Dann endlich erfüllt sich auch bei Israel das Wort: *»Ihr sollt mir ein Königreich von Priestern sein!«* Endlich ist Michal wieder bei ihrem David.
Abigail ist — wie wir bereits sahen — die Erwählte, die mit David Drangsal und Verfolgung teilt, die an sein Königtum, das zunächst noch verborgen ist, glaubt. Die Gewißheit, in David alle Segnungen zu besitzen, läßt sie allen bisherigen Besitz vergessen. Ihn zu besitzen, ihn lieben und ihm anhangen zu dürfen, ist für sie höchste Beglückung. Darin ist sie das liebliche Vorbild auf die Ekklesia, die Herausgerufene, die in Christo alle geistlichen Segnungen besitzt und bestimmt ist, mit Jesus Christus alles zu erben.

Adel verpflichtet

Natürlich sind die Segnungen in Christo weit, weit höher und größer, als Abigail sie in David besaß. Denn er war ein Mensch, voller Schwächen und Gebrechen, ein Mann, der der ständigen Gnade bedurfte. Er versagte und mußte von Abigail vor der größten Torheit seines Lebens bewahrt werden. Wie ganz anders, wie vollkommen war dagegen die Haltung unseres Herrn. Als man Ihn vor die Schranken eines armseligen Erdenwurms, eines Geschöpfs aus Seiner Hand stellte, um Ihn zu verurteilen, als man Ihn ins Gesicht schlug, Ihn geißelte und mit Dornen krönte, sann Er nicht auf Rache und Vergeltung. Er befahl den Jüngern nicht, das Schwert zu ziehen, auch bat Er den Vater nicht um den Beistand einer Engelbrigade, noch hielt Er den Verblendeten Seine Liebe und Wohltaten vor, die er ihnen erwiesen hatte, sondern Er wandte sich zum Himmel und betete: Vater, dein Wille geschehe! Über Seine Ankläger hinwegschauend rief Er allen zu: *»Den Kelch, den mir der Vater gegeben hat, soll ich den nicht trinken?«* In die Zukunft blickend rief Er Seinen Anklägern zu: *»Von nun an werdet ihr den Sohn des Menschen sitzen sehen zur Rechten der Macht und kommen auf den Wolken des Himmels«.* Er steht hier vor uns in einer Kraft, die alles Sichtbare weit in den Schatten stellt. Das Reich Gottes mit allen Segnungen erglänzte in der Ferne im lieblichsten Licht und erhellte den dunklen Pfad des Mannes der Schmerzen. Inmitten des Spottes, der Beschimpfungen und Mißhandlungen durch den schmutzigen Sünder litt Er ganz still und ohne Klagen. Hier haben wir das leuchtendste Vorbild für uns, die Erlösten. Von Ihm dürfen wir lernen, den Übungen, Prüfungen und Schmähungen seitens der Welt in rechter Weise zu begegnen. Wer die Zukunft in die Gegenwart holt, wer im Licht der lebendigen Hoffnung lebt, der bekommt die Kraft, »die Gelindigkeit allen Menschen kundwerden zu lassen«. »Das Ausharren gewinnen«, darum geht es! Paulus, ein Kämpfer und Dulder um des Evangeliums willen, ermuntert mit den Worten: *»Der Herr ist nahe!«* und weiter: *»Das schnell vorübergehende Leichte unserer Drangsal bewirkt uns ein über die Maßen überschwengliches, ewiges Gewicht von Herrlichkeit«.* Die Leiden kommen zunächst, dann die Herrlichkeit. Wer den Schmähungen ausweichen will, wer die Schmach Christi verleugnet, der beweist, daß die kommende Herrlichkeit kein Gegenstand seiner Erwartungen ist. Der Herr hat uns ein Beispiel gegeben, daß wir in Seinen Fußstapfen wandeln sollen. Wenn wir mitleiden, werden wir auch mitverherrlicht werden. Paulus geht so weit, daß er den Philippern schreibt: *»Euch ist es im Blick auf Christus geschenkt worden, nicht allein an ihn zu glauben, sondern auch für ihn zu leiden« (Phil. 1,29).* Er wußte aus Erfahrung, daß die Leidensgemeinschaft mit dem Herrn eine innere Glückseligkeit bewirkt. Das Zeugnis des Einzelnen und der Gemeinde ist nicht von den Leiden zu trennen. Der Apostel schreibt: *»Alle, die gottselig leben wollen in Christus Jesus, werden verfolgt werden«.* Ein Dichter kleidet dieses Wort in den schönen Reim:

Du gingst, o Jesu, unser Haupt,
durch Leiden himmelan
und führest jeden, der da glaubt,
mit Dir die gleiche Bahn.
Wohlan, so führ' uns allzugleich
zum Teil am Leiden und am Reich;
führ' uns durch Deines Todes Tor
samt Deiner Sach' zum Licht empor,
zum Licht empor durch Deines Todes Tor.

Abigail — ein Trost für Einsame

Wir zeigten schon: Abigail war eine weise, verständige und gottesfürchtige Frau. Der edle Charakter war in ihrem Angesicht lesbar. Leider finden sich Verstand und Schönheit nicht immer vereint in einem Wesen. Jemand schrieb: Es gibt schöne Frauen, die wie die Vögel im herrlichsten Gefieder prangen, aber nicht singen können. Hingegen verleiht ein gottesfürchtiges, edles Wesen dem weniger schönen Angesicht einen lieblichen Ausdruck. Die Bibel beschreibt das so: *»Die Anmut ist Trug, und die Schönheit Eitelkeit; eine Frau, die den Herrn fürchtet, sie wird gepriesen werden« (Spr. 31,29).*

Es ist merkwürdig, wie oft uns im Leben eine Abigail begegnet, die mit einem Nabal verheiratet ist. Gemütvolle, feinfühlende, edle und gottesfürchtige Frauen sind durch eheliche Bande an Männer gebunden, denen sie weder Achtung noch Zuneigung entgegenbringen können. Ein solches Zusammenleben muß einen unüberwindlichen Widerwillen erzeugen.

Abigail hatte sich sicher den Nabal nicht selbst gesucht und erwählt. Nach morgenländlichem Brauch suchte der Vater der Tochter den Lebensgefährten. Sie wird sich still in den Willen des Vaters ergeben haben. Vielleicht war sie schon als Kind in Nabals Haus gekommen und durch unvermeidliche Führungen an diesen Egoisten gekettet worden. Vielfach spielen Reichtum, Besitz und Wohl stand eine große Rolle bei der Wahl des Ehepartners. Abigail war jedenfalls in diese beklagenswerte Stellung gelangt. Diese Umstände, dieses lieb- und freudlose Leben, wird sie stets in die Hände Gottes getrieben haben. Hier fand sie Kraft, an der Seite dieses harten Mannes stille zu sein und auszuharren.

Nie sollte eine Frau mit dem Gedanken spielen, dem traurigen Leben durch Scheidung vom Mann ein Ende zu setzen. Leider ist es in der Welt zum Normalfall geworden, daß man, wenn einem die Lage nicht mehr gefällt, auseinanderläuft und zum Scheidungsrichter eilt. Wieviel Herzeleid ist dadurch schon entstanden! Wer aber sich die Kraft vom Herrn erbittet und ausharrt, wird erfahren, daß Gott die Umstände dazu benutzt, die Frau zum Segen der ganzen Familie zu setzen. Wie mancher Mann ist durch seine treue Gattin zur Umkehr und zur Wiedergeburt gekommen. Wie mancher hat mir bekannt: nebst der Gnade des Herrn verdanke ich dem Vorbild und der Treue meiner Frau die Hinkehr zu Jesu, meinem Erlöser. Einen Ausweg schafft der Herr immer. Wer still auf Ihn wartet, erlebt wie Abigail so oder so die Erlösungsstunde. Wohl allen, die das Wort verstehen: *»Ebenso ihr Frauen, unterordnet euch den eigenen Männern, damit sie, wenn auch einige dem Wort nicht gehorchen, ohne Worte durch den Wandel der Frauen gewonnen werden, indem sie euren in Furcht reinen Wandel angeschaut haben« (1. Petr. 3,1-2).*

Vielleicht liest eine Unverheiratete dieses Buch, die in der Gefahr steht, ihr Auge auf den Besitz, auf die gehobene Stellung eines Mannes zu richten, ohne zu fragen, ob dieser ein entschiedener Christ ist, der in den Wegen des Herrn wandelt. Sie sollte sich ernstlich warnen lassen! Sie sollte bedenken, daß solch einem Ehebund der Segen des Herrn fehlt und sehr bitter enden muß. Ohne den Beistand des Herrn, der aber nie auf dem Ungehorsam gegen Sein Wort beruhen kann, wird ein Mädchen den Mann nicht zu sich in die Glaubenshöhe ziehen können. Immer wird sie unterliegen und von ihm auf den Weg der Sünde hinabgezogen werden. Wieviele rotgeweinte Augen habe ich gesehen, weil man die Warnung Gottes auf diesem Gebiet unbeachtet ließ.

1. Samuel 26
Davids Glaubensmut und Verzagtheit

Über das letzte Zusammentreffen Sauls mit David können wir das Gotteswort stellen: *»Ein Mann, der oft zurechtgewiesen, seinen Nacken verhärtet, wird plötzlich zerschmettert werden ohne Heilung« (Spr. 29,1).* Oder auch: *»Siehe, das alles tut Gott zwei- dreimal mit dem Manne, um seine Seele abzuwenden von der Grube, daß sie erleuchtet werde von dem Licht der Lebendigen« (Hiob 33,29-30).*

Gottes Güte und Langmut will immer zur Buße und Umkehr leiten. Sein Erbarmen ist unvorstellbar, aber auch Seine Gerechtigkeit, wenn das Maß Seiner Geduld erschöpft ist. Damit Saul ohne Entschuldigung sei, gibt Gott ihm nochmals einen besonderen Gnadenerweis, bevor das Gericht den Verhärteten zur Strecke bringt. Warum David wieder zurück in die Wüste Siph gegangen ist, wird nicht berichtet. Hier treffen wir den Flüchtling, trotzdem die Bewohner, die Siphiter ihn so schmählich verraten hatten. Ob er glaubte, die Leute wären ihm nun wohlgesinnter oder ob er im Geheimen die leise Hoffnung hegte, nochmals seinen Freund Jonathan zu treffen, kann niemand ergründen. Freundlicher als das düstere Moor- und Heideland Paran war die Wüste Siph auf jeden Fall.

Schon schnell mußte der Gesalbte eine erneute Enttäuschung hinnehmen. Ob aus Furcht vor der Rache Sauls oder aus patriotischen Gründen sie David wieder verrieten, ist schwer auszumachen. Jedenfalls schickten sie Nachricht an Saul mit den Worten: *»Hält sich David nicht verborgen auf dem Hügel Akila vor der Wildnis? Da machte Saul sich auf und zog in die Wüste Siph hinab, und mit ihm dreitausend auserlesene Männer von Israel, um David in der Wüste Siph zu suchen; und Saul lagerte sich auf dem Hügel Akila, der vor der Wildnis am Wege liegt.«* Hier gedachte er, den verhaßten Schwiegersohn zu überrumpeln. Die rührende Szene bei der Höhle in der Wüste von Engedi war vergessen. Die Erkenntnis der Unschuld Davids war verflogen, und der alte Grimm war vielleicht noch verstärkt durchgebrochen. Zu seiner Verärgerung fand er jedoch an der benannten Stelle den Gesuchten nicht. David hatte sich tiefer in die Wüste zurückgezogen. Verdrossen schlug der Rasende sein eigenes Lager auf, um eine kurze Rast einzulegen.

Als David Kunde davon erhielt, sandte er seine Späher aus, um sich zu vergewissern. Diese meldeten ihm, daß Saul tatsächlich wieder zu seiner Verfolgung aufgebrochen sei und sich zu einer Rast niedergelassen habe. Da schlich David mit seinen Männern, gedeckt durch Felswände und Buschwerk, so nahe an das königliche Lager heran, daß er von der Höhe, auf der er stand, alles genau übersehen konnte. *»Saul lag in der Wagenburg, und das Volk lagerte um ihn her.«* Hier faßte der Gejagte den waghalsigen Entschluß, Saul nochmals einen Beweis zu erbringen, daß er in keiner Weise seine Beseitigung anstrebe. Im Vertrauen auf seinen Gott wollte er nochmals versuchen, das Herz seines Schwiegervaters zu erreichen. Vielleicht ließ er sich trotz allem noch zur Buße und Umkehr führen.
Auf seine Frage, wer ihn begleiten wolle, war sein Neffe Abisai, der Sohn seiner Schwester Zeruja bereit, das Wagnis einzugehen. Die Nacht hatte bereits ihren Schleier über das Land gebreitet, als die beiden ins Lager eindrangen. Überall herrschte tiefes Schweigen, und, durch den langen Marsch total ermüdet, waren alle in einen festen Schlaf versunken. Saul lag in der Wagenburg und sein Heeroberster, Abner, lag in seiner Nähe. Der Speer Sauls stach über seinem Haupt in der Erde.

Gottesfurcht — die Kraft des Überwinders

Wie einst in der Höhle von Engedi, war der schlafende Saul David völlig ausgeliefert. Natürlich wollte Abisai gleich zupacken und den Verfolger seines Herrn beseitigen. War es nicht Gott selbst, der diesen Verblendeten in ihre Hand überliefert hatte? Sein Begleiter sah die Lage so an, denn er flüsterte David zu: *»Heute hat Gott deinen Feind in deine Hand gegeben; und nun laß mich ihn doch mit dem Speer an die Erde spießen, ein einziges Mal, und ich werde es nicht zweimal tun.«*
Saul in höchster Todesgefahr! Welch ein trauriges Bild! Alles schläft, ihr König liegt ohne Schutz und ist David auf Tod und Verderb ausgeliefert. Abisai hatte recht erkannt, daß Gott Saul in ihre Hand gegeben hatte, doch nie um in Blutschuld zu fallen, sondern einen Akt der Gnade auszuführen. Darum wußte David diese Begegnung besser zu deuten, indem er zu seinem Begleiter sagte: *»Verderbe ihn nicht! denn wer streckte seine Hand gegen*

den Gesalbten des Herrn aus und bliebe schuldlos? So wahr der Herr lebt, wenn nicht der Herr ihn schlagen wird, sei es, daß sein Tag kommt, daß er stirbt, oder daß er in den Streit hinabzieht und weggerafft wird. Der Herr lasse es fern von mir sein, daß ich meine Hand gegen den Gesalbten des Herrn ausstrecke! Und nun nimm doch den Speer, der zu seinen Häupten ist, und den Wasserkrug, und laß uns gehen«. — Und so geschah es. Mit der Beute zogen die beiden ab, ohne daß jemand im Lager erwachte oder die Gefahr ahnte.

Bewundernd stehen wir vor der Glaubensstärke dieses Sohnes Isais. In der Höhle von Engedi, in der David das erste Mal seinen Verfolger schonte, geriet Saul ohne Zutun Davids in seine Hand. Hier aber steht ein in Gott Ruhender vor uns, der in der Glaubenskraft den Weg größter Gefahr wählt. Die Welt würde ihn als tollkühn bezeichnen. Doch es ist das völlige Ruhen in den Verheißungen des Herrn, das David bewegt, dem Verblendeten höchste Gnade zu beweisen. Darum konnte der Teufel seine Absicht nicht verwirklichen, denn er sinnt immer darauf, den Glaubenden aus der Abhängigkeit Gottes zu locken. Hier benutzte er Abisai, den treuen Gefährten des Geprüften. Weil sein Begleiter wußte, daß David nie seine Hand wider Saul ausstrecken würde, bot er sich an, das blutige Werk zu übernehmen. Doch der Feind, Satan, vermochte den auf der Glaubenshöhe Stehenden nicht zu Fall zu bringen. Wehe, wenn es ihm gelingt, daß wir unsere eigenen Interessen selbst in die Hand nehmen! Wie schnell verliert der Glaube die kindliche Abhängigkeit und durch die Selbsthilfe den Charakter der Gnade, die unser Leben zieren soll. Die Ausübung der Gnade ist Davids Aufgabe, das Gericht hat der Herr sich selbst vorbehalten.

David schreitet von dannen. Den Speer Sauls, ein Sinnbild seiner Macht, hält er in seiner Hand. Den Speer, den der Verblendete so oft nach David geworfen hatte, trägt dieser als Symbol künftiger Macht davon. Es ist ein Pfand, durch welches das Geschehene bestätigt wurde. Zwei Zeichen — Speer und Wasserkrug — wurden zum Beweis, daß jegliche Verfolgung Sauls zum Scheitern verurteilt war. Verteidigungs- und Mordwaffe hatten den Besitzer gewechselt, und der Wasserkrug, eine Notwendigkeit, in der Wüste zu überleben, befand sich in der Hand dessen, den Saul suchte, um ihn zu töten. Offenbarer konnte seine Ohnmacht nicht zu Tage treten. David benutzte sie aber nicht zu seinem Triumph,

sondern als Symbole der Gnade, die immer das Wohl des anderen sucht. Die Gnade rühmt sich immer wider das verdiente Gericht. Nach gelungenem Glaubenswagnis gingen David und Abisai auf die andere Seite und stellten sich auf den Gipfel des Berges. Es heißt: *»Der Raum zwischen ihnen war groß. Und David rief dem Volk und Abner, dem Sohn Ners (dem Heerobersten), zu: Antwortest du nicht Abner? Und Abner sprach: Wer bist du, der du dem König zurufst? Und David sprach: Bist du nicht ein Mann? und wer ist wie du in Israel? Und warum hast du nicht über deinen Herrn, den König gewacht? Denn es ist einer vom Volk gekommen, um den König, deinen Herrn zu verderben. Nicht gut ist diese Sache, die du getan hast. So wahr der Herr lebt, ihr seid Kinder des Todes, weil ihr nicht über euren Herrn, den Gesalbten des Herrn gewacht habt! Und nun sieh nach, wo der Speer des Königs und der Wasserkrug ist, die zu seinen Häupten waren.«*
Gewiß, die Worte Davids waren nicht ohne Ironie, die er an den Pflichtvergessenen richtete. Und doch lag auch eine gewisse Sorge wegen der Gleichgültigkeit des Heerobersten in ihnen. Wer läßt einen König ohne Wache schlafen? Bei solcher Pflichtvergessenheit war eigentlich die Todesstrafe zu erwarten. Die Absicht des Bethlehemiters lag aber mehr in einer Beschämung, die er bei dem Volk und dem Heerobersten erreichen wollte. Alle sollten seine Unschuld erkennen und die Sinnlosigkeit, ihn weiter zu verfolgen. Wußte er doch, daß eine große Anzahl derer, die auf der gegnerischen Seite standen, bald seine Untertanen sein würden.
Während der Sohn Isais Abner, den pflichtvergessenen Wächter schalt, wachte Saul auf. Sofort erkannte er die Stimme seines Schwiegersohnes und rief: *»Ist das deine Stimme, mein Sohn David? Und David sprach: Es ist meine Stimme, mein Herr König. Warum verfolgt mein Herr seinen Knecht? denn was habe ich getan, und was für Böses ist in meiner Hand? Und nun höre doch mein Herr, der König auf die Worte seines Knechtes: Wenn der Herr dich wider mich aufgereizt hat, so möge er ein Speisopfer riechen; wenn aber Menschenkinder, so seien sie verflucht vor dem Herrn, weil sie mich heute vertrieben haben, daß ich mich dem Erbteil des Herrn nicht anschließen darf, indem sie sprechen: Gehe hin, diene anderen Göttern! So möge nun mein Blut nicht zur Erde fallen fern von dem Angesicht des Herrn! denn der König von Israel ist ausgezogen, einen Floh zu suchen, wie man einem Rebhuhn nachjagt auf den Bergen.«*

Die Worte Davids drangen wie heiße Nägel in das Innere Sauls. Wiederum mußte er Stellung beziehen. Zwei ernste Fragen waren an sein Ohr gedrungen: Warum verfolgte er diesen Mann wie ein Rebhuhn auf den Bergen? Was hatte David getan? Was sollte er darauf antworten? Wenn man den Wortbrüchigen nicht kennen würde, könnten seine Worte eine frohe Hoffnung auslösen. Wie in einer Anwandlung von Rechtsgefühlen ruft Saul: *Ich habe gesündigt; kehre zurück, mein Sohn David! denn ich will dir nichts Übles mehr tun, darum daß mein Leben an diesem Tag teuer gewesen ist in deinen Augen. Siehe, ich habe töricht gehandelt und gar sehr gefehlt!«*
Armer Saul! so möchte man ausrufen. Verpaßt du mit leeren Worten und Versprechungen deine letzte Chance? Denk doch an Engedi zurück! Siehst du denn nicht, welch einen schnöden Wortbruch du begangen hast? Dir fehlt die Tiefe und die Wichtigkeit einer echten Sündenerkenntnis! Beuge dich vor dem Auge dessen, der deine inneren Beweggründe kennt! Es ist für dich die letzte Gnadenfrist, o erkenne und benutze sie. *»Wer seine Übertretungen verbirgt, wird kein Gelingen haben; wer sie aber bekennt und läßt, wird Barmherzigkeit erlangen« (Spr. 28,13).* Saul fehlte die innere Wahrhaftigkeit. *»Ich habe gesündigt, ich habe töricht gehandelt!«* Wie leicht kam das über die Lippen dieses Verblendeten. Fast dasselbe Geständnis vernahmen wir in Engedi. Was war nun echt an seinen Sprüchen? Seine Worte entsprangen einem wehmütigen Augenblick, einem gewissen Gefühlsrausch, der keine Tiefen hatte. Wie wenig bedachte der Mann das Wort: *»Sei nicht vorschnell mit deinem Munde, und dein Herz eile nicht, ein Wort vor Gott hervorzubringen; denn Gott ist im Himmel, und du auf der Erde: darum seien deine Worte wenige« (Pred. 5,2).* Die Verhärtung Sauls scheint in die letzte Phase gelangt zu sein. Immer deutlicher erkennt man die Wahrheit des Wortes, das auf David zutrifft: *»Der Pfad des Gerechten ist wie das glänzende Morgenlicht, das stets heller leuchtet bis zur Tageshöhe«.* Dagegen bei Saul: *»Der Weg des Gesetzlosen ist dem Dunkel gleich; sie erkennen nicht, worüber sie straucheln« (Spr. 4,18-19).*
Dem *»Kehre zurück, mein Sohn David!«* traute der Gejagte nicht. Die Worte seines Schwiegervaters fanden kein Echo in seinem Herzen, darum rief er: *»Siehe hier, der Speer des Königs; so komme einer von den Knaben herüber und hole ihn. Und der Herr wird*

einem jeden seine Gerechtigkeit und seine Treue vergelten; denn der Herr hat dich heute in meine Hand gegeben, und ich wollte meine Hand nicht ausstrecken gegen den Gesalbten des Herrn. Und siehe, wie deine Seele an diesem Tag hochgeachtet gewesen ist in meinen Augen, also möge meine Seele hochgeachtet sein in den Augen des Herrn, und er möge mich erretten aus aller Bedrängnis.« Wie wohltuend, solche Blicke in das Herz dieses Mannes tun zu dürfen. Nirgends fand der Teufel einen Anknüpfungspunkt, ihn zu einer unbedachten Handlung zu reizen. Von dieser in Gott ruhenden Seele ging ein solcher Strom von Kraft und Wärme aus, daß sein Gegner entwaffnet rief: *»Gesegnet seiest du, mein Sohn David! Du wirst es sicher ausrichten und wirst sicher obsiegen.«* Das waren die letzten Worte an David aus dem Munde Sauls, und er kehrte an seinen Ort zurück.

Welch eine traurige Abschiedsszene! Saul eilte mit schnellen Schritten dem Verderben entgegen, denn schon zeigten sich die dunklen Wolken in der Ferne. Auf der Waage gewogen und zu leicht erfunden! Welch schauriges Los, wenn man die Gnade versäumt!

Diese Gesinnung sei in euch

In allen Kapiteln, die wir anschauen dürfen, finden wir die Spuren Jesu. So auch in den Darlegungen, die vor uns liegen. Der Verrat Davids durch die Siphiter erinnert uns an den, der für dreißig Silberlinge den Herrn Jesus auslieferte. Wie schmerzlich diese Handlung für das Herz des Heilandes war, geht aus seinen vielen Hinweisen hervor, die Er über Seinen Jünger aussprach: *»Einer von euch wird mich überliefern; wahrlich, einer von euch ist ein Teufel... was du tust, tue schnell u.s.w.«* Staunend stehen wir vor der Tatsache, daß der Herr diesen Menschen drei Jahre um sich duldete, trotzdem er von Anfang wußte, wozu dieser sich entwickeln würde. Als Er die Jünger erwählte, kannte Er die Gesinnung dieses Mannes. Doch trotzalledem betraute der Herr den Judas mit der Kassenführung. Eine Gnade, die uns unvorstellbar ist, aber die Gesinnung des wahren David offenbart!

Wie furchtbar, wenn jemand zwischen den Fronten steht und glaubt, auf beiden Seiten hinken zu können! Dem Herrn folgen, und gleichzeitig Freundschaft mit der Welt, den Feinden Jesu, pflegen, ist unmöglich. Niemand kann zwei Herren dienen. Der Verrat trägt immer bittere Früchte.

Es ist gut, daß sich jedes Gotteskind seiner Schwachheit bewußt bleibt. Wie schnell geraten wir, wenn die Nähe Jesu uns nicht deckt, in eine Lage, wie auch Judas. Nur sind wir uns nicht immer einer solchen Tat bewußt. Wie oft gleicht unser Verhalten einem Verrat oder einer Verleugnung. Die Grenzen zur Welt und ihrer Gepflogenheit werden nicht beachtet. Wir suchen Anerkennung, wir suchen unseren Vorteil, wir wollen auf keinen Fall einen Verlust, eine Demütigung, etwas Hohn und Spott um Jesu willen ertragen. Zurückgesetzt, übersehen werden um des Zeugnisses willen! Wer kann das von uns verlangen? Schon suchen wir den Weg des geringsten Widerstandes, und schon ist der Verrat, die Verleugnung da.

Auch in dem Verhalten und den Worten Davids finden wir die Spuren Jesu. Ohne weiteres konnte David seinen Gegner ausschalten. Doch er verzichtete auf seine Möglichkeit und begegnete seinem Feind in Liebe, Gnade und Entgegenkommen. Diese Wesenszüge zeichneten den Herrn Jesus auf Seinem ganzen Weg aus. Von der Krippe bis zum Kreuz finden wir Seine Ergebenheit unter den Willen Gottes. Bevor Er den Kreuzespfad betrat, betete er noch: Wenn der Kelch nicht an mir vorüber gehen kann, ohne daß ich ihn trinke, dann geschehe dein Wille. Nicht wie ich will, sondern wie du willst! Das war das Motto, welches über dem Leben Jesu stand. Darum wehrte Er sich auch niemals, sondern übergab alles in die Hand des Vaters, der — wie wir immer wieder betonten — recht richtet. Wie leicht konnte Er Seine Gegner vernichten. Ein Wink von Ihm, und die Erde hätte die Horden verschlungen. Doch nie schaffte der Herr sich Recht, nie schimpfte Er über die Ungerechtigkeit, die Ihm widerfuhr; nie griff der Demütige in die Debatte während Seiner Verhandlung und Verurteilung ein, um sich zu verteidigen oder dem Urteil zu entgehen. Sein Verhalten löste größte Verwunderung aus: *»Antwortest du nicht? Hörst du nicht was diese von dir zeugen? Sprichst du nicht mit mir?«* So und anders lauteten die Fragen derer, die sich herausnahmen, über ihren Schöpfer zu Gericht zu sitzen.

»Keine Gegenrede war in Seinem Mund!« Welch ein Beispiel für uns, die wir nicht einmal ein schiefes Wort hinnehmen können, geschweige stille sind, wenn uns Unrecht geschieht. Auf falsche Zeugnisse, auf Verleumdungen antwortete der Herr nicht. Er war wie taub gegen alle Anschuldigungen, die Menschen in Unaufrich-

tigkeit gegen Ihn erhoben. Hoheitsvoll stand der Herr Jesus über allen Intrigen. War damals nicht eine passende Gelegenheit, den Menschen die ganze Wahrheit über Seine Person zu sagen? Hätte Er hier nicht Gelegenheit gehabt, ein passendes Zeugnis abzulegen? Hier konnte Er doch Gottes Pläne erläutern, den Reichsgottesgedanken auseinanderlegen. Vielleicht ließen sich noch einige überreden und gewinnen. Seine Unschuld mußte ans Licht kommen, sonst war doch alles verloren, und die Lüge triumphierte. So sind menschliche Überlegungen. Niemals ließ der Herr sich von solchen Gedanken und Erwägungen beeinflussen. Antwort gab Er nur denen, die in Aufrichtigkeit Ihm nahten. Wer in seinen Nöten, Übungen oder unter dem Druck der Sündenschuld Ihn befragte, bekam Antwort. Solchen half Er, tröstend und aufrichtend. Der Herr, die Wahrheit in Person, hatte die Schlechtigkeit des Menschen stets durchschaut. Längst mußten sie Ihn als den Sohn Gottes, ihren Messias erkannt haben. Deshalb sagte Er bei Seiner Gefangennahme: *»Täglich saß ich bei euch im Tempel und lehrte, aber ihr habt mich nicht ergriffen, aber das ist eure Stunde und die Gewalt der Finsternis.«*

Hat sich der Mensch geändert? In keiner Weise! Mit allen Mitteln versucht er im Unglauben, die Gottessohnschaft Christi zu leugnen. Sein Wort stellt man in Frage; Seine Wunderwerke werden als Mythen bezeichnet; Seinem Tod wird die Stellvertretung abgesprochen und Seine Auferstehung als Lüge und Hirngespinst der Jünger hingestellt. Das Motiv der Ablehnung Jesu und Seiner vollkommenen Erlösung ist noch das gleiche: *»Wir wollen nicht, daß dieser über uns herrsche«*. Darum der unerklärbare Haß, die Abneigung und Ablehnung Seines großen, erhabenen Angebots. Man braucht keinen Erlöser, keinen Retter, man schafft schon selbst den Ausgleich für die Ewigkeit. Größere Verblendung kann es einfach nicht geben!

Es gibt keine Diskussion mehr

Die Würfel waren gefallen. Saul hatte nochmals einen Beweis besonderer Gnade von seiten Davids empfangen. Saul war stark beeindruckt, und unter einer Anwandlung von Ehrlichkeit gab er zu: *»Du bist gerechter als ich; ich habe gesündigt, komm zu mir, mein Sohn David!«*

Leider war es nur ein Lippenbekenntnis, ohne innere Wahrhaftigkeit. Dieser letzte Gnadenakt hätte ihn und seinen Anhang retten können. Sie aber hatten nicht gewollt. Nun blieb ihnen nur noch das ruhmlose Ende auf dem Gebirge Gilboa übrig.
Hören wir im Unterton nicht die Stimme Jesu? *»Ach, wenn du (Jerusalem-Israel) doch erkannt hättest, und selbst an diesem deinem Tag, was zu deinem Frieden dient! Jetzt aber ist es vor deinen Augen verborgen«.* Lange und in großer Liebe hatte Er sich um Sein Volk gemüht, doch alles war vergebens. Nun stand Er vor Seinem Geschöpf und gab nochmals einen Hinweis auf Seine Gottheit. Feierlich nahm der Hohepriester seine Macht in Anspruch, um den Schweigenden zum Reden zu bringen: *»Ich beschwöre dich bei dem lebendigen Gott, daß du uns sagst, ob du der Christus bist, der Sohn Gottes! Jesus antwortete: Du hast es gesagt. Doch ich sage euch: Von nun an werdet ihr den Sohn des Menschen sitzen sehen zur Rechten der Macht und kommen auf den Wolken des Himmels« (Matth. 26,63-64).* Auch hier waren nun die Würfel gefallen! Die heilbringend erschienene Gnade war verworfen; der Träger aller Verheißungen war abgelehnt, nun konnte der Herr sich nur noch als der kommende Richter und wiederkommende König Israels vorstellen.
Der wahre David, Jesus Christus, der jetzt Verworfene, ist der König! Wer sich auf Seine Seite stellt, hat Teil an Seiner kommenden Herrlichkeit! Diese öffentliche Erklärung schaffte Freiraum. Nun gab es keine Diskussion mehr über Seine Person, sondern nur noch eine klare Entscheidung — für oder wider Ihn! Das erkannten auch die Angehörigen des Hohen Rates, denn sofort bezogen sie Stellung: *»Er ist des Todes schuldig. Dann spieen sie ihm ins Angesicht und schlugen ihn mit Fäusten; etliche aber gaben ihm Backenstreiche und sprachen: Weissage uns, Christus, wer ist es, der dich schlug?«*
Wir sehen, die Front ist bezogen! Rechts oder links? David-Jesus oder Saul-Satan, Christus oder Gericht! Wie mag die Wahl ausfallen? Millionen haben sich für den Herrn Jesus entschieden, sie haben die Scheidungslinie in rechter Richtung überschritten. Eine große Zahl hat sich gegen Ihn entschieden. Bei dem einen weckt die Botschaft Sündenerkenntnis, Buße, Umkehr und eine brennende Liebe zum Herrn, doch der andere wird schon bei der Nennung Seines wunderbaren Namens von einer inneren Abneigung, ja, so-

gar von beißendem Haß erfüllt. Der Grund wird in der vorher beschriebenen Szene deutlich: Ist Er nämlich der Sohn Gottes, dann hat Er Anspruch an uns Menschen, dann muß sich auch jeder korrigieren, denn in dem Licht Seiner Person wird unser sündiges Wesen offenbar. Der Bruch mit der Sünde, die innere Einkehr und Buße wird notwendig. Das aber will der Mensch unter keinen Umständen. Mit dem Erlöser, mit Sünde, Buße und Gericht will man unter keinen Umständen etwas zu tun haben. Nun, wie der einzelne reagiert, bleibt jedem überlassen. Wer sich auf die Seite Jesu stellt, gehört zur Familie Gottes; wer vorzieht, mit den Feinden des Herrn zu ziehen, hat ebenfalls gewählt. Er muß die Suppe auslöffeln, die er sich eingebrockt hat, sagt der Volksmund. Er steht — um mit unserer Davidsgeschichte zu sprechen — auf der Seite Sauls, der sich auf dem Weg des Gerichts zu seinem ruhmlosen Ende befindet. Der Entscheidung auszuweichen, ist unmöglich. Auch die Neutralen, die den goldenen Mittelweg wählen, haben sich gegen den Herrn Jesus entschieden. Sie gehören, ob sie es wollen oder nicht, zu den Feinden des Verworfenen und Gekreuzigten. Um die Gefahr aufzuzeigen, in der die vermeintlich Neutralen leben, müssen wir noch einen Blick auf die merkwürdige Frage werfen:

Christus, wer war es, der dich schlug?

Diese von den rohen Soldaten gestellte Frage ist eine der wichtigsten in der ganzen Leidensgeschichte Jesu. Die Peiniger Jesu warfen Ihm ein Tuch über das heilige Antlitz, schlugen Ihn mit der Faust ins Gesicht, und der Herr sollte raten, wer Ihn schlug. Eine nicht zu überbietende Vermessenheit und Brutalität! Der Wurm, dieses winzige Geschöpf Mensch, schlägt seinen Schöpfer und fragt: Wer war es? Wer hat dich geschlagen? Auf die Frage muß eine Antwort kommen. Wer ist es, der den Sohn Gottes schändete, prügelte, geißelte, mit Hohn und Spott bedachte und endlich ans Kreuz schlug? Immer wieder und zu allen Zeiten hat man an dem Prügelknaben gesucht. Es hat sogar Zeiten gegeben, da glaubte man — besonders die religiöse Welt —, den Schuldigen gefunden zu haben. Furchtbar war die Judenverfolgung. Als Gottesmörder wurden sie gebrandmarkt. Die furchtbarsten Schändungen glaubte man, durch diese Anschuldigung rechtfertigen zu können. Furchtbarer, religiöser Fanatismus trieb die Kreuzzüge immer wieder nach Palästina. Was die verblendete Namenchristenheit sich erlaubte, wurde bald zur guten Sitte. Von allen Institutionen glaubte man dieses Volk bedrängen und verfolgen zu müssen.

Doch wer ist bis heute auf den Gedanken gekommen: wir alle, ohne jegliche Ausnahme sind schuldig. Also auch ich und du! Haben wir alle die Antwort mit Paul Gerhardt gegeben, der diese Frage im Lied so beantwortet:

Wer hat Dich so geschlagen, mein Herr, und Dich mit Plagen so übel zugericht?

Seine Antwort lautet dann:

Ich, ich und meine Sünden, die sich wie Körnlein finden
des Sandes an dem Meer, die haben Dir erreget,
das Elend, das Dich schläget und all das große Marterheer!

In unserem Zeitalter der Gleichgültigkeit will man in Ruhe gelassen werden. Die Frage interessiert nicht. Man sollte besser fragen: Wer hat *uns* geschlagen? Warum geht es mir so schlecht, so übel? Wer fragt nach mir? Doch wir mögen uns winden, wie wir wollen, die Frage bleibt bestehen. Wir müssen sie beantworten. Um unseretwillen war Er verwundet, um unserer Missetaten willen zerschlagen!

1. Samuel 27
Davids Kleinglaube und Fall in Verstrickungen

Erschüttert stellen wir fest: Wenn der Glaube die größten Siege errungen hat, folgt sehr oft bei treuen Gottesmännern eine empfindliche Niederlage. David, der gesegnete Mann, hatte gerade Saul durch sein Gottvertrauen tief beschämt. Die Gnade triumphierte, und von dieser Glaubenshöhe fiel der »Mann nach dem Herzen Gottes« in eine Tiefe des Unglaubens. Saul hatte ihm beteuert, daß er seinem Eidam kein Leid mehr zufügen würde. Ob er Saul mißtraute, — denn wie oft hatte der schon sein Wort gebrochen —, war es Mutlosigkeit, sah er kein Ende seines Flüchtlingslebens, in das er auch noch Achinoam und Abigail, seine Frauen hineingezogen hatte, was seinen Tiefpunkt bewirkte, wir wissen es nicht. Jedenfalls stand der Sohn Isais vor einem unbesonnenen Schritt. Wir lesen: *»Und David sprach in seinem Herzen: Nun werde ich eines Tages durch die Hand Sauls umkommen; mir ist nichts besser, als daß ich eilends in das Land der Philister fliehe, und Saul* *wird von mir ablassen, mich ferner in allen Grenzen Israels zu suchen; und ich werde aus seiner Hand entrinnen. Und David ging hinüber, er und sechshundert Mann, die bei ihm waren, zu Achis, dem König von Gath. Und David blieb bei Achis, er und seine Männer, ein jeder mit seinem Haus... Und es wurde Saul berichtet, daß David nach Gath geflohen wäre, und er suchte ihn hinfort nicht mehr.«*

Niedergang, weil David sein trügerisches, böses Herz befragte und nicht, wie sonst üblich, seinen Herrn. Wehe, wenn es dem Feind gelingt, den Blick auf die Leiden, Entbehrungen und Umstände zu richten! Die ängstliche Natur sucht immer einen Ausweg, den Übungen zu entgehen. Was beim eigenen Planen herauskam, war der verhängnisvolle Irrtum, bei den Feinden seines Volkes Schutz zu suchen. Es liegt eine tragische Steigerung in diesem Fall Davids: er überlegte in seinem Herzen, dann eilte er, den unüberlegten Schritt ohne Gott zu tun; und drittens nimmt David seine Männer und deren Familien mit und alle bleiben im Land der Philister. Welch trauriges Bild eines Mannes, der solch ein tiefes Gottvertrauen bisher an den Tag gelegt hatte.

Ob es sich um denselben Achis handelt, mit dem David schon vorher eine Begegnung am Tor der Stadt Gath hatte, wird nicht berichtet. Wie dem auch sei: Der Flüchtende rechnete mit der Gastfreundschaft des Königs. Daß David dabei seinen Nationalstolz opfern und sein Volk verleugnen mußte, scheint er gar nicht zu empfinden. Es ist anzunehmen, daß Achis mit der Ankunft der vielen recht zufrieden war, brachten sie doch seinem Land einen gewissen Nutzen. Er gibt David sogar Ziklag, eine Stadt, wo alle wohnen konnten. Diese Großzügigkeit war natürlich mit gewissen Verpflichtungen verbunden. Die Gegenleistungen waren beständige Raubzüge in das angrenzende Palästina; so wollte es wenigstens Achis. Armer David! Er mußte seinen Aufenthalt mit einer langen Kette von Verstrickungen, Lügen, mit Unrecht, Raub, Mord und Plünderungen bezahlen. Kam dem Verblendeten das nicht alles zum Bewußtsein. Leider nicht! Es war noch ein weiter Weg — wie wir noch sehen werden — bis der Gestrauchelte zur Beschämung und Einsicht kam. Es dauerte noch ein Jahr und vier Monate, bis die Erleuchtung kam. Vorläufig ging es immer schneller abwärts. Um Achis Beute aus den Plünderungen vorzuzeigen — denn er sollte ja Israel schädigen, so viel er konnte — fiel er mit seinen Männern in die heidnischen Länder der nahen Grenze ein. Sein Unrecht steigerte sich durch Lügen, Raub und Mord, bis hin zu der Bereitschaft, mit dem König der Philister gegen sein eigenes Volk in den Kampf zu ziehen. Wenn Gott später — wie Kapitel 29 berichtet — nicht eingegriffen hätte, wäre das Unbegreifliche, das Unvorstellbare eingetreten: der zukünftige König Israels wäre zum Mörder seines Volkes geworden. Welch eine Verstrickung und Verblendung! Wie unzweideutig spricht die Bibel darüber: *»Da ist ein Weg, der einem Menschen gerade erscheint, aber sein Ende sind Wege des Todes« (Spr. 14,12).* Wie gut, daß Gott in Seiner Treue die Fäden des Lebens in Seinen Händen hält; doch wie oft muß Er der Torheit der Seinen entgegentreten. Nun wollen wir zu erklären versuchen:

Warum der Kleinglaube Davids unbegründet war.

Es lag in keiner Weise ein Grund vor, daß David befürchten mußte, eines Tages doch in die Hände Sauls zu fallen. Wie reich war sein Leben an Erfahrungen, daß der Herr noch nie und in keiner Weise Seinen Knecht ein einziges Mal im Stich gelassen hätte. Wie viele Gefahren hatte er überstanden. Immer wieder war er bewahrt geblieben. Die Kraft und der Beistand Gottes hatten stets genügt, und der Glaube des Gejagten trug die herrlichsten Früchte. Alle Prüfungen kamen von dem, der die Fäden seines Lebens in Seiner starken Hand hielt. David mochte sein ganzes Leben überprüfen, nie fand er eine Begebenheit, da er sagen konnte: hier ist der Beweis, daß der Herr mich verlassen hat. Angefangen auf den Triften zu Bethlehem bis zu der bewegten Stunde seines Kleinmuts hatte der Herr Seinen Gesalbten mit Güte und Huld umgeben. Ob im Kampf gegen den Riesen oder auf seiner Flucht, das Auge Gottes ruhte auf Seinem Knecht und ließ ihn Seinen Beistand erfahren. Deshalb brauchte nicht ein Schatten eines Zweifels an Gottes Güte aufzubrechen. Alle Erlebnisse sprachen dagegen. So zeugten alle Beweise gegen die Zwiesprache seines ängstlichen Herzens. Warum sollte Gott, der das Öl der Salbung auf das Haupt Seines Knechtes gießen ließ, plötzlich Seine Hand zurückziehen? Hätte nicht diese Einsicht ihn zu dem Ausruf veranlassen müssen: Eher gehen Himmel und Erde unter, als daß der Herr nicht Seine Zusagen hält! Ein Rückblick mußte den Ängstlichen zur Anbetung bringen. Mußte David nicht ausrufen: O Gott, Du standest mir zur Seite, als ich den Löwen und Bären erschlug; Du hast mir geholfen im Kampf gegen Goliath; auch hast Du mich vor dem Speer Sauls beschützt, der mich wiederholt an die Wand spießen sollte; auch bin ich den listigen Anschlägen des Verräters Doeg entgangen; in der Höhle von Engedi, im Wald von Hereth, in der Wüste zu Siph, überall habe ich Wunder Deiner sichtbaren Hilfe erfahren. Nach einem Überdenken solcher Beweise der Liebe hätte der Zweifelnde zur Besinnung kommen und mit dem Dichter rufen müssen:

Ich seh' den Kampfpreis winken
bei mühevollem Tritt.
Ich werde nie versinken,
eh' sänkst Du selber mit.

Deshalb stand der Kleinglaube dieses Mannes in keiner Beziehung zu den Verheißungen Gottes. Wie sollten diese in Erfüllung gehen, wenn der Träger durch die Hand Sauls umkommen würde? Wie oft hatte Gott dem Zweifelnden versichert, daß Er ihn erwählt und zum König über Sein Volk bestimmt hatte. Ach, wie armselig ist doch der Mensch! Wie schnell brechen Zweifel an den zuverlässigen Aussprüchen Gottes auf; man glaubt dem Gefühl des bösen Herzens mehr als den Zusagen des Wortes Gottes. Ach David, wenn du Gott beim Wort nehmen würdest! Er ist derselbe, der später Seinem Volk zurufen ließ: *»Denn die Berge mögen weichen und die Hügel wanken, aber meine Güte wird nicht von dir weichen und mein Friedensbund nicht wanken, spricht der Herr dein Erbarmer« (Jes. 54,10).*

Als nächstes stand der Kleinmut Davids im Widerspruch mit seinen eigenen Worten und Aussprüchen. Kurz vorher hatte er noch zu Abisai gesagt: *»So wahr der Herr lebt, wenn nicht der Herr ihn (Saul) schlagen wird, sei es, daß sein Tag kommt, daß er stirbt, oder daß er in den Streit hinabzieht und weggerafft wird!«* In dieser Situation war er sich noch sicher, daß Sauls Urteil schon gesprochen und versiegelt war. Und nun? Jetzt rief er: Ich komme durch die Hand Sauls um! Welch ein Widerspruch! Wie gut, daß Gott sich nicht ändert und Seinem Plan treu bleibt.

Als letztes widersprach die Ängstlichkeit Davids den bestehenden Tatsachen. Wo war denn Saul, vor dem der Verzagte sich fürchtete? Seine Tage waren bereits gezählt, und der Unglückliche befand sich auf dem Weg zu einer Totenbeschwörerin. Gottes Ziel mit dem »Mann nach Seinem Herzen« war fast erreicht. Jetzt, kurz vor seiner Thronbesteigung, wird der Gesalbte nochmals schwach im Glauben.

Wie konnte David an seinem Gott irre werden?

Die Antwort muß lauten: weil auch er ein schwacher Mensch war. Diese Erfahrung hat er später in manchen Psalmen hervorgehoben. So auch in dem Ausruf: *»Was ist der Mensch, daß du seiner gedenkst, oder des Menschen Sohn, daß du auf ihn siehst?«* Gewiß, der Kleinglaube dient nicht zur Ehre Gottes, doch welche Gefahr wäre für diesen Mann entstanden, wenn er allezeit auf Glaubenshöhen gewandelt wäre. Hätte nicht der Hochmut schnell seine wilden Triebe schießen lassen? Gerade das Auf und Nieder im Leben der alttestmentlichen Gottesknechte hat uns im Glaubenskampf Mut und Zuversicht geschenkt. Gott kannte Seinen Knecht und half ihm immer wieder zurecht. Nicht David hatte die Siege Gottes erstritten, sondern die Gnade Gottes in David. Nahm er diese nicht in Anspruch, wurde sichtbar, was aus einem Kämpfer Gottes wird, wenn er auf sich sieht! Weiter müssen wir festhalten, daß *David einer sehr langen Prüfung ausgesetzt* war. Monat um Monat dieses Umherirren, das Wohnen in Höhlen und Klüften der Erde; hinzu kam die ständige Todesgefahr. Von allen Seiten war der Mann bedrängt, eingeengt und mußte auf alles verzichten, was ein normales, glückliches Familienleben bedeutet. An keinem Ort war er sicher. Glaubte er einen Unterschlupf gefunden zu haben, wurde er schon wieder verraten. Neu begann die Flucht. Neben der göttlichen Führung und Bewahrung mußte der Flüchtling auf der anderen Seite eben doch alles durchstehen und erdulden. Die Bibel sagt schon: *»Lang hingezogenes Harren macht das Herz krank, aber ein eingetroffener Wunsch ist ein Baum des Lebens« (Spr. 13,12).* Wer will auf diesen Mann einen Stein werfen? Ständiger Druck, fortdauernde Schwierigkeiten können auch einen Festgegründeten zum Schwanken bringen, es sei denn, das Herz ruht ständig in Gott. Ist der Blick aber auf die Umstände gerichtet, muß der Ruf durchdringen: Nun komme ich doch eines Tages um...

Ein dritter Grund seines auftretenden Zweifels lag wohl in *einer Reaktion, die nach einer großen Aufregung eintritt.* Wenn sein Gang in das Heerlager Sauls auch im Glauben geschah, so war diese Tat doch mit großen inneren Spannungen verbunden. Bedenken wir, daß die beiden sich zwischen schlafenden Soldaten hindurch zu Saul hinschleichen mußten. Niemand durfte ein Geräusch hören, und niemand durfte wach werden. David und Abisai befanden sich menschlich gesehen in Todesgefahr. Für den Unglauben war dies mehr als tollkühn. Doch David folgte einem inneren Drang, und er wußte, der Herr sendet mich und steht hinter mir. Das bedeutet aber keineswegs, daß diese beiden nicht mit ihrer ganzen Person beteiligt waren und alles menschlich durchstehen mußten. Wie schnell kann nach gelungener Aufgabe eine Erschöpfung, eine Wirkung eintreten, die das Glaubenserlebnis verdrängt, weil plötzlich die Natur ihr ganzes Recht behauptet.

Schauen wir auf den mutigen Propheten Elia! Er ruft das Volk zusammen, baut dem Herrn einen Altar, schlachtet einen jungen Stier, legt das Opfer auf den Altar und fordert das Volk mit den Baalspriestern auf, dasselbe zu tun. Es ging um eine wichtige Entscheidung: der Gott des Himmels oder Baal, wer soll verehrt werden und Gott sein? Die Antwort mußte der geben, der wirklich Gott war. Eine gewaltige Glaubenstat! Elia steht allein, 450 falsche Propheten gegen ihn. Der Gott, der mit Feuer antwortet und das Opfertier verzehrt, der soll Gott sein. Wir kennen diese Glaubenstat Elias, wie er die Baalspriester aufforderte, lauter zu beten, aber bei all ihren Anstrengungen: es kam keine Antwort. Elia betete zum Herrn, nachdem er noch zwölf Eimer Wasser über den Altar gießen ließ. Gott antwortete. Feuer fiel vom Himmel und verzehrte nicht nur das Opfer, sondern auch die Steine, und das Wasser, das den um den Altar gezogenen Graben füllte, leckte das Feuer auf. Nach dieser Antwort Gottes läßt Elia die Baalspriester hinrichten, betet um den langersehnten Regen und verläßt den Ort. Staunend stehen wir vor solcher Vollmacht des Glaubens. Und doch: Elia war auch nur ein Mensch mit denselben Gemütsbewegungen wie wir. Hier steht er auf, vollbringt die große Glaubenstat, und dort liegt er unter dem Ginsterstrauch und begehrt zu sterben. Was war geschehen? Isebel, die Frau des Königs Ahab, die den Baalsdienst eingeführt hatte, wollte Rache nehmen und Elia töten. Welche Schwankungen! Hier steht dieser Gottesmann allein vor einer Übermacht, und dort verbirgt er sich ängstlich vor einer schwachen Frau! Ein ähnliches Bild wie bei David. Es geht im Glaubensleben immer um Vorsicht, Abhängigkeit und Erkennt-

nis der eigenen Ohnmacht, die im Gebet sich Kraft holt. Denn wer zu stehen sich dünkt, der sehe zu, daß er nicht falle!
Die Sünde des Zweifelns wird David sein Leben lang gequält haben. Denn, wie wir auf den vorigen Blättern sahen, geriet er in einen Strudel von Unrecht, Leidenschaften und Sünden. Darum wollen wir aus dieser traurigen Begebenheit
Rückschlüsse für uns ziehen.
Alles fängt immer klein an. Ein wenig das Gebet vernachlässigen, die Bibel nicht mehr zur täglichen Richtschnur benutzen, den Blick vom Herrn auf die Dinge der Welt richten, — und schon versucht der Feind, sein heimliches Netz zuzuziehen. Ein wenig Selbstzufriedenheit, vielleicht noch etwas Überheblichkeit, und schon ist der Kraft des Glaubens die Wirksamkeit genommen. Wie gerne schreiben wir uns einen Teil des Erfolges zu, wenn der Herr uns gebrauchen konnte. Ob in dem Ausruf Davids nicht auch etwas von Selbstgefälligkeit lag, wenn er Saul zurief: *»Der Herr wird einem jeden seine Gerechtigkeit und Treue vergelten.«* In einem solchen Fall muß der Herr uns zeigen, daß wir nie auf unser Können bauen dürfen. Fleisch und Geist, Glaube und Natur sind entgegengesetzte Pole. Beide liegen so dicht zusammen, daß man sie im Glaubenskampf leicht verwechselt und sehr oft vermengt. Hinter allen Prüfungen steht unser himmlischer Vater, der selbst die Läuterung vornimmt, damit das reine Gold des Glaubens und Vertrauens hervorkommt. Wie bei David, entstehen immer nach starken Glaubenserlebnissen Gefahren nachzulassen; es kommt zu Schwächen, die sich in Verzagtheit offenbaren. Der Feind ist besonders wirksam, wenn der Glaube die Welt überwindet. Ausgerüstet mit der Kraft Gottes kamen wir zum Sieg, doch dann mischte sich die Natur ein, und wir glaubten, es geschafft zu haben und unangreifbar zu sein. Darum ist die Zeit besonderer Gnade oft eine Gelegenheit für unser Fleisch, das stets von sich eingenommen und überzeugt ist. Jemand schrieb darüber: *»In den dritten Himmel entrückt worden zu sein, bewahrt uns nicht in der Einfalt des Glaubens.«* Die Zucht Gottes dient immer der Bewahrung, und sie hat den einen Zweck, uns vorsichtig wandeln zu lassen wie am Tag. Von David wollen wir lernen, die Abgründe unserer Seele zu ergründen. Genossen des Christus halten die Zuversicht bis zum Ende standhaft fest. Sie suchen keinen Schutz bei der Welt, den Feinden des Volkes Gottes (Achis). Der große Ernst liegt in der

Tatsache, daß oft ein einziger unüberlegter Schritt uns den Gewinn eines langen Glaubenslebens rauben kann. Alle Erfahrungen sind verflogen, und wir fangen wieder von vorne an. Jede geistliche Selbständigkeit ist in Wirklichkeit ein fleischliches Handeln, ein Versuch, der scheitern muß, weil der Herr nicht mitmacht. Warum fragte David nicht — wie er es in Kehila getan hatte — seinen Herrn, bevor er aus der Schule Gottes floh? Warum legen wir so viel Selbstständigkeit an den Tag? Die Folgen: Übereilung, Mutlosigkeit, Vergessen des Wortes Gottes, Suchen von Beistand bei den Feinden Gottes, Vertrauen auf eigene Gedanken und Eingebungen, Vergessen, beim Herrn Rat und Hilfe zu suchen, — das alles kann nicht ausbleiben. Gott läßt uns gehen, damit wir — wie David — unsere Erfahrungen machen, die natürlich sehr bitter sind. Von einem gesegneten Wandel im Glauben ist dann nichts mehr zu sehen.

Die Gnade allein kann uns bewahren. Sie liegt in der ganzen Fülle bereit, und wir wollen uns gegenseitig ermuntern zuzugreifen. David wurde nun nicht mehr von Saul verfolgt, doch um welch einen Preis hat er sich diese Ruhe erkauft! Wie töricht, daß ein Gotteskind glaubt, unter dem Schutz der Welt noch im Dienst des Herrn zu stehen. Diese Verbindung führt automatisch zu Heuchelei, Lüge und Ungerechtigkeit. Man wird ein Sklave der Sünde, ein Gast der Philister, der Welt. So heißt es ja bei David: *»Achis sagt: Er wird mir zum Knecht sein ewiglich.«* Anstatt gegen den Feind anzutreten, macht man mit ihm gemeinsame Sache. Das sind die traurigen Ergebnisse, die sich zeigen, wenn die Fronten nicht klar sind. Gebunden durch menschliche Rücksichten, denen man sich unterworfen hat, verliert ein Gotteskind seinen wahren Charakter, und es hat keine Möglichkeit, in dieser zweideutigen Haltung von seinem Herrn zu zeugen. Dieser Weg der Heuchelei, der Zwiespältigkeit ist mit ständiger Furcht verbunden, der Welt, die ihn beschützt, zu mißfallen.

Selbstverständlich gefällt sich die Welt in ihrer Aufgabe. Hat sie es doch fertiggebracht, die Bande, die uns mit dem Volk Gottes verbindet, zu zerbrechen. Hier kann nur eine Rückbesinnung auf die wiederherstellende Gnade helfen. Wer in ein solches Netz geraten ist, findet erst wieder Ruhe und Frieden, wenn er in einem Bekenntnis vor Gott sich aus allen Bindungen löst. Niemand sollte auch nur eine Stunde verstreichen lassen, denn wer möchte schon den Herrn weiter enttäuschen und einst mit leeren Händen vor dem stehen, der sich selbst für uns hingegeben hat?

1. Samuel 28
David als Knecht Achis — Sauls Fall in Endor

Erneut versammelten sich die Philister zum Kampf gegen Israel. David befand sich in einem inneren Zwiespalt. Was sollte er machen? Eine Stunde der Bewährung war gekommen. Jetzt mußte Farbe bekannt werden. Die Heuchelei seinem Gastgeber gegenüber konnte nun leicht offenbar werden. Was war zu tun? Denn Achis, der Philisterkönig sprach zu David: *»Wisse bestimmt, daß du mit mir ins Lager ausziehen sollst, du und deine Männer. Und David sprach zu Achis: So sollst du denn auch erfahren, was dein Knecht tun wird. Und Achis sprach: So will ich dich denn zum Hüter meines Hauptes setzen alle Tage.«*

Armer David! so möchte man ausrufen. Wie soll er sich aus der heuchlerischen Stellung herauswinden? Es ist leicht, auf einen falschen Weg zu geraten, aber schwer ihn wieder zu verlassen. Gewiß, Gott verläßt Seinen Knecht nicht, aber die Züchtigung war sehr ernst, die der Verirrte zu erdulden hatte. Achis vertraute durch dessen falsches Spiel seinem Schutzbefohlenen völlig. Der Philisterkönig durchschaute auch die zweideutige Antwort Davids nicht. Was lag nicht alles in den Worten: *»So sollst du denn auch erfahren, was dein Knecht tun wird.«* Im nächsten Kapitel, im achten Vers, wenn es darum ging, sich vor Achis und seinen Fürsten zu rechtfertigen, wird es leider allzu deutlich, welche Heuchelei diese Aussage in sich birgt. Hier wird der »Geliebte des Herrn« zum Hüter des Erbfeindes Israels. Er steigt in seiner Würde, doch um welchen Preis! Der zukünftige, wahre König Israels wird Leibwächter Achis. Welch ein Lohn, welche zweifelhafte Ehre!

David, wohin bist du abgesunken! Wie muß dich doch eine unsagbare Angst überfallen, daß du gegen dein eigenes Volk in den Kampf ziehen sollst! Merkst du die feurigen Kohlen nicht, die Gott auf dein Haupt sammelt? Fliehe, ehe du in der Todesangst keinen Ausweg mehr siehst! Merkst du nicht, wie der Teufel das gesponnene Netz zuziehen will? Noch kannst du dem Ungeheuerlichen ausweichen. Folge den Heiden nicht, befreie dich, bekenne deine wahre Stellung, und wenn du dich auch dem Spott und der Gefahr des Lebens aussetzt, so wisse, Gott hat dir Seine Hilfe zugesagt, du besitzt Seine Verheißungen! so möchte man dem Verirrten gerne zurufen. Leider blieb er, und deshalb ging es weiter abwärts.

Saul bei der Totenbeschwörerin

Der vor uns liegende Abschnitt beginnt mit dem Hinweis, daß Samuel gestorben war und ganz Israel um ihn geklagt hatte. Diese Wiederholung soll uns auf etwas aufmerksam machen. Nie steht in der Bibel ein Satz zuviel. Saul steht nämlich vor dem schwersten Fall seines Lebens. So lange Samuel lebte, hatte Saul in dem Propheten einen treuen Berater, der ihn auf seine Fehler aufmerksam machte. Nun war der Unglückliche mit seinem Volk sich selbst überlassen. Unter dem Rat Samuels hatte Saul die Totenbeschwörer aus seinem Land weggeschafft. Eine Tat, die den guten Einfluß des Mannes Gottes kennzeichnete.

Nun hatte der unglückliche König die Zusammenziehung der feindlichen Heere vernommen. Diese hatten sich zu Sunem gelagert. Saul rief eilig sein Heer zum Kampf auf und zog mit seiner Truppe aufs Gebirge Gilboa. Als der König Israels das mächtige Heer der Philister sah, fürchtete er sich und sein Herz zitterte sehr. In seiner Angst nahm der Verzweifelte Zuflucht zu Gott. In seiner Not sollte der Herr Nothelfer werden, doch Er antwortete dem Verblendeten nicht, weder durch Träume, noch durch die Urim — sie war ja mit dem Priester Abjathar zu David gekommen —, noch durch Propheten. Eine elende, ausweglose Lage! Überall begegnete Saul einem eisigen Schweigen. Was soll er tun? Wohin soll er sich wenden? Wer kann in dieser Ausweglosigkeit Rat geben? Das Gericht droht und steht vor der Tür; wer kann ihm Hilfe zeigen? Die Angst steigerte sich zusehends. Wenn nur ein kleiner Lichtstrahl die Finsternis erhellte! Solch ein Zustand wird unerträglich. Saul merkte, daß sein Verhängnis unentrinnbar nach ihm griff. Wo sollte er das Mittel finden, diesem Schicksal zu entfliehen? Gottes Gericht hing wie ein Damoklesschwert über seinem Haupt. Selbst der Tod, den er sich wünschte, konnte ihn nicht vor dem Gottesgericht bewahren.

In dieser Verzweiflung glaubte er einen Ausweg gefunden zu haben: ich muß Samuel, den Propheten sprechen. Er weist seine

Knechte an: *»Suchet mir eine Frau, die einen Totenbeschwörergeist hat, damit ich zu ihr gehe und sie befrage. Und seine Knechte sprachen: Siehe, zu Endor ist eine Frau, die einen Totenbeschwörergeist hat. Und Saul verstellte sich und zog andere Kleider an, und ging hin, er und zwei Männer mit ihm, und sie kamen zu der Frau bei Nacht; und er sprach zu ihr: Wahrsage mir doch durch den Totenbeschwörergeist und bringe mir herauf, wen ich dir sagen werde.«*

Die Frau wehrte sich und machte den Besucher aufmerksam, daß Saul alle Beschwörer und Wahrsager ausgetilgt habe. Sie fürchtete um ihr Leben. Doch Saul schwur ihr bei dem Herrn und sprach: *»So wahr der Herr lebt, wenn dich eine Schuld treffen soll wegen dieser Sache. Und die Frau fragte: Wen soll ich dir heraufbringen? Und er sprach: Bringe mir Samuel herauf. Und als die Frau Samuel sah, da schrie sie mit lauter Stimme; und die Frau sprach zu Saul: Warum hast du mich betrogen? du bist ja Saul! Und der König sprach zu ihr: Fürchte dich nicht! doch was siehst du? Und die Frau sprach zu Saul: Ich sehe einen Gott aus der Erde heraufsteigen. Und er sprach zu ihr: Wie ist seine Gestalt? Und sie sprach: Ein alter Mann steigt herauf, und er ist in ein Oberkleid gehüllt. Da erkannte Saul, daß es Samuel war, und er neigte sich, das Antlitz zur Erde, und beugte sich nieder.«*

Die Frau schrie mit lauter Stimme, als sie Samuel sah. Es war etwas Außergewöhnliches geschehen. Das hatte sie nie erwartet, denn der dämonische Geist, den sie kannte, konnte nicht in Aktion treten und jemanden vortäuschen, wie bei früheren Gelegenheiten. Wir hören nicht, daß diese Frau ihr verderbliches Werk beginnen konnte. Nach dem Wunsch Sauls, ihr Samuel heraufzubringen, sah sie schon den Propheten, und dieses Ereignis löste den Schreckensschrei aus. Das war kein Schein mehr, sondern Wirklichkeit. *»Ein Gott stieg aus der Erde herauf«,* eine Person, der sie mit ihren Zaubermitteln nichts anhaben konnte. Es war Samuel, der sofort von Saul erkannt wurde, seine ihm von früher her gut bekannte Gestalt. Nicht die Frau erkannte den Propheten, sondern der König. Saul allein, der verworfene Fürst über Israel, besaß vor Gott alle wichtigen Gründe zu einer so außerordentlichen Erscheinung. Weder über die Person noch über die Worte Samuels konnte sich Saul täuschen. Der Herr, der sich ihm gegenüber in Schweigen gehüllt hatte, antwortete ihm zum letzten Mal von jenseits des Grabes durch Samuel, doch nur um das längst ausgesprochene Urteil nochmals zu bestätigen. Alle Schilderungen seiner mißlichen Lage, in der sich der König befand, nutzten nicht. Es war zu spät; Saul hatte das Maß überlaufend voll gemacht. Wie niederschmetternd war das Wort Samuels: *»Warum doch fragst du mich, da der Herr von dir gewichen und dein Feind geworden ist?«* Nun hatte er Gott und die Philister gegen sich, und das alles, weil er der Stimme des Herrn nicht gehorchte im Anfang seines Königtums, im Kampf wider Amalek, und weil er jetzt, am Ende seines Weges, das Wort des Herrn verwarf und sich zu einer Totenbeschwörerin begab und diese befragte. Wir lesen: *»Und so starb Saul wegen seiner Treulosigkeit... und auch, weil er eine Totenbeschwörerin aufsuchte, um sie zu befragen; aber den Herrn befragte er nicht. Darum tötete er ihn und wandte das Königtum David, dem Sohn Isais zu« (1. Chron. 10,13-14).* Die letzten Worte Samuels, die Saul zu Boden schmetterten, lauteten: *»Und der Herr wird auch Israel mit dir in die Hand der Philister geben; und morgen wirst du mit deinen Söhnen bei mir sein.«* Heute hatte er es klar vernommen, was er in seinem abgrundtiefen Haß längst geahnt hatte, daß David, der von ihm Gejagte und Verachtete, sein Nachfolger sein würde. Der Sohn Isais, der von Gott Erwählte, der Gesalbte, der Geliebte, sollte den Ehrenplatz haben und das Königtum empfangen. Alles war gegen Saul; es gab für ihn kein Erbarmen, keine Vergebung mehr. Selbst David, dessen Liebe und Gnade ihm oft Erleichterung gebracht und ihn zur Besinnung geführt hatte, dem er aber stets Böses für Gutes vergalt, mußte ihm hinfort nur noch als Richter erscheinen. Erschrocken eilte die Frau bei Sauls Sturz herbei und versuchte ihn zu bewirten, doch der König hat keine Kraft mehr, trotz Seines Hungers will er keine Nahrung zu sich nehmen. Erst auf längeres Drängen setzte er sich mit seinen Männern an die Tafel, um danach still von dannen, in die Nacht zu schleichen.

Sünden, die Gott ein Greuel sind

Es hat wohl kaum eine Zeit gegeben wie die Gegenwärtige, in der die Menschen — Christen ohne Christus — sich so mit Zaubereisünden, mit Horoskopen, mit Teufelsanbetung, mit Kartenlegen und allen möglichen Greueln beschäftigen. Gott sagt: Die solches tun sind mir ein Greuel! Ein furchtbares Gericht wird Er über diese Verblendeten bringen, die Er bald *»ausspeien wird aus seinem Mund«.* Man hat seinen Zeitvertreib mit Tischrücken und Geisterbeschwörungen; man ergötzt sich an diesen satanischen Täuschungen, denn beides liegt in solch sündigem Treiben: eine erschreckende Wirklichkeit und eine schmähliche Täuschung. Die Wirklichkeit besteht darin, daß sich ein Dämon der Wahrsagerin zur Verfügung stellt; die Täuschung liegt in der Annahme, daß die Toten durch sie gerufen werden könnten. Der böse, dämonische Geist kleidet sich in einen Schein von Wirklichkeit; doch es ist eine raffinierte Täuschung des Lügners und Menschenmörders von Anfang, der nur eine Absicht verfolgt, den Vorwitz des Menschen zu benutzen, um ihn desto sicherer ins Verderben zu ziehen. Niemals läßt Gott es zu, Tote aus dem Totenreich zu rufen. Jesus Christus, der Sohn Gottes, der Sieger über Tod, Hölle und Teufel, der hat die Schlüssel des Todes und des Totenreiches. Keine Macht, außer der Seinen, kann jemals diese Pforten öffnen. Auch Satan, der besiegte Despot, kann niemals jemand aus den Toten herbeirufen. Alle, die in Unglauben gestorben sind, sind und bleiben »die Geister im Gefängnis«, aufbewahrt zum Gericht. Gott war allein imstande, bei Samuel eine Ausnahme zu machen. Nur Er konnte erlauben, daß Samuel den unsichtbaren Ort verließ, um Saul zu erscheinen. Jeder sollte sich warnen lassen und sich vor diesen abscheulichen Sünden hüten. Alles ist auf Betrug Satans angelegt.

Sollte jemand in diese satanische Macht gefallen sein und die schreckliche Bindung des Teufels ihn beherrschen, den möchte ich herzlich bitten: eile zu Jesus Christus! Er ist der Einzige, der von diesen Ketten befreien kann. Wirf dich vor Ihm in den Staub und bekenne deine Missetaten. Er ist reich an Vergebung. Der Erlöser reinigt von allen unseren Sünden und Missetaten. Die Umkehr ist immer möglich. Saul überging die Gelegenheit. Anstatt in tiefer Zerknirschung Buße zu tun, zu bereuen, ging er leichtfertig — wie immer — seinen Weg. Wehe ihm! Er wurde gewogen, aber zu leicht erfunden. Mutwillig den Weg Gottes verschmähend wurde er von Gott verworfen. Unglücklicher Mann! so müssen wir auch über das Ende Sauls schreiben. Die Friedensengel weinen über dich, doch der Teufel triumphiert. Doch das Normale, die Absicht Gottes ist immer, daß sich die Gnade wider das Gericht rühmt.

David sang dem Herrn ein Lied über jene Tage, als zu dem Tiefstand Sauls auch noch der schnöde Verrat Kuschs des Benjameniters kam, von dem unsere Geschichte schweigt, die er aber im 7. Psalm beschreibt. Wir lesen hier ab Vers 11: *»Gott ist ein gerechter Richter... Wenn er (= der Gesetzlose) nicht umkehrt, so wetzt er sein Schwert; seinen Bogen hat er gespannt und gerichtet. Und Werkzeuge des Todes hat er für ihn bereitet, seine Pfeile macht er brennend. ...Er (= der Gesetzlose, Kusch-Saul) hat eine Grube gegraben und hat sie ausgehöhlt, und er ist in die Grube gefallen, die er gemacht hat. Seine Mühsal (= die er anderen bereitet) wird auf sein Haupt zurückkehren, und auf seinen Scheitel wird herabstürzen seine Gewalttat. Ich aber will den Herrn preisen nach seiner Gerechtigkeit, und besingen den Namen des Herrn, des Höchsten.«*
Zwei Menschen, David und Saul, doch wie unterschiedlich ihr Leben und ihr Ende!

1. Samuel 29
Gott vereitelt Davids Verrat an seinem Volk

Rettung in höchster Gefahr! so können wir den ersten Abschnitt überschreiben. Erfreut sahen die Philister, wie immer mehr Helden sich aus dem Lager Sauls entfernten und zu David überliefen. Sie sahen nun den günstigen Augenblick gekommen, diesem Erbfeind, Israel, ein schnelles Ende zu bereiten. Auf bloßes Grenzgeplänkel wollten sie sich nicht länger einlassen. Deshalb entschieden sie sich, in der Ebene Jisreel, diesem Schauplatz vieler Völkerschlachten, bei Aphek ihre Heere zu versammeln. Der arglose Achis versprach David, daß dieser ihn auf dem Kriegszug begleiten dürfe. Deshalb finden wir den Verblendeten im Heerlager der Philister. Achis wollte seinem Schützling einen Beweis besonderen Vertrauens vermitteln. Meisterhaft hatte David durch ständige heuchlerische Täuschung das ganze Vertrauen des Philisters erworben. Die Blindheit des Mannes ging so weit, daß er David versicherte: *»...du bist wohlgefällig in meinen Augen wie ein Engel Gottes.«* Deshalb zögerte Achis auch nicht, ihn zu sich zu rufen, um mit ihm in den Kampf zu ziehen. Ja, er machte David sogar zum Obersten über seine Leibwache. Für den Philister war es eine Wohltat, statt seiner herrschsüchtigen Fürsten mit diesem

edlen, offenen Flüchtling verkehren zu können. Unter dessen Schutz fühlte er sich geborgen.
Mit bebendem, zagendem Herzen nahm David Kenntnis von allem. Eine schwere, kritische Zeit brach an. Zwar hatte er geheuchelt, ganz dabei zu sein, wenn Saul niedergerungen werden sollte, doch im tiefsten Inneren befiel ihn eine große Angst. Wie aber sollte er aus diesem Dilemma herauskommen? Wie gut, daß Gott allezeit Sein Auge über Seine Knechte offen hat. Er weiß alle Dinge im voraus und auch, die Seinen durch Zucht zu unterweisen.
Die letzte Musterung der Soldaten begann. Alle Fürsten der Philister zogen mit ihren Heeren an dem König vorüber. Als letzter kam David mit seinem prächtig angewachsenen Heer, um vor Achis zu präsentieren. Das war für David der rettende Augenblick. Die Fürsten sahen klarer und sagten zu dem König: »*Was sollen diese Hebräer?*« Achis, der Harmlose antwortete: »*Ist das nicht David, der Knecht Sauls, des Königs von Israel, der schon seit Jahr und Tag bei mir gewesen ist? und ich habe gar nichts an ihm gefunden von dem Tag an, da er abgefallen ist, bis auf diesen Tag. Aber die Fürsten wurden zornig über ihn, und sprachen: Schicke den Mann zurück, daß er an seinen Ort zurückkehre, wohin du ihn bestellt hast, und daß er nicht mit uns in den Streit hinabziehe und uns nicht zum Widersacher wird im Streit; denn womit könnte der sich angenehm machen bei seinem Herrn? nicht mit den Köpfen dieser Männer? Ist das nicht David, von dem sie im Reigen sangen: 'Saul hat seine Tausende erschlagen, und David seine Zehntausende'?*«
Nun waren die Würfel gefallen. Gott benutzte diese Heiden, um Seinen Knecht vor der größten Torheit zu bewahren. Achis versuchte, mit schönen Worten David zu trösten und ihm die falsche Einstellung seiner Fürsten zu erklären: »*Du bist redlich; und wohlgefällig in meinen Augen ist dein Ausgang und dein Eingang bei mir im Heerlager; denn ich habe nichts Böses an dir gefunden... aber in den Augen der Fürsten bist du nicht wohlgefällig. Und nun kehre zurück in Frieden, damit du nichts Übles tust in den Augen der Fürsten der Philister.*«
Mußte David nicht tief aufatmen? Mußte er nicht ausrufen: Gott sei Dank, daß ich dieser heiklen Lage entronnen bin? Doch was tut er? Er heuchelt weiter: »*Aber was habe ich getan, und was hast du an deinem Knecht gefunden..., daß ich nicht kommen und wider die Feinde meines Herrn, des Königs, streiten soll?*«

O David, steigt dir die Schamröte nicht ins Gesicht! Siehst du denn die Hand Gottes nicht mehr in allem Geschehen? Wie kannst du, der zukünftige König des Volkes Gottes, dich so erniedrigen? Wie kannst du dich einen Knecht dieses Heiden nennen? Wie kannst du diesem Mann Treue zusichern? Wie kannst du überhaupt dich in dieser Umgebung wohlfühlen? Wie kann dir solch ein Gedanke kommen, wider das Volk zum Kampf anzutreten, über das du bald herrschen wirst! Sieh doch das Gotteserbarmen, das dich vor einem Schritt zurückhält, der deine ganze Zukunft zerstört hätte. Rühme doch die Hand, die dich nicht fallen läßt! Rühme sie, die schlägt, aber auch wieder heilt. Darum brich mit deiner Heuchelei; werde ehrlich gegen dich selbst und deinen Gott! Welch ein Bild ziehst du vor deinen Getreuen ab? Willst du sogar einige opfern um der Sache des Feindes willen? So könnten wir Frage an Frage reihen. Welch ein Gebilde ist doch der Mensch, wenn er den rechten Blick verliert und das Gottvertrauen schwindet.

Die ernste Sprache Gottes

Gott kann Seine Kinder nicht gehen lassen. Wer sich als Knecht der Welt verdingt, macht sich zu deren Spielball, aber auch zum Gegner Gottes. Heuchelei, Kompromisse mit den Feinden des Evangeliums zerstören das Zeugnis Jesu und führen zur Unglaubwürdigkeit vor Gott und Menschen. Der Anfang ist immer klein, unscheinbar, doch er gleicht einer Lawine, die immer größer wird, je näher sie dem Tal kommt. Das Kreuz auf Golgatha trennt uns von der Welt. Diese von Gott gezogene Kluft muß der Familie Gottes heilig sein. Wird sie leichtfertig überschritten, hegt selbst die Welt Mißtrauen und glaubt dem Zeugnis nicht mehr. In der gefährlichsten Lage im Leben Davids — wenigstens bis zu seiner Rückkehr nach Ziklag — ließ Gott ihn nicht einen Augenblick allein. Seine Gnade wachte über ihm. Doch der Gerechte kann auch seine Kinder nicht ohne Nachwehen aus einer Situation retten. Ihre Torheit muß Er ahnden. David hatte auf dem Weg zurück noch keine Ahnung, welche schweren Wege der Unterweisung des Herrn ihm bevorstanden. Unser nächstes Kapitel wird davon Zeugnis geben. Gott handelt mit uns wie mit Kindern, die eigenwillig ihren Neigungen folgen wollen. Der Vater, so sagt die Bibel, züchtigt nicht aus Mutwillen, sondern damit wir Seiner Heiligkeit teilhaftig werden und die friedsame Frucht der Gerechtigkeit zeigen. Das geht nicht immer leicht vor sich, aber nachher, wenn die Zurechtbringung erfolgt ist, freut sich die Seele der erneuten, vertieften Gemeinschaft mit dem Vater und Seinem Sohn Jesus Christus. Leidenswege werden dann zu Segenswegen.

1. Samuel 30
Davids Schrecken in Ziklag und Gottes heilende Hand

Durch sein ungeistliches Handeln hatte David die Gemeinschaft mit seinem Gott verloren. Mit Wehmut wird der Herr die Haltung Seines Knechtes beobachtet haben. Wie gerne hätte Er David *»das Zeugnis Henochs gegeben, daß er Gott wohlgefalle«*. In dieser großen Gefahr konnte Er den Sohn Isais nicht länger schweben lassen. Darum war der Plan, der zur inneren Genesung Davids führen sollte, schon gefaßt und durchgeführt, ohne daß David davon eine Ahnung hatte. Es war die Güte Gottes, die den Verirrten zur Buße leitete. Wer sich nicht dem Lockruf Gottes stellt, muß durch Zucht unterwiesen werden. Wer sich nicht durch das liebende Auge des Herrn leiten läßt, dem muß Er »Zaum und Zügel« anlegen. Es begann schon im Tal Achor, daß Gott David eine Tür der Hoffnung aufstieß. Die Ungnade, in die er bei den Fürsten der Philister fiel, war ein Akt der Barmherzigkeit des Herrn. Was wäre geschehen? Es ist nicht auszudenken, wenn der kommende König an der Ermordung seiner Brüder teilgenommen hätte. Doch so weit ließ der Herr es unmöglich kommen. Als David das königliche Zelt verließ, hätte er schon jubilieren können: *»Unsere Seele ist entronnen wie ein Vogel aus der Schlinge der Vogelsteller; die Schlinge ist zerrissen, und wir sind entronnen« (Ps. 124,7).*

Während David mit seinen Männern den Rückzug antrat, um nach Ziklag zu gelangen, hatten sie keine Ahnung von dem grausigen Geschehen, das die Amalekiter angerichtet hatten. Sie hatten sich für die Einfälle und Raubzüge Davids in ihre Gebiete furchtbar gerächt. Die ganze Stadt war ausgeplündert und niedergebrannt. Frauen und Kinder, samt allen Viehbeständen waren fortgetrieben. Welch ein Anblick! Durch Gottes Fügung hatte David, ganz gegen seine Gewohnheit, keine Wache bei den Frauen und Kindern gelassen. Weil die Amalekiter keine Gegenwehr erfuhren, wurden sie in keiner Weise gereizt, jemanden zu töten. Welch eine

besondere Gnade! Gott ging es um die Wiederherstellung Seines Knechtes, den Er durch Zucht unterwies. Über die weggeführten Gefangenen wachte Er mit besonderer Aufmerksamkeit.
Wie reagierte David auf das Geschehen? Es ist ergreifend zu lesen: *»Da erhoben David und das Volk, das bei ihm war, ihre Stimme, und sie weinten, bis keine Kraft mehr in ihnen war zu weinen.«* Dann aber geriet David in große Gefahr. Die Männer waren so erbittert über den Verlust ihrer Lieben, daß sie David steinigen wollten. Jetzt war der bittere Kelch zum Überlaufen gebracht. Doch wenn die Not am größten, ist Gott am nächsten! Für den Mann David wurde dieses Handeln Gottes zu einem bitteren Trank, der die Seele stärkt, anstatt sie zu schwächen. Die Zucht trieb ihn in die Arme dessen, der die Rute schwang. Wunderbar ist die Feststellung: *»Aber David stärkte sich in dem Herrn, seinem Gott.«* Dieser treue, von ihm so gut gekannte Gott, der ihm in vielen tausend Nöten, Ängsten und Kümmernissen beigestanden, hatte sich in keiner Weise geändert, noch ihn fallen gelassen. Wohin hätte der Schwergeprüfte sich auch wenden sollen in der schweren Stunde, als verkohlte Trümmer zu seinen Füßen rauchten, als die Angst um Frau und Kind ihm sich wie eine kalte Hand aufs Herz legte. Plötzlich stand das Bewußtsein seiner Falschheit und Unlauterkeit, in der er sich von Gott entfernt hatte, vor ihm.

David ist wieder der alte in seinem Vertrauen

Der Gott aller Gnade hatte die Tränen gesehen und gewürdigt. David hat neuen Mut gefaßt. Gott, der mich zum Königtum bestimmte, läßt mich nicht, ja, kann mich nie lassen. Er hat noch immer einen Ausweg gehabt und wird mich auch jetzt nicht im Stich lassen. Der Gestärkte greift wieder zum einzig Richtigen. Wir lesen: *»Und David sprach zu Abjathar, dem Priester: Bringe mir doch das Ephod her!... Und David befragte den Herrn: Soll ich dieser Schar nachjagen? werde ich sie erreichen? Und er sprach zu ihm: Jage nach, denn du wirst sie gewißlich erreichen und wirst gewißlich retten.«*
Wunderbar! Gott gibt Seinem Knecht wieder Antwort. Nach langer Zeit wandte sich David wieder an Gott. Der aber zog sich nicht resigniert von dem zurück, der Ihn so schmählich verraten hatte, sondern vergab und richtete auf.

Ohne zu zögern, rief der Mann Gottes seine Mannen zusammen und eilte mit 600 Mann den Plünderern nach. Die Verfolger sind so von Siegeszuversicht erfüllt, daß am Bach Besor 200 erschöpft liegen blieben. Doch ohne Rast ging es weiter. Die Ermatteten blieben bei dem Gerät, das die Weiterjagenden zur Entlastung zurückließen. Wenn es ihnen auch an Kraft mangelte, so war ihr Dienst für David und die mit ihm zogen von großer Wichtigkeit.
Plötzlich blieben einige stehen. Vor ihnen lag ein erschöpfter ägyptischer Mann. Diesen trugen sie zu David und gaben ihm Brot und Wasser sowie eine Schnitte Feigen- und zwei Rosinenkuchen. Bald erholte sich der Geschwächte; vor drei Tagen und Nächten war der Mann ohne Speise und Trank zurückgelassen worden. Als Knecht eines amalekitischen Herrn hatte der ihn einfach liegen gelassen und dem Verschmachten preisgegeben. Dieser Sklave brachte David auf die richtige Spur, und er erzählte den Hergang des Überfalls auf Ziklag. Wenn man ihm mit einem Schwur die Erhaltung des Lebens zusicherte, war er aus Dankbarkeit auch bereit, David und seine Schar zu den Amalekitern zu führen. War das nicht eine neue Bestätigung, daß Gott in Seiner Gnade sich auf die Seite der Beraubten stellte und Seinen Knecht mit Mut und Zuversicht erfüllte? Wer sich in seinem Gott stärkt, erfährt die mächtige, alles fügende Hand Gottes.
Es heißt: *»Und er führte David hinab; und siehe, sie waren über die Fläche des ganzen Landes zerstreut, essend und trinkend und tanzend wegen all der großen Beute, die sie aus dem Land der Philister und aus dem Land Juda genommen hatten.«* David und seinen Männern gelang der Überraschungsmoment. Mitten im Rausch ihres Siegesfestes fielen die Beraubten über die Räuber her und entrissen ihnen die Beute. Wir lesen: *»David rettete alles, was die Amalekiter genommen hatten. Und David rettete auch seine beiden Frauen. Es fehlte ihnen nichts, vom Kleinsten bis zum Größten, und bis zu den Söhnen und Töchtern, und von der Beute bis zu allem was sie ihnen genommen hatten, alles brachte David zurück.«*
Die schwere Prüfung war überstanden, und die Zucht hatte wunderbare Früchte gebracht. Die Herden vor sich hintreibend, umgeben von seiner Streifschar mit Frauen und Kindern trat David den Heimweg zurück nach Ziklag an. Die zurechtbringende Gnade, die in ihm wirksam war, zeigte nun weitere Auswirkungen. Am

Bach Besor kamen die wegen Erschöpfung Zurückgebliebenen den Siegern entgegen. Schon von weitem hörte man den Jubelruf: das ist Davids Siegesbeute! Freudig fragte David sie nach ihrem Wohlergehen, doch schon bald offenbarte sich der Neid einiger, die mit im Kampf gestanden hatten. Sie sagten: *»Darum daß sie nicht mit uns gezogen sind, wollen wir ihnen von der Beute, die wir entrissen haben, nichts geben, als nur einem jeden seine Frau und seine Kinder, daß sie sie wegführen und hingehen.«* Mit Einsicht und Weisheit trat David diesen bösen Männern entgegen. Seine Worte zeigten, wie die Gnade den Mann wieder hergestellt hatte. Er machte die Männer darauf aufmerksam, wem allein die Ehre zukommt. Seine Aussage war überzeugend: *»Tut nicht so, meine Brüder, mit dem was der Herr uns gegeben hat; und er hat uns behütet, und die Schar, die über uns gekommen war, in unsere Hand gegeben. Und wer wird in dieser Sache auf euch hören? Denn wie das Teil dessen, der in den Streit hinabzieht, so soll auch das Teil dessen sein, der bei dem Geräte bleibt; gemeinsam sollen sie teilen.«* Dieser Grundsatz ist über Israel hinaus bis ins christliche Zeitalter zum Beispiel geworden. David folgte in seiner Anordnung der Satzung, die Mose schon festgelegt hatte: *»... Und teile die Beute zur Hälfte zwischen denen, welche den Krieg geführt haben, die ins Feld gezogen sind, und der ganzen Gemeinde« (4. Mose 31,27).* Nicht immer hatte man nach dem Befehl Gottes gehandelt, doch von nun an blieb diese »Satzung und das Recht« — wie wir lesen — »in Israel bestehen bis auf diesen Tag«.

In Ziklag angelangt gedachte David seiner Freunde in Juda und Simeon, die ihm in den Tagen seiner Flucht und Drangsal geholfen und beigestanden hatten. Er überhäufte sie mit Wohltaten; alle hatten Anteil an seinen Geschenken; nur die Siphiter fehlen bei der Aufzeichnung der Empfänger. Waren sie es doch, die David seinem Todfeind ausliefern wollten. Mit solcher Freigebigkeit wollte David den Freunden den Beweis der Güte des Herrn bekunden, der ihn so überreich beschenkt hatte. Gott war mit ihm, und seine Gaben enthielten wohl auch den Hinweis, wie gut es wäre, ihn als den zukünftigen König anzuerkennen.

Wie gerne sich David an dieses Eingreifen Gottes erinnerte, geht aus einem Stufenlied hervor, das er später niederschrieb: *»Wenn nicht der Herr für uns gewesen wäre, sage doch Israel, wenn nicht der Herr für uns gewesen wäre, als Menschen wider uns aufstan-*

den, dann würden sie uns lebendig verschlungen haben, als ihr Zorn wider uns entbrannte; dann würden uns die Wasser überflutet haben, würde ein Strom über unsere Seele gegangen sein; ...Gepriesen sei der Herr, der uns nicht zum Raub gab ihren Zähnen! Unsere Hilfe ist im Namen des Herrn« (Ps. 124).

Gelehrige Schüler

Kostbar sind die Erfahrungen dieses Mannes für die Gemeinde Jesu der Jetztzeit. Darum ist es uns unverständlich, daß es Kinder Gottes gibt, die mit den Belehrungen des Alten Testamentes nichts anfangen können. Ist es doch das Bilderbuch Gottes, welches uns die Nachfolge so lieblich umreißt, daß jedem, der das Wort schätzt, das Herz vor Freude wallt.

Wie mancher, der sich im Gestrüpp dieser Welt verfangen hatte, fand durch die Begebenheiten und Erfahrungen solcher Männer wie David wieder den Mut, umzukehren und sich durch Buße und Bekenntnis in die Arme seines Heilandes zu werfen. Die Welt freut sich — wie Achis —, wenn Kleinglaube und Verzagtheit Erlöste in ihre Gemeinschaft treiben. Einen prüfungsreichen Platz zu verlassen, ist nie so schwer wie diesen einzunehmen, doch der Weg dahin zurück, ist immer ein Weg des Segens. Eigentlich müßte sich jeder, der in Übungen gerät, die Frage vorlegen: Wo bin ich geborgener: unter der Obhut Gottes oder unter dem Schutz der Welt (= Achis)? Der Gedanke, eine Erleichterung zu suchen, ist immer angenehm und verführerisch. Der Feind ist schnell bereit, den Nebenweg zu zeigen, doch der ist mit Bitterkeit gepflastert, und der Unglaube treibt hier verhängnisvolle Früchte. Darum müssen wir den Anfängen wehren. Je größer die Not, die Ängste des Lebens, desto stärker weht uns die Liebe Gottes an und je näher ist Sein Trost und Beistand. Das Glaubensauge kann leicht durch ständige Übungen verdunkelt werden, darum ist große Wachsamkeit geboten. David will uns helfen. Er will uns zurufen: Seid nur nicht so töricht wie ich! Ich wollte den Übungen entgehen und geriet in neue, in viel schwerere. Schmählich habe ich meinen Gott verraten und beleidigt! Folge nur nicht meinem Beispiel!

Abraham wurde Ägypten zum Verhängnis, David Ziklag, und uns lockt die Welt mit ihrer Gepflogenheit. Wer die Gnade in Anspruch nimmt, verzichtet freiwillig auf die Angebote der Welt, der sucht zur Verherrlichung des Herrn Jesus, was droben ist, und dadurch beweist er, daß das, was der Herr schenkt, viel wertvoller und anziehender ist als der gegenwärtige Zeitlauf. Wer Kompromisse mit der Welt eingeht, kann nie neutral bleiben. Schon schnell steht er in der Gefahr, in den Reihen der Gottlosen wider das Zeugnis Gottes zu kämpfen. Wie gut, Gott kann nicht tatenlos zusehen, wenn die Gefahr sich dem Höhepunkt nähert. Er weiß, wo unser Ziklag ist, wo Er uns anfassen und zur Besinnung bringen muß. Es ist immer die Güte Gottes, die zur Buße leitet. Wunderbar, wenn die Seele Heimweh bekommt, wenn sie sich in Gott stärkt und neues Vertrauen faßt. Beschämend ist natürlich die Feststellung: mein Eigenwille hat nur Verlust gebracht, denn was mich ängstlich stimmte, wollte Gott gerade beseitigen; denn David floh aus dem Land, als Saul sich anschickte, nach Gilboa zu ziehen, wo er sein Ende fand. Demütige Rückkehr kann dahin führen, daß man Gott für die gemachte Erfahrung dankt, weil man nun die Gnade und die Treue des Herrn tiefer versteht als bisher.

1. Samuel 31
Israel geschlagen — Sauls und Jonathans Tod

Die Philister waren, während David den Zerstörern Ziklags nacheilte, in die Ebene von Jisreel, in das jüdische Land eingefallen. Heiß war der Kampf entbrannt, und siegreich drangen sie immer weiter vor, das Heer Sauls vor sich hertreibend. Man erreichte das Gebirge Gilboa, die nördliche Vormauer des Gebirges Ephraim. Furchtbaren Blutzoll zahlend wich Israel immer mehr zurück und geriet in große Bedrängnis. Saul, der das Oberkommando über sein Heer selbst führte, wurde von einer panischen Angst ergriffen. Wie konnte es auch anders sein! Der Unglückliche hatte seinen Gott verlassen, und nun hatte der Herr — wie angekündet — ihn dem Gericht überantwortet. Buße, Demütigung und Hinkehr zu Gott kannte der Verblendete nicht. Deshalb konnten nur Angst, Schrecken und Verzweiflung übrig bleiben. Bei der Ankündigung des Gerichts durch Samuel hörten wir schon, daß Saul sich sehr fürchtete; beim Anblick des feindlichen Heeres hatte sein Herz sehr gezittert, und nun lesen wir, als die Bogenschützen ihn umringten: *»Und es wurde ihm sehr angst vor den Schützen.«* Tausende tapfere Krieger hatte er schon in den Tod geschickt. Drei seiner Söhne waren gefallen, unter ihnen auch Jonathan, der Freund Davids. Die feindlichen Soldaten hatten Saul im Schlachtengewühl erkannt; nun ließen sie von allen anderen ab und wollten nur noch Saul unschädlich machen. Der Unglückliche sah keinen Ausweg mehr. Unter keinen Umständen wollte er in die Hände des Feindes fallen. Lebend sollten sie ihn nie erreichen! Der Verzweifelte gab seinem Waffenträger den Befehl, ihn niederzustoßen. Doch der wollte nicht und schreckte vor der Tat zurück. Da nahm Saul selbst sein Schwert und stürzte sich hinein. Sein Waffenträger folgte sofort seinem Beispiel, und das traurige Resultat der ganzen Sinnlosigkeit lautet: *»So starben Saul und seine drei Söhne und sein Waffenträger, auch alle seine Männer an selbigem Tag zugleich.«*

Törichter Mann! Angesichts des Todes ging es noch um seine Ehre. Er wollte nicht lebend in die Hände der Unbeschnittenen fallen. Der religiöse Schein und sein Hochmut mußten gewahrt bleiben. Welch eine Verblendung! Wäre die Sorge nicht angebrachter gewesen, nicht unversöhnt in die Hände Gottes zu fallen? So aber müssen wir ausrufen: Wehe, wehe, bei diesen Toten wacht kein Gottesengel! Der »Menschenmörder von Anfang« feierte hier seinen Triumph.

So endete ein von Natur aus so begabter und verheißungsvoll angelegter Mensch. Alles was er besaß: sein heller Verstand, sein frischer, tapferer Mut, sein anfänglich ritterlicher Sinn, dazu seine hohe imponierende Gestalt, — ein zum Herrschen Geborener endete im Selbstmord, weil er im Ungehorsam und Eigenwillen lebte. Über sein Leben dürfen wir schreiben: *»Die Welt vergeht mit ihrer Lust, mit ihrer Pracht, Eitelkeit, Ehre und Schönheit!«* Die andere Seite des Bibelverses ist wichtig: *»Wer aber den Willen Gottes tut, bleibt in Ewigkeit!«*

Daß das Beispiel des Königs sich auch auf das Volk auswirkte und einen beklagenswerten Einfluß ausübte, wundert nicht. Der Glaube schwand, der Gottesdienst zerfiel, die Sitten lockerten sich, und die Bibel berichtet über diese traurige Zeit: *»In den Tagen Sauls hatte man nicht mehr die Lade Gottes befragt.«* So steht dieser Mann als ein abschreckendes Beispiel der Geschichte da, auf den das Wort Salomos paßt: *»Vielgewunden ist der Weg des schuldbeladenen Mannes; der Lautere aber, sein Tun ist gerade« (Spr. 21,8).*

Als die Schreckenskunde der verlorenen Schlacht und der Tod des Königs und seiner Söhne sich in Israel verbreitete, ergriff alles Volk, welches das bis zum Jordan reichende Hochland bewohnte, die Flucht. Große Angst hatte alle befallen, so daß die Philister ohne einen Schwertstreich die verlassenen Städte und Dörfer besetzen konnten. Der Zustand Israels glich einer bedingungslosen Kapitulation, hervorgerufen durch das der Welt gleichgewordene Zeugnis Gottes, angeführt und zugrunde gerichtet durch ihren selbstherrlichen König!

Plündernde Philister

Die Schande, der Saul entgehen wollte, — nämlich nur nicht in die Hände der Feinde zu fallen —, erreicht ihn nun in seinem Tod. Plündernde Philisterhaufen durchsuchten das Schlachtfeld, um sich der Kleider und Habseligkeiten der Gefallenen zu bemächtigen. Plötzlich stutzten sie, denn vor ihnen lagen die Leichen Sauls und seiner drei Söhne. Der Anblick, der Herzen aus Stein erweichen mußte, führte bei den Philistern zu einem Triumphgeschrei. In barbarischer Weise hieben sie Saul den Kopf ab, zogen ihm die Rüstung aus und sandten diese Beute mit seinen Waffen in ihr Heimatland. Alle sollten sich an den Trophäen des Sieges berauschen. Die erbeuteten Waffen wurden in das Haus der Astaroth gelegt, denn letztlich verdankten sie ihrem Götzen den Sieg. Darin lag die größte Schmach der Niederlage: der Gott Israels, der Gott des Himmels und der Erde, konnte Seinem Volk den Sieg nicht vermitteln! So sahen es die Philister. Ihnen war es nicht möglich, die tieferen Zusammenhänge zu erkennen. Wie furchtbar hatte doch das Zeugnis unter Saul gelitten. Statt des Sieges des Volkes Gottes diese schmachvolle Niederlage! Astaroth, eine Fruchtbarkeitsgöttin, wurde von den Philistern als gehörnte Mondgöttin verehrt, deren Feste mit kultischer Prostitution in Verbindung standen. Dieser schreckliche Kult fand zeitweise sogar in Israel Eingang. Wir lesen, daß der junge König Josia damit aufräumte: *»Und er riß die Häuser der Buhler nieder, die sich im Haus des Herrn befanden, worin die Frauen Zelte (Zelttempel) webten für die Aschera«(=Astaroth) (2. Kön. 23,7).*

Die Leiche Sauls hefteten die Philister an die Mauer von Beth-Schan (=Haus der Ruhe). Gott ließ es zu, denn vor aller Welt mußte offenbar werden, was Er durch Mose und später durch Jeremia verkünden ließ: *»Hoffnung Israels, Herr, alle, die dich verlassen, werden beschämt werden. Und die von dir weichen, werden in die Erde geschrieben werden; denn sie haben den Born lebendigen Wassers, den Herrn, verlassen.«* Wie traurig, wenn die Bibel einem König den Grabspruch setzt: *»So starb Saul wegen seiner Treulosigkeit, die er wider den Herrn begangen, betreffs des Wortes des Herrn, das er nicht beobachtet hatte, und auch weil er eine Totenbeschwörerin aufsuchte, um sie zu befragen; aber den Herrn befragte er nicht. Darum tötete er ihn und wandte das Königtum David, dem Sohn Isais zu« (1. Chron. 10,13).*

Eine edle Tat des Dankes

Die Männer von Jabes-Gilead hörten von der Schmach, die man Saul und seinen Söhnen angetan hatte. Tapfere Helden zogen ungeachtet der damit verbundenen Gefahr eine ganze Nacht hindurch, um Saul und seinen Söhnen die letzte Ehre zu erweisen. Sie schlichen sich bis zu der Mauer von Beth-Schan und nahmen die dort zur Schmach angehefteten Leichname weg, schleppten sie den weiten Weg nach Jabes zurück und verbrannten die Gefallenen. Es war eine edle Tat, die von großem Respekt vor dem Tod zeugte. Was die Männer bewog, wissen wir nicht näher. Es ist aber anzunehmen, daß sie sich dem Haus des ehemaligen Königs zu Dank verpflichtet fühlten. Hatte doch Saul, bevor er das Königtum öffentlich übernahm, die Gileaditer aus einer furchtbaren Lage befreit. Nahas, der Ammoniter, hatte Jabes-Gilead belagert und wollte die Stadt ausrotten. Da gingen die Männer der Stadt zu dem Unhold und boten sich ihm zu Knechten an. Seine Antwort lautete: *»Unter dieser Bedingung will ich einen Bund mit euch machen, daß ich euch allen das rechte Auge aussteche und damit eine Schmach auf ganz Israel lege.«*

Wir können uns das Entsetzen der Bewohner gut vorstellen. In ihrer Not baten sie um sieben Tage Bedenkzeit. Diese benutzten sie, ihre Volksgenossen in Israel zu benachrichtigen. Beim Hören solcher Brutalität erhob das ganze Volk seine Stimme und weinte. Saul, der gerade von der Feldarbeit kam, erkundigte sich nach der Ursache dieses Geschreis. Wir lesen: *»Da geriet der Geist Gottes über Saul, als er diese Worte hörte, und sein Zorn entbrannte*

sehr.« Darauf rief er ganz Israel zum Kampf auf. Mit diesem großen Heer schlug er Ammon. Es war ein Strafgericht Gottes, das diesen Frevler traf, denn er wurde so total geschlagen, daß unter ihnen nicht zwei beisammen blieben.
Diese Rettungstat Sauls werden die Gileaditer nicht vergessen haben, denn gerade die Männer dieser Stadt bewiesen den Dank auf solch eindrucksvolle Art. Es heißt: *»Und sie nahmen ihre Gebeine und begruben sie unter der Tamariske zu Jabes, und fasteten sieben Tage.«*
Mit diesen zu Herzen gehenden Worten endet das 1. Buch Samuel. Das ist auch gleichfalls das Ende des Priestertums und der Richter und vor allem das Ende des Königtums nach den Gedanken und der Wahl des Menschen. Vor dem geistlichen Auge steht nur noch ein Trümmerhaufen; alles löste sich auf unter dem heiligen Auge Gottes. Er hat alles zusammenstürzen lassen, um David, *»dem Mann nach Seinem Herzen«* die Bahn zu brechen. Der muß zur Herrschaft kommen, und seine Gegenwart, sein Königtum, birgt den Fortbestand des Planes Gottes in sich. Das Verschwinden dessen, was der Mensch gewählt, das Gericht, der Ruin des Menschen ist für Gott der Anbruch der Herrschaft des Geliebten.

Gottes Gnade und Gericht

Die Bibel sagt: *»Im Traum, im Nachtgesicht, wenn tiefer Schlaf die Menschen befällt, im Schlummer auf dem Lager: dann öffnet er das Ohr der Menschen und besiegelt die Unterweisung, die er ihnen gibt, um den Menschen von seinem Tun abzuwenden, auf daß er Übermut vor dem Mann verberge; daß er seine Seele zurückhalte von der Grube, und sein Leben vom Rennen ins Geschoß... Siehe, das alles tut Gott zwei- dreimal mit dem Mann, um seine Seele abzuwenden von der Grube, daß sie erleuchtet werde von dem Licht der Lebendigen« (Hiob 33, 15-18 u. 29-30).*
Nie will Gott den Tod und Untergang des Menschen, sondern immer seine Umkehr, seine Buße und Rettung vor dem Gericht. Um das zu erreichen, wirkt Seine Gnade an jedem Herzen. Seine Langmut, Sein Warten auf die Reaktion des Sünders, ist oft unbegreiflich. Was läßt sich der Gütige nicht alles vorwerfen! Wieviel Unrecht und Verachtung, Spott und Beleidigungen läßt Er über sich ergehen, ehe Er mit dem Spötter abbricht und ins Gericht geht.

Die Geschichte Sauls sollte für uns alle und für jeden Einzelnen eine ernste Warnung sein. Auch er war solch ein Mann der glaubte, Gottes Geduld und Gnade hätten keine Grenze. Deshalb mußte der Unglückliche erleben: Gottes Mühlen mahlen langsam aber trefflich fein! Immer wieder stellte Samuel ihm sein falsches Handeln vor. Zum Schein bejahte der Leichtfertige die Zurechtweisungen. Nie aber kam es zu einem inneren Zerbruch, zu einer wirklichen Buße und Beugung. Da Gottes Wort immer in Erfüllung geht, brach über Saul schließlich das angekündigte Gericht herein.

Wir haben seine Angst gesehen, als es ernst wurde. Jede Selbstsicherheit war verschwunden. Sein Empfinden, sein Zittern und Zagen waren nochmals ein Angebot der Gnade Gottes. Angst ist immer ein Mittel, das in das Erbarmen Gottes treiben will. An Seinem Herzen ist Raum für jeden Aufrichtigen. Das Herannahen des Gerichts — hier in Form von den Bogenschützen, die Saul umringten — war ein erneutes Mahnen, das zur Buße leiten wollte; auch der Tod der drei Söhne, der Saul ebenfalls an das Unausweichliche ermahnen sollte, alles waren Beweise: die Gnade kennet keine Schranken, das Gericht ist immer das allerletzte. Anstatt dem Waffenträger zuzurufen: durchbohre mich! hätte er seufzen müssen: Herr, sei mir dem Sünder gnädig! Laß mir Deine Gnade, Dein Erbarmen zuteil werden! Die Engel hätten gejubelt, Freude im Himmel und auf Erden wäre aufgebrochen, weil ein Sünder Buße tat!

Das ist der von Gott gewiesene Weg. Keiner wird zu Schanden, welcher Gottes harrt! *»Mir ists bange, tritt als Bürge für mich ein!«* rief der König Hiskia und fand Erhörung. Der Feind will zur Verzweiflung führen, die Gnade aber zum Herzen Gottes. Wenn der Mensch vor dem Gericht Gottes steht, verschwinden alle mutigen Sprüche; dann wird er ganz klein, dann kommt die Angst. Das aber ist gut so, denn noch besteht die Möglichkeit zur Umkehr. Keiner sollte mit der Gnade spielen. Ist die Langmut Gottes erschöpft, muß jeder Sorglose das Wort erfahren: *»Es ist furchtbar, in die Hände des lebendigen Gottes zu fallen!«*

2. Samuel 1
Davids Schmerz und Totenklage

Das 2. Buch Samuel enthält unter anderem die Krönung und das Königtum Davids. Der nachdenkende Leser wundert sich, daß als erstes der Kampf wider Amalek erwähnt wird. War nach der Krönung Sauls nicht eine ähnliche Situation? Saul scheiterte bei der Erfüllung des Auftrages an Amalek durch Ungehorsam, Eigenwillen und Selbstherrlichkeit. Er wurde durch sein Verschulden von Gott verworfen. — David warf diesen Gegner nieder und sah nach seinem Sieg den Weg frei zum Thron und zum Königtum.

Noch befand er sich in Ziklag. Ängstlich wird er auf Nachricht gewartet haben, denn die Ereignisse auf dem Gebirge Gilboa waren bis jetzt noch nicht zu David gedrungen. Drei Tage nach seinem Sieg über Amalek, als seine Gedanken wohl bei Saul und Jonathan weilten, sah er plötzlich einen wild aussehenden jungen Mann auf sich zu rennen. Seine Kleider waren zerrissen und Erde lag auf seinem Kopf: sichtbare Zeichen von Trauer und Entsetzen. Unmöglich konnte er der Überbringer einer guten Nachricht sein. Bei seiner Ankunft warf sich der Bote vor David in den Staub. Es war eine Ehrenbezeugung vor dem mutmaßlichen Erben der Königswürde und ein Zeichen von Unterwürfigkeit und Ergebenheit. Woher dem Ankömmling diese Erkenntnis kam, bleibt uns verborgen. Jedenfalls wollte er sich auf raffinierte Weise und mit Lügen die Gunst des kommenden Herrschers sichern.

»Wo kommst du her?« war die verwunderte Frage Davids. Er antwortete: *»Ich bin aus dem Heerlager Israels entronnen. Und David sprach: Wie steht die Sache? Berichte mir doch. Und er sagte: Das Volk ist aus dem Streit geflohen, und auch viele aus dem Volk sind gefallen und gestorben, und auch Saul und sein Sohn Jonathan sind tot.«* David war aufs höchste bestürzt und sprach zu dem Jüngling: *»Wie weißt du, daß Saul und sein Sohn Jonathan tot sind? Und der Jüngling berichtete: Ich geriet zufällig auf das Gebirge Gilboa, uns siehe, Saul lehnte sich auf seinen Speer; und siehe, die Wagen und die Reiter setzten ihm hart nach, und er wandte sich um und sah mich und rief mir zu; und ich sprach: Hier bin ich. Und er sprach zu mir: Wer bist du? Und ich sprach: Ich bin ein Amalekiter. Und er sprach: Tritt doch her zu mir (stelle dich doch auf mich) und töte mich, denn die Verwirrung (der Schwin-*

del, der Krampf) hat mich ergriffen; denn mein Leben ist noch ganz in mir! Da trat ich zu ihm hin und tötete ihn, denn ich wußte, daß er seinen Fall nicht überleben würde. Und ich nahm das Diadem, das auf seinem Haupt, und die Armspange, die an seinem Arm war, und habe sie zu meinem Herrn hierher gebracht.«
So weit der Bote. — Wie reagierte David? Kaum hatte der Überbringer dieser Unglücksnachricht geendet, zerriß David außer sich vor Schmerz, aber auch vor Entrüstung und Zorn seine Kleider. Alle, die ihn umstanden, folgten seinem Beispiel und weinten, klagten mit ihrem Führer *»und fasteten bis an den Abend um Saul und Jonathan und um das ganze Volk des Herrn und um das Haus Israel, weil sie durchs Schwert gefallen waren.«*

David entlarvt den lügnerischen Boten

Nach den Stunden der Trauer ließ David den jungen Mann vorführen. Wir lesen: *»Und David sprach zu dem Jüngling: Woher bist du? Und er sprach: Ich bin der Sohn eines amalekitischen Fremdlings. Und David sprach zu ihm: Wie hast du dich nicht gefürchtet, deine Hand auszustrecken, um den Gesalbten des Herrn zu verderben? Und David rief einen der Knaben und sprach: Tritt herzu, falle über ihn her! Und er erschlug ihn und er starb. Und David sprach zu ihm: Dein Blut komme auf dein Haupt! denn dein Mund hat wider dich gezeugt und gesprochen: Ich habe den Gesalbten des Herrn getötet.«*
Wir sehen David in einer geistlichen Haltung. Durch die ihm entgegengebrachte Huldigung des Amalekiters ließ er sich in keiner Weise in Hochstimmung bringen. Ganz realistisch beurteilte er den Unglücksboten, und schon schnell war David innerlich überzeugt, daß der Mann ein Lügengewirr auftischte. Wie kann man »zufällig« ins Gedränge einer Schlacht kommen? *»Saul lehnte sich auf seinen Speer«* nach den Worten des Boten. In Wirklichkeit hatte Saul das Schwert in der Hand, und nicht die Wagen und Reiter setzten dem Unglücklichen nach, sondern die Bogenschützen erreichten ihn. Die ganze Erzählung war auf Lüge aufgebaut. Nie hätte Saul einen Amalekiter aufgefordert, ein Ende mit ihm zu machen; auch wartete sein Waffenträger so lange mit seinem Selbstmord, bis er sah, daß Saul tot war. *»Da trat ich zu ihm hin und tötete ihn«*, lautete die Botschaft des Verlogenen. Hinter dem

Amalekiter stand der Vater der Lüge. Dieser gaukelte dem Unglücksboten einen reichen Lohn vor, den dieser bestimmt in der freudigen Erregung Davids über den Untergang seines Gegners empfangen würde. So kalkulierte der Beeinflußte. Doch welch jähes Erwachen mußte der Jüngling erfahren! Wie sollte er auch die Empfindungen des kommenden Königs verstehen können? Die Taktik Satans ist immer dieselbe. Er will die Führung Gottes verdunkeln, er will immer mitmischen! Hier wollte er David dahinbringen, die Krone Sauls, das Zeichen der königlichen Würde, aus seiner Hand anzunehmen. Seine gemeine List wurde völlig vereitelt, da David die Intrigen gleich durchschaute.
Wir sahen bereits Davids Reaktion, seinen Schmerz und seine Tränen über den Tod derer, die er achtete und liebte. Die Vergangenheit, die ständige Flucht und alle Strapazen sind vergessen; ihn bewegte die Niederlage des Volkes Gottes.

Das Bogenlied

Nachdem der Leichenschänder beseitigt war, — denn als solchen müssen wir den Boten sehen, der plündernd übers Schlachtfeld zog, die Leiche Sauls und seiner Söhne fand, Krone und Armspange an sich nahm, um sich damit eine gesicherte Zukunft zu schaffen —, stimmte David ein ergreifendes Trauerlied an. Als »Lied von dem Bogen« ist es in die Geschichte eingegangen. Diesem Klagelied zu lauschen, bringt einen inneren Gewinn. Es kommt ungeheuchelt, innig und warm aus dem Herzen des so tief Berührten. Die Worte gehören zu den rührendsten und schönsten, die je einer Menschenbrust entquollen sind. Der Blick des Klagenden war aufs Schlachtfeld gerichtet. Tief erschüttert gedachte er des Triumphes des Feindes über das geschlagene Gottesvolk. *»Deine Zierde Israel, ist erschlagen auf deinen Höhen! wie sind die Helden gefallen!... Berge von Gilboa, nicht Tau noch Regen sei auf euch, ...denn dort ward weggeworfen der Schild der Helden, der Schild Sauls, nicht gesalbt mit Öl.... Saul und Jonathan, die Geliebten und Holdseligen in ihrem Leben, sind auch in ihrem Tod nicht getrennt; sie waren schneller als Adler, stärker als Löwen. Töchter Israels, weinet um Saul, der euch köstlich kleidete in Karmesin, der goldenen Schmuck zog über eure Kleider! Wie sind die Helden gefallen mitten im Streit! Wie ist Jonathan erschlagen auf* *deinen Höhen! Mir ist wehe um dich, mein Bruder Jonathan! holdselig warst du mir sehr; wunderbar war mir deine Liebe, mehr als Frauenliebe! Wie sind die Helden gefallen, und umgekommen die Rüstzeuge des Streites!«*

David befahl, daß die Kinder Juda dieses Lied lernen sollten. Diese Unterweisung sollte sie in der fernen Zukunft vor solchem Mißgeschick in Israel bewahren. Das Lied vom Bogen sollte eine stete Erinnerung an den Tod Sauls sein, der des Bogens beraubt war, weil die Bogenschützen zu David nach Ziklag geflohen waren, und der von den Bogenschützen des Feindes in die größte Bedrängnis geriet.

Das Lied hat einen ergreifenden Unterton, indem sich der Kehrreim wiederholt: Wie sind die Helden gefallen, wie sind sie umgekommen! Was hatte ihnen gefehlt? Nun wir sahen es bereits, es war der Bogen, durch den Saul besiegt wurde. Überall begegnet uns der Bogen in der Bibel als Sinnbild der Kraft, um den Feind zu besiegen. Das Schwert ist die Waffe von Mann zu Mann, doch mit dem Bogen wehrt man den Gegner aus der Ferne ab. Der Schütze sieht den Angreifer schon von weitem, beobachtet seine Bewegungen und Absichten und streckt ihn zu Boden, ehe er angreifen kann. Die Handhabung des Bogens erfordert mehr Einsicht und Kunst im Gebrauch als die des Schwertes. Nur starke Arme und Hände vermögen den Bogen recht zu spannen und zu führen.

Die Helden, die David besang, waren auf den Bogen des Feindes getroffen. Der war ihnen deshalb weit überlegen. Das Verderben, das sie ereilte, entsprang dem Irrtum, ihre Kraft würde reichen, den Feind zu bezwingen. Der törichte Feldherr Saul zog trotz der Warnung Samuels ohne die Hilfe Gottes in den Streit.

Davids Trauergesang war der rührende Ausdruck eines Herzens, das weder Groll noch Bitterkeit kannte und von einer herzlichen Zuneigung zu den Gefallenen zeugte. War auch einst sein Leben von ungerechten Anschuldigungen des Hasses bedroht, hatte der Gejagte auch manchmal gebangt und geseufzt, — nun hatte die Liebe eine Menge von Sünden zugedeckt. Kein einziges Wort der Klage und Anklagen kam über seine Lippen gegen den, der nun unter der Tamariske zu Jabes ruhte. Das Negative war zugedeckt, und an das Positive erinnerte David sich gerne. Saul war nicht nur sein Schwiegervater gewesen, sondern er war der Gesalbte Gottes, der Träger des Zeugnisses, der sein Volk zu manchem Sieg geführt hatte. Weiter gedachte David in liebender Weise an die natürlichen Gaben, die diesem Mann die Liebe des Volkes zuwandte; er besingt ihn, wie er die Töchter Israels, seines Volkes, in Karmesin kleidete. Doch alles wurde in den Schatten gestellt, wenn David seinen Schmerz über den Tod dessen ausdrückte, der ihn so lange gehaßt und verfolgt hatte. War er vorher in einer Stunde der Schwäche noch bereit, wider sein Volk mit den Philistern gemeinsame Sache zu machen, so erfüllte ihn jetzt tiefe Wehmut, die ihn mit seinem Volk weinen ließ.

Der Tod Jonathans, des geliebten Freundes, ließ seinen Schmerz zum äußersten ansteigen. *»Mir ist wehe um dich, mein Bruder Jonathan! holdselig warst du mir sehr; wunderbar war mir deine Liebe.«* Dieses sind ungeheuchelte Aussprüche einer reinen Liebe. David hatte es nie vergessen, daß dieser »Holdselige« am Tag seines Sieges über Goliath, sich jeder Würde entkleidete und David den Bogen seiner Kraft, sowie sein Gewand, seinen Rock, sein Schwert und seinen Gürtel schenkte. Ihre Seele verband sich zu einer unauslöschlichen Liebe. Wunderbar schirmte der Sohn Isais das Andenken seines Freundes ab. In keiner Weise erwähnt er das Fehlen des letzten Opfers, das echte Liebe zu erbringen vermag, nämlich die völlige Nachfolge, das Tragen der Schmach des in der Verbannung lebenden Königs. Auch spricht David nicht von seiner Liebe zu Jonathan, er besingt nur dieses Zeichen der Anhänglichkeit seines Freundes.

Mancher mag beim Lesen dieses Trauerliedes eine gewisse Übertreibung empfinden. Solchen sei gesagt, daß der Schmerz die Vergangenheit zudeckt und nur das Verbindende und Schöne der Gemeinsamkeit vor dem tränenfeuchten Auge steht. Weil David und seinen Genossen der letzte Durchblick auf die Auferstehung noch fehlte, drehte sich das Bogenlied um die Belange des Diesseits. Die Decke wurde erst nach dem Sieg auf Golgatha weggenommen. Auf diese Tatsache wollen wir im folgenden Abschnitt eingehen. Doch Jonathan möchte wir den Vers des Dichters nachrufen:

> Wohl dir, du Kind der Treue,
> du hast und trägst davon
> mit Ruhm und Dankgeschreie
> des Sieges Ehrenkron'!

Das Lied und der Gebrauch des Bogens — eine Nutzanwendung für uns

David befahl, daß man das Volk dieses Lied vom Bogen lehre; andere übersetzen: den Gebrauch des Bogens lehre. In beiden Hinweisen liegen tiefgehende geistliche Belehrungen für uns.
Menschen können einen Bogen in der Hand halten, ohne die Geschicklichkeit und die Kraft zu haben, ihn im rechten Augenblick zu benutzen. Wir lesen: *»Die Söhne Ephraims, gerüstete Bogenschützen, wandten sich um am Tag des Kampfes« (Ps. 78,9).* Hanna betete, um die Kraft des Herrn hervorzuheben: *»Die Bogen der Helden sind zerbrochen, und die Strauchelnden haben sich mit Kraft umgürtet« (1. Sam. 2,4).*
Bei Gotteskindern kann der Bogen nur unversehrt bleiben, wenn jegliche eigene Kraft zerbrochen und unser ganzes Vertrauen auf den Herrn gerichtet ist. Zu Gideon sagte der Herr: *»Gehe hin in dieser deiner Kraft«,* die er zu seiner Aufgabe empfangen hatte. Paulus wies darauf hin: *»Wenn ich schwach bin, dann bin ich stark!«* Wenn ich meine ganze Ohnmacht fühle, kann der Herr mich ausfüllen! Jemand schrieb: »Nichts ist schwächer als ein Christ, welcher Christum als seine Kraft verlassen hat.« Wir wollen uns ermutigen, unseren Bogen recht zu gebrauchen, damit unsere Arme und Hände gelenkig bleiben durch die Kraft des Herrn. David will uns lehren, den Bogen recht zu spannen, den Pfeil aufs Ziel zu richten, damit die Taktik Satans durchkreuzt wird. Je sicherer wir in der Handhabe sind, desto sicherer können wir dem Feind entgegentreten. In dem Verhalten der Bogenschützen aus Benjamin, die kurz vor dem Zusammenbruch des Reiches Sauls zu David mit ihren Bogen flüchteten, war zu ersehen, daß sie nicht in Verbindung mit dem verworfenen König den Bogen gebrauchen wollten, sondern auf die Kraft Davids vertrauten. Wir wollen ihnen nachahmen und nicht über unsere Schwachheit seufzen, als ob kein Hilfsmittel da wäre, sondern in Glauben und Vertrauen auf die Kraft Gottes des Sieges gewiß sein. Dem Demütigen ist die Gnade zugesichert. Wohl allen, die in dem Reichtum des Christus leben und den Kampf als Geübte fortsetzen. Der Tag ist nicht allzu fern, da wir den Bogen zurückgeben werden, denn unser winkt die ewige Sabbatruhe.

Der Gebrauch des Bogens birgt einen wertvollen Trost

Arbeit für den Herrn schenkt nicht nur Tragkraft, sie gibt auch Trost und Ablenkung im Leid. Israel sollte das Lied vom Bogen singen und diesen fleißig gebrauchen. Dadurch wurden sie abgelenkt; die schmachvolle Lage, der Tod des Königs und seiner Söhne, sowie der ihrer Söhne und Väter konnte durch den Gebrauch des Bogens gemildert und tragbar werden. Wie mancher ist durch bitteres Leid schon trübsinnig geworden, hat den Herrn aus dem Auge verloren und wurde ein Spielball seiner menschlichen Gefühle. Bitterkeit erfüllt das Herz, ja, es kommt oft sogar zu Vorwürfen und Auflehnung gegen Gott.

Hinter dem menschlichen Schmerz steht oft der Ränkeschmied. Mit großer Geschicklichkeit versteht er, uns ständig im Kreis zu führen. Kaum haben wir uns gefangen und die rechte Blickrichtung wiedererlangt, lenkt er unsere Gedanken schon wieder auf den herben Verlust, die schweren Umstände und das nicht enden wollende Leid. Wer dem Kreislauf entgehen will, der arbeite, der lasse sich vom Herrn gebrauchen. Im Gebrauch des Bogens liegt unvorstellbarer Trost. Halten wir fest: Untätigkeit führt zur Verzweiflung; Arbeit für den Herrn vermittelt Vertrauen, Trost und Dankbarkeit.

Wer sich den Blick für die Not anderer öffnen läßt, erkennt schnell, daß es Aufgaben gibt, die das Leben lebenswert machen. Wer in dieser Beziehung den Bogen benutzt, wird die verborgene Freude finden, die mit der rechten Handhabung verbunden ist. Spurgeon erzählt: Ein reicher Mann in Venedig gab sich der Trübsal hin. In seiner Verzweiflung ging er zum Kanal hinab, um sich zu ertränken. Unterwegs begegnete ihm ein armer kleiner Knabe, der ihn am Rock zupfte und ihn um Brot bat. Als der Reiche dem Kind nicht traute und es einen Betrüger schimpfte, bat ihn der Junge, doch mit ihm zu kommen und seine Eltern zu besuchen, die vor Hunger stürben. Er ging mit und fand tatsächlich die beiden aus Hunger dem Tod nahe. Schnell verwandte er das Geld, welches er in der Tasche hatte, um die Leute mit einer guten Mahlzeit zu erfreuen. Die Schwermut wich, denn der Mann erkannte den Gebrauch des Bogens; es gab noch etwas, das das Leben lebenswert machte. Was bringen die Klagelieder? Mutlosigkeit, Unfrieden und eine Belastung für unsere Umgebung. Die Vergnügungen der Welt bringen die innere Ruhe nicht wieder, sondern der rechte Gebrauch des Bogens! Oft haben wir schon darauf hingewiesen, daß gerade in das Leid, den Schmerz, das Loblied gehört. Als der Herr Jesus nach Gethsemane ging, sang er zuvor mit den Jüngern ein Loblied. Er kannte den Gebrauch des Bogens, das Ruhen im Willen Gottes.

Das Lied vom Bogen als wertvolle Erkenntnis

Saul und Israel fehlten die Erkenntnis, daß ohne Bogenschützen die Schlacht aussichtslos war. Die Philister waren ihnen haushoch überlegen, weil sie stark im Gebrauch des Bogens waren, was Israel fehlte. Im Handgemenge würden die Soldaten Sauls überlegen gewesen sein, doch die Kämpfer, die aus der Ferne schossen, die fehlten. Darum war David so besorgt, daß man den Gebrauch des Bogens übte. Er hatte aus der Niederlage gelernt.
Darum geht es auch bei uns, dem himmlischen Volk Gottes. Resignieren, aufbegehren, stöhnen und jammern bringt nicht weiter. Wir müssen aus unseren Niederlagen lernen; herausfinden, wo unsere Schwächen sind und woraus sie entstehen. Elisa warnte den König Joram: *»Hüte dich, diesen Ort zu vernachlässigen, denn dort kommen die Syrer herab!«* Kennen wir das Einfallstor des Feindes? Jeder kennt die Schwachstelle seines Lebens. Bei einem ist es eine Lieblingssünde und Gewohnheit; beim anderen Trägheit, ein Nachlassen im Gebet, Müdigkeit im Lesen des Wortes, Rechthaberei und Lieblosigkeit gegen die Familie und die Hausgenossen des Glaubens. Was es auch sei, die erlebte Niederlage soll zu einer gesegneten Nutzanwendung führen. Wo liegt die Wurzel, die gezogen werden muß? Die erste Liebe und Freude, sind sie verloren gegangen? Wunderbar ist die Gnade, die uns den Gebrauch des Bogens lehrt, die uns zur Quelle zurückführt, weil die Ursache des Fallens beseitigt wurde. Wenn Gott uns gehen lassen muß, wenn unsere Wege Ihm nicht wohlgefällig sind, wenn Er uns Seinen Segen entziehen muß, dann ist es höchste Zeit, die Lektion zu lernen, damit der Bogen wieder sein Ziel erreicht.
Es kann auch sein, daß ein Leser noch gar keine Beziehung zum Herrn als seinem persönlichen Heiland und Erlöser hat. Er wird noch wie ein Spielball hin- und hergeworfen. Die Leidenschaften und Sünden binden. Ihn möchten wir bitten: Komm zu dem Herrn Jesus als einer, der Ruhe und Frieden sucht, der dem Druck

des Herzens und der Sündenlast entgehen möchte. Komm im Vertrauen, denn wer zu Ihm kommt, den will Er nie hinausstoßen. Wirf deine Schuld auf den Gekreuzigten und erkenne, daß der Herr an deiner Stelle am Kreuz im Gericht hing, Gott in Seinen gerechten Forderungen befriedigte, Satan und Tod entwaffnete und deine Sünden mit Seinem Leben sühnte. Der Glaube nimmt dann das volle Heil an und rühmt das ewige Erbarmen, das alles Denken übersteigt. Weiter nimmt der Glaube den Bogen und lernt in der Geborgenheit Jesu, dem Feind zu begegnen.

Der Bogen — ein Denkmal des Freundes

Jonathan — so haben wir in früheren Kapiteln gezeigt — war ein Mann, der den Gebrauch des Bogens liebte, obgleich sein Vater diese Waffe nicht völlig einführte. Zum Andenken an seinen Freund errichtete David nicht ein Denkmal, sondern lehrte die Kinder Israel den Gebrauch des Bogens. Diese Anordnung war ein würdiges Andenken an den teuren Verblichenen.

Wie wertvoll sind leuchtende Leitbilder! Wie wichtig sind für unsere Tage solche Vorbilder; Väter und Mütter in Christo, die den Gebrauch des Bogens kannten und in ihrem Leben ausübten. Wer das Gedächtnis der lieben Mutter, des treuen Vaters ehren will, der lerne von ihnen ihre Tugenden. Kein Andenken ist passender als Nachahmung des Guten.

Alles Äußerliche ist Gott ein Greuel. Es geht vor Gott immer um die innere Wahrhaftigkeit. Was nutzt die Aufrichtung der vielen Kreuze, man kann sich mit ihnen sogar schmücken und begreift gar nicht, daß es der Schandfleck der Menschheit ist, der Schandbalken, an den wir alle ohne Ausnahme gehörten. Geht es nicht vielmehr um das Mitgekreuzigt-Sein in unserem Leben? Die äußeren Zeichen beeindrucken Gott nicht, im Gegenteil, er wird alle ins Gericht bringen, die mit geschnitzten Bildern Ihn verunehrt haben. Nur durch das Mitgestorbensein, das Sterben in der göttlichen Selbstverleugnung, in Seiner Liebe, die Er in unsere Herzen ausgegossen hat, in der Darstellung des Wortes des Lebens kann das wahre göttliche Leben in uns sichtbar werden. Wie schön, wenn der Gebrauch des Bogens in der Nachahmung der Vorbilder sichtbar wird.

Welch ein leuchtendes Vorbild ist unser Herr Jesus. Nur Er konnte sagen: *»Lernet von mir!«*, nur Er hat uns ein wirkliches, tiefgehendes Beispiel gegeben: *»Der gescholten nicht wiederschalt, leidend nicht drohte, sondern sich dem übergab, der recht richtet.«* Wir können dieses Wort aus dem 1. Petrusbrief nicht oft genug zitieren.
Dieses Denkmal Seiner Liebe wollen wir ehren durch Treue und Gehorsam. Solche sind ein Segen, weil sie selbst Gesegnete sind. Die Verwandlung in Sein Bild ist das rechte Denkmal, das wir in dieser argen Welt aufrichten dürfen. Wir sehen, auch in unseren Tagen sind wir von einer Wolke von Zeugen umgeben, die uns zurufen: Gott kann! Er hat uns im Glauben zum Sieg verholfen, ahmet unseren Glauben nach! Doch dies ist nur möglich, wenn wir *»Hinschauen auf Jesum, den Anfänger und Vollender des Glaubens, welcher der Schande nicht achtete und um der vor ihm liegenden Freude willen das Kreuz erduldete« (Hebr. 12,2).*

Der Gebrauch des Bogens — ein großes Vorrecht und ein Gewinn

Vergeistlicht — so sahen wir an Hand vieler Bilder — ist der Gebrauch des Bogens mit großen Segnungen verbunden. Nun kann uns das alles vorgestellt werden, ohne daß wir richtig reagieren oder antworten. Wenn wir nur das eine lernten, den Bogen des Gebetes, der Fürbitte und der Danksagung recht zu gebrauchen, würde sich unser ganzes Leben neu reformieren. Wer die »Pfeile des Heils vom Herrn« abzuschießen versteht, wird ein Segenskanal, durch den der Herr Sein Erlösungswerk offenbart. Männer Gottes, die von Ihm gebraucht wurden, wußten den Pfeil recht auf die Sehne des Bogens zu setzen, der dann die rechte Richtung nahm, weil Gott den Pfeil lenkte. Das heißt: gestützt auf Gottes Verheißung und begleitet mit steter Fürbitte erreichte der Pfeil das Ziel zur Verherrlichung Gottes.
Weiter geht es um die Beständigkeit, das Ausharren in dieser gesegneten Tätigkeit. Wir wollen den Berg besteigen und sehen, wie Elia den Bogen spannte und abschoß. Auf dem Karmel nahm er den Bogen und richtete ihn kühn gen Himmel. Für ihn gab es keine Befürchtung, der Pfeil würde falsch fliegen. Hatte beim ersten Ansatz der Bogen die rechte Spannung nicht, setzte er zum zwei-

ten, zum dritten bis zum siebenten Mal an. Nicht früher verließ der Mann Gottes den Wachtturm, bis der Pfeil des Gebetes in den Himmel drang und das köstliche Naß des Segens die dürren Fluren benetzte.
Als man in Schottland den Katholizismus wieder einführen wollte, sagte die Königin Maria: *»Ich fürchte die Gebete des John Knox mehr als alle Armeen, welche die schottischen Großen zusammenbringen können.«* Welch eine Macht hat das Gebet des Glaubens! Wer den Bogen in dieser Weise recht benutzt, steht über allen Gefahren und Ereignissen des Lebens. Machen wir den Anfang. Der, dem der Gebrauch des Bogens gefällt, legt Seine starke Hand auf unsere schwache.

Deutliche Fußspuren des Herrn Jesus

Mit Wehmut stellen wir fest, daß der Eigenwille des Menschen sich stets wider die Absichten Gottes und seine Heilspläne auflehnte. In allen Haushaltungen des Herrn hat der Widerspenstige versagt. Was Gott ihm anvertraute, entehrte und besudelte er. In der Vorkenntnis des Höchsten war Vorsorge getroffen. Der Herr blieb nicht beim Versagen des Menschen stehen, auch rottete Er den Versager nicht aus, sondern suchte den Ausweg in Seinem Geliebten. Dem Versagen des Geschöpfes stand der Erfüller gegenüber, der Mensch wurde und in allem den Gehorsam lernte und im Gehorsam die Erde durchschritt. So kommt Gott zu dem beschlossenen Ziel durch Seinen Sohn Jesus Christus!
Deshalb finden wir auch in allen Büchern der Bibel Seine Spuren. Im 1. Buch Samuel wird Sein Leiden, Seine Verwerfung und Ausstoßung aus der menschlichen Gesellschaft vorgeschattet. Wir haben immer wieder darauf hingewiesen, daß gerade in David uns die Tiefen der Leiden Christi begegnen. Seine Person, Sein Werk wie auch Seine Herrlichkeit bilden immer den Gegenstand der Gedanken Gottes. Mag der Tiefstand des Volkes noch so groß sein — wie uns im 1. Buch Samuel gezeigt wurde — die Gnade Gottes findet immer einen Weg des Erbarmens zum Handeln. Der Verfall des Priestertums, das die Verbindung des Volkes zu Gott befestigen sollte, hinderte ihn nicht, einen Propheten zu erwecken, der sich für Israel einsetzte. Das Gericht über die Söhne Elis, die Wegnahme der Bundeslade durch die Philister, selbst die zeitwei-

lige Dahingabe des Volkes und der Abbruch der Beziehungen Gottes zu ihm vermochten Sein Gnadenhandeln nicht zu beeinflussen. Längst war Sein Plan gefaßt, durch einen von Ihm gesuchten König, die Bande neu zu knüpfen. Nie kommt Er in Verlegenheit, auch nicht, wenn die Torheit des Menschen Seine Pläne zu durchkreuzen oder zu gefährden scheinen. Gott hatte längst gewählt, doch das Volk wollte nicht warten. Deshalb gab Er ihnen zunächst einen König in Seinem Zorn, damit sie die bitteren Früchte ihrer Ungeduld ernteten. Saul offenbarte sich in seinem Ungehorsam, und David der »Mann nach dem Herzen Gottes« kam auf den Thron. Das 2. Buch Samuel hat diese Thronbesteigung und die Niederwerfung der Feinde Israels zum Gegenstand.

Diese Belehrungen bergen die Spuren Jesu. Er wurde vom Vater zu einem halsstarrigen Volk gesandt, das in erstarrten menschlichen Traditionen lebte. Innerlich abgestorben und äußerlich unter der Fron der Römer stehend, verkündete der Herr ihnen das Reich Gottes. Die innere Freiheit in Verbindung mit Ihm war der Gegenstand Seiner Botschaft. Doch Er fand kein Echo, wurde verworfen und gekreuzigt. Das Volk Israel landete in einem furchtbaren Gericht. Die Gnade Gottes hat aber auch hier längst einen Ausweg gefunden. Während Israel den König seiner Wahl annimmt, den Antichrist, rüstet sich der verworfene König zu Seinem Wiederkommen. In der höchsten Bedrängnis des Volkes — denn der Antichrist wird sie in eine furchtbare Endschlacht führen — erscheint ihr wahrer König. Er kommt auf den Wolken des Himmels mit großer Pracht und Herrlichkeit. Die feindlichen Heere vernichtet Er durch den Hauch Seines Mundes. Dann bricht die Weh- und Bußklage auf. Die Israeliten erkennen, daß sie ihren Messias, den Gesalbten Gottes, gekreuzigt haben. Die Herrschaft ihres Königs wird mit Freuden begrüßt. Alle werden — wenn auch zeitlich abgestuft — sich dem König mit Schmeicheln unterwerfen. Denn das zweite Buch Samuel führt ins 1. Buch der Könige, in dem uns Salomo, der König des Friedens, gezeigt wird.

Die Gedanken Gottes mit dieser Erde, in denen Sein irdisches Volk eine wichtige Rolle spielt, sind wunderbar. Wohl allen, die ständig die Spuren Jesu suchen, denn: *»So viele der Verheißungen Gottes sind, in ihm ist das Ja, deshalb auch durch ihn das Amen (= es geschehe)!«*

Das große Ziel Gottes ist die Verherrlichung Seines Sohnes, der

zwar durch die Tiefen der Leiden mußte, den aber die vor Ihm liegende Freude beflügelte, denn das Ziel Gottes war: *»Für die Verwaltung der Fülle der Zeiten: alles unter ein Haupt zu vereinen in dem Christus, das was in den Himmeln und das was auf der Erde ist.«*
Wie sehr sehnt sich der Glaube nach dieser Wiederherstellung aller Dinge! Endlich kommt dann die langersehnte Stunde, in der alles dem Erlöser und Vollender zujubeln wird, wie ein Dichter schreibt:

Erd' und Himmel, werden spenden,
Ruhm und Preis an allen Enden.
O, welch seliges Vollenden:
Herr Jesu, komm!

2. Samuel 2
David wird in Hebron zum König gesalbt

Endlich war der Weg frei. Endlich alle Hindernisse beseitigt, die die Thronbesteigung Davids verhinderten. Wenn Gottes Stunde schlägt, kommt der »Mann nach Seinem Herzen« zu dem von Ihm bestimmten Ziel.
Wenn wir die ersten Verse unseres Kapitels lesen, finden wir einen Mann in einer wunderbaren Haltung, die beweist, daß Davids Seele im göttlichen Gleichklang lebte. Er hatte in Ziklag gelernt, bereut und erneut die Gemeinschaft mit Seinem Gott gefunden. Darum überfiel ihn in diesen stürmischen Tagen auch keine Unruhe. Die äußeren Umstände waren dazu angetan, nun die ganze menschliche Energie einzusetzen, um die verheißene Stellung einzunehmen. Viele Gründe lagen vor, denn das Volk Israel war besiegt; viele des Volkes waren geflohen, und das Land war von den Philistern überflutet. Es war schon eine Übung für diesen vaterlandsliebenden Mann, sich hier zurückzuhalten und nicht in Eile die zerstreuten Soldaten zu sammeln und der Schmach ein Ende zu setzen. David war sich weiter bewußt, daß er als der von Gott bestimmte König eine große Verantwortung trug. Mußte er nicht schnell den Thron besteigen und das Zepter in die Hand nehmen? Bestand nicht die Gefahr, daß jemand die bestehende Unordnung zu seinen Gunsten ausnutzen würde? Alles Gründe, die schnell ein hitziges Gemüt zu unbedachten Schritten verleiten konnten.

David ruhte in Gott! Die äußeren Umstände fanden bei ihm keinen Anknüpfungspunkt, um Unruhe zu erzeugen. Wunderbar ist seine Haltung, denn wir lesen: *»Und es geschah danach, da befragte David den Herrn und sprach: Soll ich in eine der Städte Judas hinaufziehen? Und der Herr sprach zu ihm: Ziehe hinauf. Und David sprach: Wohin soll ich hinaufziehen? Und er sprach: Nach Hebron.«*

Juda war sein Heimatland und der Stamm, zu dem er gehörte. Dieser Landstrich war von Philistern frei. Von deren Seite konnte zunächst keine Bedrohung kommen. Das Kriegsheer Sauls war nach der Schlacht auf dem Gebirge Gilboa zersprengt, und nur einzelne Haufen hatte der Heeroberste Abner an der Grenze von Gad und Manasse, jenseits des Jordans wieder gesammelt. Mit deren Hilfe setzte Abner Isboseth, den vierten Sohn Sauls zum Gegenkönig über Ephraim und Benjamin und über das ganze Israel ein. Verzweifelt versuchte man, das Königtum Sauls in seinem Sohn zu erhalten. Abner, sonst ein ehrenhafter Mann, glaubte das dem Haus seines früheren Herrn schuldig zu sein. Ein Umstand, der — wie wir noch sehen werden — zu einem Bruderkrieg führte. Hebron, eine der ältesten Städte der Welt, im Land Juda, wo die Erbbegräbnisstätte Abrahams war, bestimmte Gott zur Krönungsstadt. David zog mit seinen Frauen und seinen Männern samt deren Familien dort hin, um sich in den umliegenden Dörfern anzusiedeln. Hier wartete er auf die Männer von Juda, um von ihnen zum König über ihren Stamm gesalbt zu werden. Wie bereits schon früher bemerkt, ist David dreimal gesalbt worden. Die erste Salbung geschah im Vaterhaus inmitten seiner Familie, die zweite hier in Hebron. Die dritte Salbung fand ebenfalls in Hebron statt und zwar vor ganz Israel. Wie die Salbung vor sich ging, wird nicht weiter berichtet. Der Hohepriester, und auch Gad, der Prophet, befanden sich ja unter den Glücklichen, die David als erste zujubelten. Es ging eigentlich um die Bestätigung der Salbung, die Samuel vollzogen hatte.

Nach der ersten Huldigung, die David entgegengenommen hatte, erreichte ihn die frohe Nachricht, daß die Männer von Jabes-Gilead Saul beerdigt hatten. Sofort sandte er seine Boten und ließ den Männern sagen: *»Gesegnet seiet ihr vom Herrn, daß ihr diese Güte an eurem Herrn, an Saul, erwiesen und ihn begraben habt! Und so erweise der Herr nun Güte und Treue an euch; und auch ich*

will euch dieses Gute vergelten, weil ihr diese Sache getan habt. Und nun lasset eure Hände erstarken und seid wackere Männer; denn Saul, euer Herr, ist tot, und auch hat das Haus Juda mich zum König über sich gesalbt.«
Welche Gesinnung! in keiner Weise hegte David Groll wegen der vielen Entehrungen, die er durch diesen Mann erfahren mußte. Die Ehre, die er dem gefallenen Saul öffentlich erwies, muß eine große Achtung bei den Untergebenen hervorgerufen haben. Die anerkennenden Dankesworte werden auch bei den Jabesitern die gute, gewinnende Wirkung nicht verfehlt haben. Das Zeugnis Davids, das frei von Rachegedanken und Schadenfreude war, und das von Gnade und Vergebung redete, konnte nicht ohne Segensspuren bleiben. Trotz allem erlittenen Unrecht zollte er seinem Vorgänger größte Würde und Ehre, als dem Gesalbten des Herrn. Alle, die diese wahre königliche Sinnesart vernahmen, mußten in David einen menschenfreundlichen Herrscher erkennen, der auch das Unscheinbarste und Geringste, was irgendwo in seinem Reich geschah, wertete und dankbar anerkannte. Die Männer von Jabes-Gilead, die das Lob Davids ernteten, waren die ersten, denen er mitteilte, daß Juda ihn zum König gesalbt hätte. So drang nun die Nachricht allmählich bis an die Grenzen von Israel durch.

Abner, ein Gegenspieler des neuen Königs

Abner, der Vetter und Heeroberste Sauls, wollte sich David nicht unterwerfen. Sein heftiger und stolzer Charakter unterstützte in der Person Isboseths den Grundsatz der Erbfolge. Mit seinen neu gesammelten Soldaten hatte er den Philistern ein großes Teil der eroberten Provinzen wieder abgejagt. Nicht zu Gunsten Davids, sondern für dessen Gegenkönig Isboseth, den Abner in Machanaim krönen ließ und zum Herrscher über Israel ausrief, obwohl es immer nur einzelne Stämme waren, die er ihm unterwarf.
Dieser Nachfolger Sauls bestieg mit vierzig Jahren den Scheinthron und regierte nur zwei Jahre. Abner, sein Günstling, schmiedete Pläne, um gegen Juda, das David anhing, zu Felde zu ziehen. Die Fackel des Bruderkrieges trug der Ehrgeizige ohne Hemmungen weiter. In Gibeon, einer Hügelstadt nordwestlich von Jerusalem, im Stamm Benjamin, machte er halt. Joab, der Heerführer Davids, dem die Truppenbewegungen des Gegners nicht ent-

gingen, eilte mit seinen Männern dem Heer Abners entgegen, und sie stießen bei dem Teich zu Gibeon aufeinander. Abner machte den Vorschlag, im Einzelkampf von je zwölf Mann den Kampf entscheiden zu lassen. Joab war einverstanden, und nun standen die Ausgesuchten mit den Schwertern zum Kampf bereit. Ein haarsträubendes Bild, junge Menschen stehen sich mit dem Mut der Verzweiflung gegenüber. Es ist immer dasselbe Bild, so lange man nicht selbst gefordert ist, kann man gut andere sterben sehen. Ein Wahn, der immer wieder unter der Herrschaft des Teufels sichtbar wird. Hier nannte man den Ort, wo die vierundzwanzig starben: Acker der Schneiden oder der Klingen. Anschließend kam es zu einem furchtbaren Handgemenge, in dem Abner den kürzeren zog und floh. Auf der Flucht kam er persönlich in großes Gedränge. Asael, der Bruder Joabs, ein junger, schnellfüßiger Mann, jagte Abner nach und blieb ihm dicht auf den Fersen. Der aber warnte wiederholt den Verfolger, umzukehren und seinen Mut an einem anderen zu kühlen, denn er hatte große Bedenken, den Bruder Joabs zu töten. Als Asael aber von dem Kampferprobten nicht abließ und alle Warnungen in den Wind schlug, stieß Abner den jungen Mann nieder. Unser Text sagt: *»Und es geschah, jeder, der an den Ort kam, wo Asael gefallen und gestorben war, der blieb stehen.«* Ein tiefes und schmerzliches Bedauern erfüllte alle, daß ein solcher junger Held sterben mußte.
Von alters her besteht die traurige Tatsache, daß ein Unrecht das andere auslöst und eine frivole Tat die andere nach sich zieht. Kaum war die Nachricht vom Tod des jungen Kriegers bekannt geworden, sannen seine Angehörigen schon auf Rache. Zwei leibliche Brüder des Gefallenen verfolgten Abner bis zum Sonnenuntergang. Es waren Joab und Abisai, die Abner am Hügel Amma, der vor Giach liegt, erreichten. Eine Anzahl Kämpfer aus Benjamin hatten sich um ihn versammelt, so daß der Heeroberste es wagte, unter der Deckung der Soldaten Joab ein Friedensangebot zu machen. Seine Worte: *»Soll das Schwert immerfort fressen? weißt du nicht, daß zuletzt Erbitterung sein wird? und wie lange willst du nicht zu dem Volk sagen, von der Verfolgung ihrer Brüder umzukehren?«* Joab antwortete: *»So wahr Gott lebt, wenn du uns nicht herausgefordert hättest, dann wäre das Volk schon am Morgen weggezogen, ein jeder von der Verfolgung seines Bruders! Und Joab stieß in die Posaune; da blieb alles Volk stehen, und sie jag-*

ten Israel nicht mehr nach und der Kampf wurde eingestellt.« Die Heere trennten sich: Abner zog mit seinen Männern über den Jordan und kam nach Machanaim; Joab begrub seinen Bruder Asael im Erbbegräbnis des Vaters zu Bethlehem und zog dann mit seinen Männern die ganze Nacht durch, um bei Morgengrauen Hebron zu erreichen. Der Sieg war eindeutig auf seiner Seite. In dem traurigen Bruderkampf trat eine kurze Pause ein, doch die beiden, Joab und Abisai, warteten auf eine passende Gelegenheit, um scheußliche Blutrache zu nehmen.

Zwei Rivalen

Bei diesem traurigen Ringen der Rivalen Joab und Abner hören wir seltsamerweise gar nichts von David, geschweige, daß Gott zu Rate gezogen wurde. Joab hatte sich mit seinen Brüdern an die Spitze des Heeres gestellt. Aus 1. Chron. 2,16 wissen wir, daß sie Neffen Davids waren, Söhne seiner Schwester Zeruja. Deshalb hielten sie fest zum Königtum Davids und hatten infolge dieser Verwandtschaft hohe Stellungen. Joab, ein ehrgeiziger Mann, suchte mit allen Mitteln, in der Welt vorwärts zu kommen, damit er den ersten Platz hinter dem König errang. Zwischen Recht und Unrecht vermochte er gut zu unterscheiden. Aber daß er gegen das Unrecht eintrat, finden wir nur, wenn dadurch ein Vorteil für ihn herauskam. Stand eine gerechte Sache seinen Plänen entgegen, unterdrückte er sie. Konnte er seinen Ehrgeiz befriedigen, so scheute er vor Skrupel- und Gewissenlosigkeit nicht zurück. Jemand schrieb über ihn: man fand ihn überall da, wo es etwas Böses zu tun gab oder wo viel zu gewinnen war. Joab war ein Typ, der uns die menschliche Weltklugheit offenbart. Weil die Unterstützung Davids mit einem Vorteil für ihn verbunden war, trat der Mann auch ganz für dessen Sache ein.

Vergleichen wir die Rivalen, so stand Abner an Qualitäten über Joab. In mancher Lage offenbarte er großen Edelmut, doch sein Verhängnis lag im Festhalten an dem Königshaus, das Gott längst verworfen und dessen Existenz keine Grundlage mehr hatte. Somit stand er im Gegensatz zu David, dem König, den Gott sich erwählt hatte. Daß Abner dabei scheitern mußte, lag schon auf der Hand. Wie sinnlos, für ein zerfallenes Königtum zu kämpfen, um alte, längst abgelöste Traditionen zu stützen. Wir sehen, menschliche Qualitäten genügen nicht; Gott erwartet Gehorsam und Unterwerfung unter Sein heiliges Wort. Diese Einsicht kam bei Abner erst später — wie wir noch sehen werden —, denn er war es, der David ermunterte, das Königtum über ganz Israel zu verwirklichen.

Das Ziel Gottes

Wir sahen: Hebron war der Ort, wo Juda David zum König salbte. Auch in Hebron finden wir einen Hinweis auf das Kreuz Jesu Christi. Denn auch der Herr wird bald die auf das Kreuz gegründete Regierung übernehmen. Sein kommendes Königreich ist eine Belohnung für Seinen Kreuzestod, denn nur auf der Grundlage der Erlösung kann sich Seine Herrschaft gründen. Weil Er gelitten, weil Er Sein kostbares Blut am Kreuz vergossen hat, wird Er nach den Regierungswegen Gottes die Besteigung des Thrones im Tausendjährigen Reich in feierlichster Weise durchführen. Das Lamm bildet den Mittelpunkt, es wird *inmitten* des Thrones geschaut. Auch die im Himmel um den Thron gescharten Ältesten singen ein neues Lied: *»Du bist würdig, das Buch zu nehmen und seine Siegel zu öffnen, denn du bist geschlachtet worden.«* Der Herr Jesus ist in allem der Dreh-, Angel- und Mittelpunkt. Alle inwendig im Buch Gottes geschriebenen Ratschlüsse und alle auf der Außenseite verzeichneten Wege Gottes gehen von Ihm aus und führen zu dem Herrn als Mittelpunkt hin. Der Seher sieht, wie das Lamm aufsteht, wie dann die vier lebendigen Wesen und die Ältesten niederfallen — und, indem sie das neue Lied singen, gerät alles in Bewegung. Die Gerichte werden sichtbar, und alles drängt dem einen Ziel zu: dem Königtum des Löwen aus dem Stamme Juda. Der Ruf: *»Es ist vollbracht!«,* den der Sieger von Golgatha einst am Fluchholz ausrief, war der Ausgangspunkt der Wege Gottes; sein Ruf: *»Es ist geschehen!«,* der vom Himmel her im neuen Jerusalem gehört wird, ist das herrliche Ziel der Ratschlüsse des Höchsten. Der von den Menschen ans Kreuz gehängte Menschensohn residiert nun als der König aller Könige.

In Hebron befanden sich alle Weggenossen Davids. Sie hatten ihre Wohnungen dort, wo David, der gesalbte König sich befand. So bereitet der Herr Jesus Seinen Erlösten eine Stätte im Vaterhaus. Wo Er ist, sollen auch die Seinen sein. Das geschlachtete

Lamm ist »inmitten der Ältesten«, die alle verherrlichten Heiligen darstellen. Ihre Hoffnung wird sich bald erfüllen. In diesem glückseligen Augenblick vereint uns der Gekreuzigte als leuchtender Beweis Seines Sieges. Der Verherrlichte ist es, um den wir uns dann versammeln. Die Erlösten besitzen in Ihm den Mittelpunkt, der in alle Ewigkeit von ihnen bewundert werden wird.

Wenn wir hier vorgreifen dürfen, sehen wir in Hebron (das Wort bedeutet: Gemeinschaft) auch den Mittelpunkt, den Sammelpunkt für die zwölf Stämme Israel. Wie diese hinziehen und David zum König über ganz Israel krönen, wird bald das irdische Volk Gottes ihren Messias anerkennen und Ihm als ihrem wahren König huldigen. Es ist der große Augenblick , wenn sie den anschauen, den sie durchstochen haben. Das ist die Wiedergeburt Israels, mit dem der Herr Sein Königreich auf Erden aufrichten wird. Sie, die Israeliten, sind es, die dann den Völkern das Evangelium bringen, und die Nationen werden sich dem König aller Könige unterwerfen.

Zusammenfassend können wir feststellen: David wurde zuerst von seinen Männern, seinen Genossen, die mit ihm Schmach und Verfolgung teilten, erkannt und angenommen. Sie waren bereit, sogar ihr Leben für den kommenden König einzusetzen. Sie sind ein Bild der Gemeinde Jesu, die den von der Welt und Seinem irdischen Volk Verworfenen als ihren Erlöser annahmen. Sie bilden den ersten Ring derer, die in den verschiedenen Epochen sich zu dem Herrn Jesus halten.

Als zweite Gruppe kam der Stamm Juda und salbte David zu seinem König. Es war der Stamm, aus dem David hervorging. Später kamen die übrigen Stämme. Wie vorhin betont, werden im Lauf der Regierungszeit alle Völker unter die Herrschaft des Sohnes Isais kommen. Hier wird uns die wunderbare Schau in die Zukunft ermöglicht. Wie bei David, so wird auch die Regierungsmacht Christi nicht plötzlich, sondern allmählich kommen. Die, welche heute dem Herrn folgen und dienen, werden zunächst zu Ihm entrückt werden; dann kommt ein Überrest aus Israel durch Schauen zum Glauben. Wenn alle Stämme in einer ergreifenden Wehklage sich ihrem Messias zu Füßen geworfen haben, wird die Erkenntnis über den Friedenskönig sich mehren. Immer mehr Nationen und Völker eilen hin, um dem Herrscher ihre Tribute zu bringen. Gott gießt Seinen Geist aus über alles Fleisch, und die Erde wird voll sein der Erkenntnis Gottes. Eine erneuerte Welt mit erneuerten Menschen wird das Ergebnis des Opfers Jesu und das Ziel unseres Gottes sein. Das nach der Entrückung kommende Gericht hat dazu geführt, daß alle Feinde zum Schemel der Füße Jesu gelegt wurden. Endlich jubelt alles dem Erlöser zu!

2. Samuel 3
Davids Schwäche und Abners Tod

David war nicht nur in seiner Person und seinem Königtum ein Vorbild Christi, sondern auch ein Mensch, der die ganze Verantwortung zu tragen hatte. Seine Untergebenen standen unter seiner Macht, denn Gott hatte ihm diese verliehen. Somit war der König dem auch verantwortlich, der ihm das Zepter in die Hand gegeben hatte. Wie im 2. Kapitel schon anklang, in dem die menschlichen Schwächen Davids sichtbar wurden, so geht es in diesem Kapitel weiter. Kaum ist das Königtum aufgerichtet, finden wir auch schon einen ganz merkwürdigen Ton in der Berichterstattung. Wir lesen von traurigen und demütigenden Ereignissen. Der König, der völlig frei in seinen Entscheidungen war, — er konnte Menschen in Ämter bringen und andere erniedrigen —, sollte seine Anordnungen so treffen, daß sie den Menschen zum Wohle und zur Verherrlichung Gottes gereichten. Doch was ist aus der Autorität in den Händen des Königs geworden?
Wir wiesen schon darauf hin, daß David bei den Auseinandersetzungen und Kämpfen gar nicht erwähnt wurde. Er pflegte die Ruhe und überließ das Geschehen jenen harten Männern, den Söhnen seiner Schwester Zeruja. Sie entschieden, sie kämpften, sie taten überhaupt, was sie für gut befanden. Gott wurde nicht mehr befragt. Es entstanden viele Schwierigkeiten für David, und er mußte eingestehen, daß er zu schwach war, diesen Männern und ihrem Treiben Einhalt zu gebieten. Wie schnell geht doch die Abhängigkeit vom Herrn verloren, und dann setzt sich die menschliche Natur durch. Wir kennen den Mann nicht wieder. Den Willen Gottes zu erkunden, zierte David, so lange er unter dem Druck der Umstände lebte, doch nun, da ihn die Krone schmückte, ließ er die Zügel schleifen und bereitete sich dadurch starke Übungen. Gott konnte ihn nicht gehen lassen, deshalb mußte die Zucht den König unterweisen. Die bitteren Erfahrungen, die Zurechtweisungen Gottes, brachten bei David immer die wunderbarsten Früchte. Sein

Leben ist so reich an Beweisen, wie die Zucht stets das Ziel erreicht. Wohl kaum eine andere Gestalt der Bibel hat sich so oft und so tief gedemütigt wie dieser Mann.
Ein Beweis seiner aufgelockerten Einstellung finden wir in den Versen 2 bis 5 in diesem Kapitel. Hier wird uns berichtet, daß David zu seinen Frauen Abigail und Achinoam noch vier weitere hinzu nahm. Hätte er Gott um Klarheit gebeten, so würde Er ihm das Wort aus 5. Mose 17,17 gezeigt haben: *»Er (der König) soll sich die Frauen nicht mehren, daß sein Herz nicht abwendig werde.«* Die menschlichen Gründe, die ihn dabei bewogen, eine große königliche Nachkommenschaft zu besitzen, fanden bei Gott keinen Anklang. Darum mußte David die Folgen seines leichtfertigen Handelns auch tragen. Wieviel Leid haben ihm die Söhne von diesen Frauen gebracht: ein Amnon bedeckte sein Haus mit Schmach und Schande; ein Absalom empörte sich gegen seinen eigenen Vater und verjagte ihn eine Zeitlang von Haus und Hof; ein Adonija versuchte, das Königtum an sich zu reißen. Hätte er sich mit der gottesfürchtigen Abigail begnügt, wäre sein Leben in den Bahnen des Friedens verlaufen.

Noch eine eigenwillige Tat

Damit noch nicht genug, forderte David, nachdem die Macht in seinen Händen lag, Michal, seine erste Frau, die Tochter Sauls, zurück. Sie war längst mit einem anderen Mann verheiratet. Diese, die nun im Ehebruch lebte, wollte er zurückhaben. Michal, eine hochnäsige, eigensüchtige Frau, die in keiner Weise Davids Frömmigkeit und seinen Dienst für den Herrn teilte, konnte ihm nur zur Belastung werden. Auch hier suchen wir vergebens ein Befragen Gottes. Seine Macht benutzend, ließ er diese Frau ihrem Mann, der sie glühend liebte, entreißen. Was bekümmerte David die Not dieses Untergebenen, dem das Herz brach! Vielleicht wollte er durch die Verbindung mit der Königstochter seine rechtmäßige Stellung zum Königshaus Saul herausstellen. Jedenfalls war David unerbittlich in seiner Forderung nach der Frau, die er sich unter Gefahren erworben hatte. Um sie zurückzubekommen, schickte er Boten an Isboseth, den von Abner als König eingesetzten Sohn Sauls. Dieser sollte mit eigener Hand das bittere Unrecht, das David durch Saul erlitten hatte, wieder sühnen und gutmachen. Dadurch würde der König in seinem Ansehen bei dem Volk steigen.

Abners Angebot an David

Im Kampf zwischen Isboseth, dem von Abner eingesetzten König, und dem Haus David trat plötzlich eine Wende ein. Eine Frau war der Anlaß hierzu. Isboseth, der König von Abners Gnaden, hatte seinem Oberkommandierenden einen Vorwurf wegen Rizpa, einer Nebenfrau Sauls gemacht. Diese hatte Abner sich zur Frau genommen. Diesen verwegenen Schritt rügte Isboseth — wohl nicht zu Unrecht. Lag doch im tiefsten Grund eine Gefahr in der hochmütigen Tat dieses selbstsicheren Mannes. Isboseth legte sich die Sache so aus, daß Abner wohl des Königtums sich bemächtigen wollte. In damaliger Zeit herrschte die traurige Sitte, daß der Nachfolger eines Königs auch die Frauen des Vorgängers erbte. Diese Anmaßung Abners führte zu einer Verbitterung. Natürlich konnte der stolze Heerführer die Vorhaltung nicht hinnehmen. Im Zorn über die Worte Isboseths rief er diesem zu: *»Bin ich ein Hundskopf, der es mit Juda hält? Heute erweise ich Güte an dem Haus deines Vaters Saul, an seinen Brüdern und Freunden, und ich habe dich nicht in die Hand Davids überliefert; und du wirfst mir heute das Vergehen mit dieser Frau vor?«* Der Wüterich schwor sogar, das Königtum der übrigen Stämme Israels nun David zu übergeben. Ängstlich und eingeschüchtert stand der junge König vor dem Wutschnaubenden und vermochte auf die Drohung keine Antwort zu geben.

So ist der Mensch! Kaltblütig ließ der Ehrsüchtige seinen Mandanten fallen. Wehe wenn ein Günstling es wagt, seinem Gönner eine berechtigte Sünde vorzuwerfen. In einem Augenblick schlägt die Gunst in Verachtung und Haß über. Ist das der Dank für meine Güte? Vergiltst du mir den Schutz deines Lebens mit Vorwürfen, und das wegen einer solchen Frau? Weißt du nicht, daß du in meiner Hand bist? Keinen Augenblick länger kannst du mit mir rechnen! So und ähnlich lauteten die Rechtfertigungen und Vorwürfe des Tiefbeleidigten.

Abner hielt Wort. Der König, der seinen ehrsüchtigen Zwecken gedient hatte, war nun überflüssig. In Abners Vorhaltungen kam ein Ausspruch zu Tage, der uns aufhorchen läßt. Der, der den Sohn

Sauls zum König gemacht hatte, wußte genau: das Königtum hat Gott David zugesprochen. Wahrlich, eine frivole Tat, trotz besseren Wissens so zu handeln! Welche Kühnheit! mit Absicht sich gegen Gott zu stellen. Wie oft begegnet uns auch heute solche selbstherrliche Einstellung eines Erdenwurms wider den Höchsten. Abner sandte Boten mit seinem Angebot zu David. Dieser nahm das Anerbieten unter der Bedingung an — wie wir schon anführten —, daß Abner Michal, Davids rechtmäßige Frau, ihm zurückbrächte. Ebenfalls Isboseth bekam diese Aufforderung. Dieser gutmütige Mann hatte allmählich die Überzeugung erlangt, daß der Anspruch auf den Thron seines Vaters ihm nicht zustehe. Mit der Erfüllung dieser Bedingung war der Weg zu den Verhandlungen frei.
Mit schönen Worten, die von Klugheit und Einsicht zeugten, versuchte Abner die Ältesten der Stämme zu überzeugen, daß die Unterwerfung unter das Zepter Davids das Vernünftigste sei, weil er der von Gott bestimmte König wäre. Mit denselben Argumenten überredete er die Männer von Benjamin, dem Stamm, aus welchem Saul stammte und die bis zuletzt diesem Haus treu blieben. Sobald Abner seiner Sache sicher war, berichtete er David über den Stand der Verhandlungen. Zwanzig Zeugen hatte er mitgebracht, die alle von dem Sohn Isais festlich empfangen und bewirtet wurden. Mit den Worten: *»Ich will mich aufmachen und hingehen, und ganz Israel zu meinem Herrn, dem König versammeln, daß sie einen Bund mit dir machen, und du über alles regierst was deine Seele begehrt«*, wurde die Verhandlung beendet.

Die Blutrache Joabs

Joab war nicht in Hebron bei dieser wichtigen Beratung. Er befand sich mit seinen Soldaten auf Streifzügen. Als er mit großer Beute zurückkehrte, wurde ihm berichtet, daß Abner beim König vorgelassen worden war und David seinen Gegner in Frieden ziehen ließ. Er eilte zu David und machte ihm starke Vorwürfe, indem er dem König zurief: *»Was hast du getan! Siehe, Abner ist zu dir gekommen; warum hast du ihn entlassen, daß er ungehindert weggegangen ist? Du kennst Abner, daß er gekommen ist, dich zu bereden, und um deinen Aus- und Eingang zu wissen, und alles zu wissen, was du tust.«*

Ohne eine Antwort abzuwarten, eilte der Erregte hinaus. Ein einziger Gedanke beherrschte ihn. Der Mann, der seinen jungen Bruder niedergestoßen hatte, der sollte büßen und nicht mehr länger leben.
Hinter dem Rücken Davids sandte er Abner Boten nach, die ihn überredeten, nochmals zurückzukommen. Freundlichkeit vortäuschend, führte Joab den Ahnungslosen in einen stillen Winkel und erschlug ihn. Wie fürchterlich ist doch die Verblendung, die in der Blutrache sich zeigt. Wir kennen diese gotteslästerliche Tat im arabischen Raum auch heute noch. Wie dankbar sind wir für die Belehrungen unseres Herrn und Heilandes, der gesagt hat: *»Liebet eure Feinde, tut Gutes denen, die euch hassen und betet für die, welche euch verfolgen.«*

Davids Wehklage über den Mord an Abner

Wer kann die Bestürzung und wer will die Entrüstung Davids beschreiben, als man ihm diese ruchlose Tat mitteilte! Im Schmerz rief er aus: *»Schuldlos bin ich und mein Königreich vor dem Herrn ewiglich an dem Blut Abners, des Sohnes Ners! Es komme über das Haus Joabs und über das ganze Haus seines Vaters...«.* Danach sprach David noch einen Fluch aus, der der ganzen Sippe anhaften möge. Darauf ordnete er eine Staatstrauer an und gebot Joab und dem Volk, zum Zeichen der Trauer ihre Gewänder zu zerreißen, sich mit Sacktuch zu umgürten und vor Abner her zu klagen.
David selbst begnügte sich nicht nur mit der Teilnahme an der Beerdigung, sondern weinte bittere Tränen an der Gruft des Ermordeten. Seine echten Tränen, die von allem Volk wahrgenommen wurden, führten zu solcher Erschütterung, daß kein Auge mehr trocken blieb. Ohne Rücksicht auf seinen Heerobersten, den Meuchelmörder, zu nehmen, stimmte David an der Gruft noch ein Klagelied über Abner an: *»Mußte, wie ein Tor stirbt, Abner sterben? Deine Hände waren nicht gebunden, und nicht in ehernen Fesseln gelegt deine Füße. Wie man fällt vor Söhnen der Ungerechtigkeit, so bist du gefallen!«* Ergriffen von diesen Worten, weinte das Volk noch stärker, und alle erkannten, daß der König völlig schuldlos an diesem greulichen Geschehen war.
Vom Grab zurückgekehrt, lehnte David ab, am Trauermahl teil-

zunehmen. Seine Trauer, sein Schmerz war zu groß, und seine Gefühle kleidete er in die Worte: *»So soll mir Gott tun und so hinzufügen, wenn ich vor Untergang der Sonne Brot oder irgend etwas koste!«*
Diese Haltung löste Hochachtung bei seinen Untergebenen aus. Es heißt: *»Und alles Volk nahm es wahr; und es war gut in ihren Augen, wie alles, was der König tat, gut war in den Augen des ganzen Volkes.«* Erneut müssen wir bekennen: welch ein Zeugnis gab David ab! Kein Gedanke an Rache und Vergeltung war je bei ihm aufgekommen, trotzdem Abner wider ihn zu Felde gezogen war. Im Gegenteil! nochmals setzte der König dem Verblichenen ein Denkmal mit den Worten: *»Wisset ihr nicht, daß an diesem Tag ein Oberster und Großer in Israel gefallen ist?«* Anschließend schämte David sich nicht, die tiefere Ursache solcher Eigenmächtigkeiten seiner Neffen aufzudecken. Er sagte: *»Ich aber bin heute schwach, obwohl zum König gesalbt; und diese Männer, die Söhne der Zeruja, sind zu hart für mich. Der Herr vergelte dem, der das Böse tut, nach seiner Bosheit!«*
Hier wurde es offenbar, was wir vorhin schon aufzeigten: David hatte keine Kraft, diesen Männern entgegenzutreten. Er ließ sie schalten und walten, und nun stand er bitter klagend vor den Ereignissen.
Das Lob über Abner war nicht übertrieben. Er war eine Persönlichkeit mit ehernem Charakter, der David eine gute Stütze in der Befestigung seiner Macht werden konnte. Leider brannte er — wie viele in solchen Positionen — nach Ansehen, Ehre und Anerkennung. Auch wußte David, daß Abner einer der Berater Sauls gewesen war, der Saul immer wieder gegen ihn aufgewiegelt hatte. Schon früh witterte dieser Marschall in David den kommenden König, so wie er dies auch kurz vor seinem Tod äußerte. Doch im Lager Sauls war er der Mann, auf den alles hörte, und in diesem Hochgefühl, in dem er seine Befriedigung fand, blieb er so lange, bis er keine Möglichkeit mehr sah, seine Verbindung zum Hause Sauls länger aufrecht zu erhalten. Dann verkaufte Abner sich an David so teuer, wie nur eben möglich. Das ist die Haltung eines Menschen, der nur mit sich beschäftigt ist und im Rausch der Selbstberäucherung untergeht.
Wie David ihn behandelte, haben wir bereits erfahren. Er, der selbst die Größe der Vergebung kannte, handelte ihm gegenüber

in einer königlichen Gesinnung. Auch Joab, dem Schuldigen, gegenüber ließ er Gnade walten. David wollte den Antritt seiner Regierung nicht mit einem Todesurteil verbinden, handelte es sich doch um einen der Tapfersten seines Heeres, der in vielen Kämpfen sich als Held bewiesen hatte. So stellte David die ganze Sache Gott anheim, der recht richtet.
Leider finden wir in dem Gewirr menschlicher Überlegungen und Taten nicht einmal die Erforschung des Willens Gottes. Selbst David unterläßt bei der Verhandlung mit Abner zur Herstellung des Friedens die Befragung des Herrn. Wie vieles wäre anders gelaufen, wenn Gott Rat und Helfer gewesen wäre. In anderen Situationen verweigerte David die Annahme der Krone aus zweifelhaften Händen. Als der Amalekiter ihm Krone und Armspangen überbrachte, durchschaute er die Intrigen. Wenn später die Mörder Isboseths — wie wir noch sehen werden — ihm die Krone anbieten, lehnte er ebenso entschieden ab. Wies er auch Abner ab? Wir sahen bereits, wie willig er zugriff, als ihm die Unterwerfung der restlichen Stämme angeboten wurde. Gewiß, der lange Bruderkrieg sollte endlich beigelegt werden. Das Bündnis würde alle Schwierigkeiten beseitigen; alles menschlich gut zu verstehen, aber es war nicht nach den Gedanken Gottes. Man hatte Ihn bei solchen wichtigen Entscheidungen ausgeschaltet. Bestimmt hätte Er einen viel besseren Ausgang herbeigeführt.
Beides, menschliches Vorhaben und Gottes Wege und Pläne müssen wir in solchen Begebenheiten aufzeigen. Abner, der seine Felle wegschwimmen sah, suchte frühzeitig den neuen König auf, um seine Zukunft zu sichern. Er wurde nicht der Wiederaufrichter des Reiches Israel. Er starb durch Meuchelhand. Gott, der Seinen Knecht gesalbt hatte, führte Seinen Plan durch, denn Er gibt Seine Ehre keinem anderen.
Joab, mit seinen blutigen Händen, kam ebenfalls nicht in Frage. Seinen Gegenspieler, der schon Verhandlungen mit dem König geführt hatte und ihm zur Gefahr im Aufstieg zum 2. Mann des Reiches wurde, hatte er beseitigt. Die Rächung des Bruders, der seinen Untergang selbst verschuldet hatte, war nur ein Grund, der tiefer lag in der ungeheuren Ehrsucht dieses Mannes. Gott konnte solche Kreatur nicht als Handlanger Seiner Gedanken benutzen.
Wie schön, Gott erreichte durch den Mord an Abner das Herz Davids. Dieser erkannte in dem Geschehen die züchtigende Hand des-

sen, der alles ins rechte Licht rückt. Er beugte sich in Trauer und im Fasten unter die Hand des Allmächtigen und bekannte offen sein Versagen, dem freizügigen Handeln seiner Neffen gegenüber. Distanziert von diesem Bösen, bewies er, daß er rein war von jeglicher Schuld. Doch die Züchtigung des Herrn erkannte er an, denn das Geschehen war die Frucht seines Versagens. »Ja, in der Tat, schwach warst du, der Vielgeliebte des Herrn. Trotz deiner Salbung hast du versagt; doch fürchte dich nicht, klammere dich nur an deinen Gott, der dir Kraft und Beistand sein will, wenn du deine Schwachheit fühlst und Seinen Schutz in Anspruch nimmst. Der Herr wird deine Füße vor dem Fall bewahren, bleibe nur in der Abhängigkeit und Gemeinschaft mit dem Starken!« so möchte man David zum Trost zurufen.

Wir sehen: Zwei Dinge sind unzertrennlich. Sie dienen uns zum Schutz und zur Bewahrung: das Gefühl, ich kann allein nicht gehen, nicht einen Schritt, und die Abhängigkeit vom Herrn und Seinem Wort. Die Schwachheit des Gotteskindes und die Macht der göttlichen Bewahrung und des Beistandes müssen Hand in Hand gehen. Alles, was mich niederdrückt, bringt mir die Schwachheit und Kraftlosigkeit zum Bewußtsein und führt mich gleichsam zur Quelle und zum Reichtum der Fülle des Christus, der in dem Schwachen mächtig ist.

Paulus, der gesegnete Zeuge, betont in seinen Briefen immer wieder diese Abhängigkeit vom Herrn in allen Übungen des Lebens. Wie ihm, so ruft auch uns der Herr zu: *»Laß dir an meiner Gnade genügen; meine Kraft ist in dem Schwachen mächtig!«*

2. Samuel 4
Der Tod Isboseths und das Gericht über seine Mörder

In diesem Kapitel wird uns das letzte Ereignis vor dem Königtum Davids berichtet. Zwei Jahre waren vergangen, seitdem der Sohn Sauls zum Gegenkönig von David durch Abner ausgerufen wurde. Der Tod Abners hatte große Verwirrung im Lager der Gegner Davids ausgelöst. Die Bibel berichtet, daß eine gewisse Auflösungserscheinung unter den Truppen Isboseths entstand. Er selbst verlor jeglichen Mut. Es heißt: *»Seine Hände erschlafften und ganz Israel war bestürzt.«*

Rekab und Baana, zwei Brüder, Hauptleute aus dem Heer Isboseths, erkannten die günstige Lage und Gelegenheit, sich durch eine scheußliche Tat bei David beliebt zu machen. Sie gehörten zu den Söhnen Rimmons des Beerothiters. Dieses kleine Volk hatte sich einst bei der Besitzergreifung des Landes unter Josua durch Betrug und List das Leben gerettet. Nach Entdeckung des Betrugs hatte Josua wegen des Bündnisses, das er mit ihnen geschlossen hatte, sie verschont. Drei Städte von ihnen wurden Benjamin zugeteilt. Unter diesen Orten war auch Beeroth, die Geburtsstadt der beiden. Vierhundert Jahre nach Josua versuchte Saul in einer tyrannischen Laune, dieses friedliche Volk mit Stumpf und Stiel auszurotten. Viele entkamen und flohen nach Gitteim und hielten sich dort als Fremdlinge auf.

Diese Söhne Rimmons müssen wieder Gnade in den Augen Sauls gefunden haben, denn wir finden sie hier im Heer als Hauptleute seines Sohnes Isboseth. Vielleicht sahen sie in ihrer Tat eine gewisse Vergeltung für das geschehene, schreiende Unrecht, das an ihrer Sippe verübt worden war. Ihr Dienst war wohl halbherzig. Ob sie nun gegen den Sohn Sauls besondere Rachegedanken empfanden, wird nicht berichtet. Isboseths Sache war verloren! das leuchtete jedem ein. Eine stille Hoffnung, bei David Karriere zu machen, wenn sie seinen Gegner beseitigten, muß die beiden erfüllt haben.

Die Brüder kamen in der Mittagshitze nach Machanaim in das Haus Isboseths, während er im Schlafgemach sich ausruhte. Sie schützten vor, Weizen zu holen, und so gelangten sie unbehelligt zu ihrem König, der die Kühle aufgesucht hatte. Ihre Mordinstrumente aus den Gewändern ziehend, stürzten sie auf das Lager ihres Herrn zu, dem sie Treue geschworen hatten, und töteten ihn. In freudiger Erwartung eilten sie mit dem Haupt des Ermordeten zu David, sich des Lobes und Lohnes gewiß. Bei dem neuen König angelangt, entblößten sie vor David ihre blutige Trophäe mit den Worten: *»Siehe da, der Kopf Isboseths, des Sohnes Sauls, deines Feindes, der nach deinem Leben trachtete; und so hat der Herr meinem Herrn, dem König, an diesem Tag Rache verliehen an Saul und seinem Samen.«*

Entsetzt und entrüstet stand David vor den Mördern. Das zweite Mal mußte er nun eine solche Schreckensbotschaft erleben. Ohne langes Besinnen und in heiliger Entrüstung sah er die Männer an und sprach zu denen, die ihn umgaben: *»So wahr der Herr lebt,*

der meine Seele erlöst hat aus aller Bedrängnis, den, der mir berichtete und sprach: Siehe, Saul ist tot! und der in seinen Augen ein guter Bote war, den ergriff ich und tötete ihn zu Ziklag, um ihm so Botenlohn zu geben; wieviel mehr, da gottlose Männer einen gerechten Mann in seinem Haus auf seiner Lagerstätte ermordet haben, sollte ich jetzt nicht sein Blut von eurer Hand fordern und euch wegschaffen von der Erde?«
Die beiden Mörder fanden ihr verdientes Ende. Damit war die Taktik des Teufels durchbrochen. David blieb bewahrt, die Krone durch menschliche Hilfe und Intrigen entgegenzunehmen. Der Glaube dieses Mannes rechnete mit Gott, darum verzichtete er auf alle menschlichen Hilfsquellen. In dieser Geborgenheit Gottes ruhend, sang sein glückliches Herz: *»Denn du bist mir zur Hilfe gewesen, und ich werde jubeln in dem Schatten deiner Flügel« (Ps. 63,7).*
Ach, die menschliche Unruhe, wieviel Verlust und bittere Enttäuschungen bringt sie ein! Glückselig alle, die in der Nachfolge harren und warten können, bis Gottes Stunde schlägt! Bietet die Welt sich uns zur Hilfe an, ist höchste Vorsicht geboten. Der Herr verbindet sich nicht mit ihrer Gepflogenheit. Mögen noch so viele vernünftige Gründe uns einen Ausweg aus einer Bedrängnis zeigen, wir wollen lernen, mit David zu beten: *»Zu dir, Herr, erhebe ich meine Seele. Mein Gott, auf dich vertraue ich: Laß mich nicht beschämt werden, laß meine Feinde nicht über mich frohlocken! Auch werden alle, die auf dich harren, nicht beschämt werden... Gedenke deiner Erbarmungen, Herr und deiner Gütigkeiten; denn von Ewigkeit her sind sie« (Ps. 25, 1-3 u. 6).*
Das Verhalten Davids in bezug auf das Erreichen der Königskrone ist für uns besonders lehrreich. Damit wir uns seine Haltung fest einprägen, wollen wir die einzelnen Gefahrenproben nochmals zusammenfassen. Zwei Mal gab Gott seinen Gegner, Saul, in seine Hand. Hier hätte er sich selbst den Weg zum Thron bahnen können; doch die Gottesfurcht bewahrte ihn. Nach dem Tod Sauls kam der amalekitische Bote mit den Zeichen der Herrschaft und seiner lügnerischen Meldung. Wieder war David gewappnet und schlug ein solches Anerbieten aus. Doch der Feind ruhte nicht. Eine neue Probe kam durch Abner, den Heerobersten Sauls und Isboseths, des Königs seiner Gnade. Er kam zu David, um Verhandlungen wegen der Übergabe des Königtums zu führen. Doch

der Tod dieses Mannes verhinderte eine menschliche Vermittlung. In den vorstehenden Zeilen erlebten wir den erneuten Versuch durch die Mörder Isboseths. Unumschränkt handelte der auf Gott Harrende und wies auch diesen Angriff ab. Darum kann das Eingreifen Gottes nicht mehr ausbleiben.

2. Samuel 5
Gottes Ziel — Davids Königtum über ganz Israel

Über diesen Abschnitt können wir das Wort stellen: *»Wäre nicht dein Gesetz (Wort) meine Wonne gewesen, dann würde ich umgekommen sein in meinem Elend. Nimmermehr werde ich deine Vorschriften vergessen, denn durch sie hast du mich belebt« (Ps. 119,92-93).*

Gottes Stunde hatte geschlagen. Sein Wort ist Wahrheit, denn was Er sich vorgenommen und was Er haben will, das muß doch endlich kommen, zu Seinem Zweck und Ziel! Wir lesen: *»Und alle Stämme Israels kamen zu David nach Hebron und sagten: Siehe, wir sind dein Gebein und dein Fleisch. Schon früher, als Saul König über uns war, bist du es gewesen, der Israel aus- und einführte; und der Herr hat zu dir gesagt: Du sollst mein Volk Israel weiden. Und alle Ältesten kamen zu dem König nach Hebron, und der König David machte einen Bund mit ihnen zu Hebron, vor dem Herrn; und sie salbten David zum König über Israel.«*

Zwei Ereignisse werden uns in diesen Versen vorgestellt. Es ist die Huldigung des ganzen Volkes und die Salbung zum König über die zwölf Stämme Israels. Ein drittes Ereignis finden wir dann noch im 7. Vers unseres Kapitels, nämlich die Einnahme der Burg Zion, die von nun an »Stadt Davids« genannt wurde.

Über sieben Jahre hatte der Sohn Isais über Juda geherrscht, ehe ihm die Königskrone von allen Stämmen aufgesetzt wurde. Endlich war der traurige Riß, der durch das Volk ging, geheilt. Mancher junge Mensch war aus Prestigegründen unsinnig geopfert worden. Weil an der Spitze der beiden Parteien nach Ehre und Ansehen getrachtet wurde, tobte lange Jahre ein unbarmherziger Bruderkrieg. Nun atmete alles auf. Jubel und Freude hatte alle Ängste verdrängt. Die Hand des Allmächtigen war dem Hause Sauls zu stark geworden, und in der Beseitigung des Scheinkönigs Isboseth war das letzte Hindernis gewichen. Der, welcher schon längst den Stempel der göttlichen Berufung an seiner Stirn trug, hatte dankbar die Krone aus der Hand Gottes entgegengenommen. Denn Er war es, der, als Seine Stunde gekommen war, ihm die Herzen der Männer aus Israel entgegenschlagen ließ. Welch eine Wende wird doch sichtbar! Welch eine Einsicht in Gottes Gedanken spricht aus den Worten, mit denen sich die Vertreter der Stämme zu David wenden! War er nicht der Mann, der das Vaterland aus der Hand der Philister errettete, der die amalekitischen Räuberhorden bändigte, der mit weithin erschollenem Heldenruhm bedacht worden war? Wahrlich, er war der Ausgezeichnete, der trotz allem Ruhm in echter Gottesfurcht lebte, der eine unbestechliche Gerechtigkeitsliebe, eine bewunderungswürdige Hochherzigkeit verbunden mit Großmut an den Tag legte. Gegen jedermann offenbarte er eine gewinnende Leutseligkeit und Milde; in ihm verbanden sich seltene Vorzüge des Herzens und des Geistes, so daß man ausrufen muß: Wohl einem Volk, das von Gott seinen Herrscher bekommt!

So strömten denn die Abgeordneten von Dan bis Beerseba herzu, um völlig ausgesöhnt ihrem König zu huldigen. Wie innig sie sich David verschrieben, zeigen die Worte: *»Wir sind dein Fleisch und Bein; wir sind mit dir blutsverwandt und sind bereit mit Blut und Leben für dich einzutreten«*. Gott hat die Herzen der Männer zubereitet. Plötzlich sehen sie klar und erkennen die Verheißungen Gottes an David. Die Siege des Sohnes Isais erwachen vor ihren Blicken und mit einem Mal sehen sie in allem die Führung des Lenkers von oben. Wir erkennen, wenn Gottes Stunde schlägt, läuft alles in weislich geordneten Bahnen.

Mit Dank gegen Gott schloß David mit den huldigenden Ältesten und Vertretern des Volkes einen feierlichen Bund. Vor dem Angesicht des Höchsten wurde diese Salbung Davids vorgenommen, der natürlich in voller Aufrichtigkeit beschwor, im Namen des Gottes Israels die Herrschaft nach dem Wort und der Weisung des Herrn zu führen.

Nun war Israel nach langer Spaltung wieder ein Reich und stand unter der Führung des von Gott erwählten Königs, des Mannes nach Seinem Herzen. Die siebenjährige Durchhaltung, sein musterhaftes Verhalten in dieser langen Zeit, die Aufbringung der Geduld mit den Gegnern hatte sich gelohnt. Glich Israel lange Jahre einem abgestorbenen Baum, so wurden jetzt wieder frische Triebe sichtbar, die auf verheißungsvolle Frucht hindeuteten. Wohl selten kann die biblische Geschichte auf einen König hinweisen, der mit einem so guten Gewissen den Thron bestieg wie David. Ihn traf kein Vorwurf, weder eines menschlichen Intrigenspiels, noch eines unschönen Verhaltens gegen das abgetretene Herrscherhaus.

Die erste Tat Davids nach seiner Salbung

Wie bereits früher schon hervorgehoben, war es die dritte Salbung, die David erfuhr. Der gekrönte Herrscher konnte nun nicht länger in Hebron bleiben, wo er sieben Jahre über Juda geherrscht hatte. Nun ging es um die passende Stadt für seine Regierung. Daß die Wahl des neuen Königs auf Jerusalem fiel, war nicht nur ein Beweis des klugen Staatsmannes, sondern entsprang vielmehr der Wirkung des Geistes Gottes. Die Weise Seines Handelns zeigt eine ganz neue Epoche auf. Wer das Buch der Richter liest und das 1. Buch Samuel, stellt mit Erschrecken den Tiefstand und das völlige Versagen des Menschen fest; unter dessen Händen steht alles unter dem Verfall. Alles, was Gott seiner Verantwortung unterstellte, war verflacht und durch Ungehorsam besudelt. Unter Gesetz gestellt, war Israel zugrunde gerichtet; die berufenen Richter, das Priestertum wie auch das Königtum nach der Wahl des Menschen waren ruiniert. Mit alledem war es endgüldig vorbei. War Gott nun am Ende? Im Gegenteil, es begann ein ganz neuer Abschnitt in der Geschichte Seines Volkes. Er entfaltet Seine Gnade in der Person Davids, des neuen Königs, des Mannes nach Seinem Herzen. Mit der Einnahme Jerusalems beginnt die Vereinigung der Macht mit der Gnade, in der Gott allein dem weiteren Niedergang wehren konnte. Diese Gottesgunst offenbarte sich, als das Ende der Geschichte des Volkes durch völliges Versagen sichtbar wurde. Die Fülle der Gnade strömt immer dem gefallenen Wesen entgegen, und Gott erwählte den Augenblick dazu, das Königtum nach Seinem Herzen zu bestätigen, in dem Er Jerusalem einnehmen ließ und die Stadt David übergab. Sie wurde der Ort des Stolzes und der Verehrung der ganzen Nation; eine Stadt, von Gott erwählt, um Seinen Namen dort wohnen zu lassen: Jerusalem, die Residenz Davids, des Königs, in dem Gott Seine ganze Gnade erzeigen wollte. Überaus schön und von weitgehender Bedeutung für die Zukunft, ist dieser Name. Eigentlich sind es zwei Wörter: Jeru-Salem, und die bedeuten: Stadt des Friedens.

Die vorbildlichen Begebenheiten

Im ersten Buch Samuel sahen wir die Beseitigung des Königtums nach der Wahl des Menschen. Gott nahm dieses weg, und in der Zwischenzeit bereitete Er sich einen Mann Seiner Wahl zu. In den ersten Kapiteln des 2. Buches Samuel sahen wir David, auf Gottes Stunde wartend. Seine Herrschaft war zunächst nur über Juda, dann sieben Jahre später über ganz Israel.

So wird uns — wie schon mehrmals erwähnt — in David die Vorbereitung der Thronbesteigung Christi angedeutet. Auch Er wartet auf Gottes Stunde, bis Er Ihm den Weg zum Königtum freilegt. Noch herrscht Satan, der Gegenspieler mit seinen Helfershelfern. Doch wir wissen, daß Gott dem Herrn Jesus alle Feinde zum Schemel Seiner Füße legen wird. Wie David, so wird auch der Herr Seine Herrschaft allmählich ausweiten. Bei David war es Juda, das ihn zunächst zum König salbte, dann unterwarf sich ganz Israel, und unter seiner Herrschaft wurden später alle umliegenden Völker Davids Untertanen.

Beim Kommen des Herrn auf den Wolken des Himmels mit großer Pracht und Herrlichkeit wird zunächst ein Überrest aus Israel dem Verherrlichten in tiefer Buße begegnen. Den sie durchstochen haben, der steht leibhaftig vor ihnen. Zuvor hat Er — wie David die Amalekiter — die antichristlichen Heere durch den Hauch Seines Mundes niedergeworfen. Seine Herrschaft weitet sich immer mehr aus, bis dann die Königsbotschaft von Israel bis an die Enden der Erde getragen wird. Alles unterwirft sich diesem König mit Schmeicheln. Christi eigentliche Macht und Herrlichkeit, so wie die vollen Segnungen des Reiches konnte David nicht vorschatten, dazu erwählte sich Gott Salomo, dessen Sohn. Sein Name stammt von Schalom und bedeutet Friede, der Friedensreiche. Unter dessen Herrschaft genoß Israel und die ganze Umgebung vierzig Jahre Frieden und Wohlstand.

Eine weite, prophetische Schau wird uns in der Einnahme der Stadt Jerusalem vorgestellt. Gott interessierte sich für diese Stadt. Mit ihr hat Er große Pläne, weil Er sie liebt. Es heißt: *»Der Herr liebt die Tore Zions mehr als alle Wohnungen Jakobs. Herrliches ist*

von dir geredet, du Stadt Gottes« (Ps. 87,2-3). In dieser Stadt wollte Gott ein Symbol Seiner unerklärlichen Gnade setzen. Immer wieder weist die Bibel auf diesen gesegneten Ort hin: *»Der Herr hat Zion erwählt, hat es begehrt zu seiner Wohnstätte: Dies ist meine Ruhe immerdar; hier will ich wohnen, denn ich habe es begehrt« (Ps. 132,13-14).* Diese Stadt hat Gott begehrt und geliebt. Seine Augen durchliefen die ganze Erde, und sie verweilten an diesem besonderen Ort, wo Er Seine Wohnung aufrichten wollte. Es heißt: *»Warum blicket ihr neidisch, ihr gipfelreichen Berge, auf den Berg, den Gott begehrt hat zu seinem Wohnsitz? Auch wird der Herr daselbst wohnen immerdar.« (Ps. 68,16).*
Wie Gott David erwählte, als alles verdorben und verfallen war, um in ihm, dem König der Gnade, einen ganz neuen Anfang zu machen, und ihm die Stadt Jerusalem zum Wohnsitz schenkte, so wird einst der Herr Jesus, die Wurzel Davids, der König der Gnade sein, mit dem Gott auf der Grundlage des Kreuzes einen völlig neuen Anfang machen wird. In Hebräer 12 finden wir schon einen Hinweis auf diesen herrlichen Wechsel und auf den Gegensatz zwischen Sinai und dem Berg Zion. Hier sehen wir den gewaltigen Unterschied vorgestellt zwischen Gesetz und Gnade. Gott wird nicht ruhen, bis Seine Gedanken, Seine Liebesabsichten verwirklicht sind. Von dem irdischen Jerusalem werden unsere Blicke auf das himmlische und von dort auf das neue Jerusalem gerichtet, welches von Gott herniederkommt auf die neue Erde. Schon im Friedensreich wird diese Friedensstadt der Mittelpunkt der ganzen Erde sein, doch in der ewigen Vollendung wird der Erdkreis vom Licht und der Herrlichkeit dieser Stadt, weil Gott in ihr wohnt, erleuchtet sein. Noch ist es nicht soweit. Wohl sehen wir, die Kinder Gottes, den Kampfpreis winken, doch viele in der christlichen Welt nehmen den Ernst der Stunde nicht wahr. Sie gleichen den Stämmen, die die Wahrheit über David kannten, aber noch auf der Seite Isboseths, des Gegenkönigs, standen. Sie kannten Gottes Gedanken über David — wie aus ihren Worten hervorging —, zeigten aber nicht die geringste Wirkung in ihrem Gewissen. So offenbaren viele derer, die sich Christen nennen, eine erschreckende Gleichgültigkeit dem Wort Gottes gegenüber. Man hat die Bibel in der Hand, man kennt die Gedanken Gottes über Seinen Sohn, die Erlösung und Seine Kirche; aber diese Wahrheiten bleiben ohne praktischen Wert und Ergebnis. Hier finden

wir auch den Grund der vielen Trennungen. Einer fällt dieser und der andere jener Sekte zum Opfer, der eine läßt sich von dieser und der andere von jener Lehre gefangen nehmen. Das Gewissen ist nicht berührt worden, man hat nicht begriffen, daß es um den Gehorsam gegen die erkannte Wahrheit geht. Im letzten geht es, um beim Beispiel zu bleiben, um David oder Isboseth! Die Liebe und Zuneigung zu dem wahren David, Jesus Christus, ist maßgebend und entscheidend. Wohl allen, die sich im Glauben mit dem Gekreuzigten und Auferstandenen verbunden wissen und in dessen Liebe ruhen. Sie können jubeln:

O mein Jesu, Herz der Liebe,
Zieh' auch mich mit heil'gem Triebe,
Zu Dir hin, o höchstes Gut.
Laß mich sein, wie Du gewesen,
Einer, der im ganzen Wesen,
brennt in reiner Liebesglut.

Dem Autor standen beim Durchdenken des Themas folgende Veröffentlichungen über »David« zur Verfügung:

David, der König von Israel
Dr. Friedrich Wilhelm Krummacher   Berlin 1867

David, Hirte, Sänger und König
F. B. Meyer

Das Leben des Glaubens
C. H. M.   R. Brockhaus Verlag

Botschafter des Heils in Christo
Jahrg. 1904 - 1905   R. Brockhaus Verlag

Wörtlich übernommene Zitate aus vorstehenden Werken sind als Zitate gekennzeichnet.

Weitere Bücher von Josef Kausemann

Josef Kausemann
. . . einer, den die Gnade fand
Jakob — ein Lebensbild
Paperback, 189 Seiten, Best.-Nr. 2019, DM 12,80
Man darf dankbar sein, daß Gottes Planung in seinem Wort die Lebensgeschichte eines Mannes Jakob mit all seinen Lichtern und Schatten aufgezeichnet hat. Sie soll für den, der nach Gott fragt und einen Heiland sucht, hilfreicher Hinweis auf Jesus Christus sein. — Mit feinen Strichen malt Josef Kausemann das Bild Jakobs, so wie es die Bibel berichtet. Man kann das Buch nicht lesen, ohne innerlich bewegt Anteil zu nehmen und echte Hilfen fürs Leben zu empfangen.
». . . einer, den die Gnade fand«, will helfen, sich ganz dieser Gnade auszuliefern.

Josef Kausemann
Gottes Führung oder Schicksal?
Das Leben Josefs
Paperback, 224 Seiten, Best.-Nr. 2021, DM 16,80
Die Lebensgeschichte des Mannes Josef ist ein plastisches Beispiel für den Segen, den ein Mensch erfahren kann, wenn er sein Leben vertrauensvoll in die Hände des guten Vaters im Himmel legt. Für solche Menschen ist jede Wendung ihres Lebensweges ein Teilstück der planvollen Führung Gottes.
Josef Kausemann erzählt in diesem Buch die oft nur schwer verständliche Geschichte Josefs nach. In zu Herzen gehender Weise verbindet er damit eine Vielzahl nützlicher und hilfreicher geistlicher Anwendungen.

Josef Kausemann
Gnädig und barmherzig ist der Herr
Gideon — ein Lebensbild
Paperback, 80 Seiten, Best.-Nr. 2029, DM 10,80
Es ist erstaunlich, was die Bibel über den Richter Gideon an Aktualität enthält. Die Anwendung des biblischen Berichtes muß und wird zum Nachdenken führen über den eigenen Standpunkt im persönlichen Glaubensleben und über das Leben in der Gemeinschaft.

Josef Kausemann
Das Geheimnis des Christus
Taschenbuch 11 x 18 cm, Best.-Nr. 2033, DM 7,80
Ein Geheimnis ist nicht für jedermann offen. So wird auch das Geheimnis des Christus dem oberflächlichen Bibelleser verborgen bleiben. Wer aber tiefer in die Gedanken und Ratschlüsse Gottes hineinschauen will, dem kann und wird dieses Buch eine wertvolle Hilfe sein.

Josef Kausemann

Herr, ich finde deine Spuren

Paperback, 160 Seiten, Best.-Nr. 2041, DM 14,80

Die Spuren Gottes werden in diesem Buch vom Autor in 1. Mose 1-11 neu aufgezeigt.

Josef Kausemann, der sich viel mit den Themen des Alten Testaments beschäftigt, legt den Text nach praktischer, geschichtlicher und prophetischer Sicht aus. Besonders auf letzterem liegt der Schwerpunkt. Beim Gang durch die Zeit von Adam bis Abraham wird der Leser mit der Schöpfung des Weltalls und der Menschen bekanntgemacht. Es wird gezeigt, wie sich die Pläne Gottes mit dieser Erde, seinem Volk und dem himmlischen Gottesvolk entwickeln.

Im Einzelnen werden u. a. folgende Themen behandelt:

Licht und Finsternis; Die Haushaltungen Gottes; Das neue Gottesbild; Der Regent der Erde; Die Basis des Glaubens; Der Regenbogen; Babel, ein Traum der Menschheit; Der neue Weg der Gande.

Weitere empfehlenswerte Bücher

Dr. Emil Dönges

Was bald geschehen muß . . .

Paperback, 320 Seiten
Bestell-Nr. 2042,
DM 16,80

Heute noch so aktuell wie bei seinem ersten Erscheinen 1913 ist dieser Kommentar, der die Aussagen der Offenbarung in das Leben der Christen von heute stellt.

Dr. Emil Dönges hat als Philologe und Theologe einen besonderen Zugang zu den von ihm behandelten Texten gefunden.

Er versucht, mit seiner klaren ausgezeichneten Bibelkenntnis die Aussagen der Offenbarung im Zeichen der nahen Erwartung der Wiederkunft Christi für die Christen heute lebendig zu machen. Dadurch gibt dieses Buch Kraft und Ermutigung zu einem engagierten Leben in der Nachfolge. Dönges geht von der Gliederung der Offenbarung aus: Die ersten fünf Kapitel behandeln die Zeit der Gemeinde bis heute. Von Kapitel 6 an stehen die Ereignisse um die letzte der 70 Jahrwochen Daniels im Mittelpunkt, bis hin zum Friedensreich Christi auf der Erde.

Der Segen dieses Buches liegt weniger in der richtigen Erkenntnis oder Reihenfolge der Ereignisse, sondern vielmehr in der Freude über den herrlichen Ausgang der Ereignisse in der Offenbarung.